APR 2 5 2019

D0337913

PADRES SEPARADOS

CÓMO CRIAR A LOS HIJOS EN LA SEPARACIÓN Y EL DIVORCIO

KAREN BONNELL

con la colaboración de
KRISTIN LITTLE

PADRES SEPARADOS

CÓMO CRIAR A LOS HIJOS
EN LA SEPARACIÓN
Y EL DIVORCIO

OCEANO

PADRES SEPARADOS
Cómo criar a los hijos en la separación y el divorcio

Título original: THE CO-PARENTING HANDBOOK.
Raising Well-Adjusted and Resilient Kids
from Little Ones to Young Adults through
Divorce or Separation

© 2014, 2017, Karen Bonnell

Traducción: Aridela Trejo

Diseño de portada: Sergi Rucabado Rebés
Mapa en interiores: Kathryn Campbell

"The Seven Cs of Resilience" se reproduce con permiso de the American
Academy of Pediatrics, Building Resilience in Children and Teens: Giving Kids
Roots and Wings, 2a. ed., © 2010 American Academy of Pediatrics.

D. R. © 2018, Editorial Océano de México, S.A. de C.V.
Homero 1500 - 402, Col. Polanco
Miguel Hidalgo, 11560, Ciudad de México
info@oceano.com.mx

Primera edición: 2018

ISBN: 978-607-527-749-3

*Todos los derechos reservados. Quedan rigurosamente prohibidas,
sin la autorización escrita del editor, bajo las sanciones establecidas
en las leyes, la reproducción parcial o total de esta obra por cualquier
medio o procedimiento, comprendidos la reprografía y el tratamiento
informático, y la distribución de ejemplares de ella mediante
alquiler o préstamo público. ¿Necesitas reproducir una parte
de esta obra? Solicita el permiso en info@cempro.org.mx*

Impreso en México / Printed in Mexico

Dedicamos este libro a nuestros hijos...

Ali:

Por tu sorprendente fuerza y firmeza y por enseñarme el vínculo invencible entre madre e hija.

Ben:

Por tu vocación por la justicia, tu fortaleza al recorrer un camino repleto de cambios y tu valor a la hora de hacerle frente a la vida, incluso en los momentos más inesperados.

KB

Sebastian:

Por enseñarme que la vida es más grande que yo, y por demostrarme que es mucho más divertida de lo que había imaginado.

KL

... y a los tuyos.

Índice

Prefacio

¿Por qué este libro?

El niño no se pregunta si quiere ser bueno, sino a quién se quiere parecer.
BRUNO BETTELHEIM, reputado psicólogo infantil

Nunca he conocido a un padre/una madre que no quiera lo mejor para sus hijos. Como profesional que trabaja todos los días con padres en pareja y padres que comparten la crianza de sus hijos, y como madre que vivió un proceso difícil de separación, divorcio y etapa posterior al divorcio, he reunido de primera y segunda mano un cúmulo de conocimientos, aptitudes, protocolos y prácticas que vale la pena compartir.

He dedicado mi obra al estudio profundo y conocimiento de todo lo posible sobre los adultos, durante la transición de ser padres en pareja a ser padres que comparten la crianza. He dilucidado qué funciona y qué no, y he encontrado estrategias para ayudarlos a sanar. Este libro contiene las historias de aprendizaje y los principios que comparto todos los días con padres durante las transiciones más temerosas, inciertas y repletas de cambios de su vida.

Kristin Little recurre a su propia experiencia con la separación, el divorcio y la crianza compartida; todos los días se dedica a escuchar las historias de los niños sobre sus familias cambiantes. Como especialista infantil, Kris tiene el papel fundamental de ayudar a los niños a entender los cambios que viven, normalizar algunas de sus preocupaciones sobre la separación de sus padres, así como brindar información a los padres sobre las necesidades, sentimientos y adaptación desde la seguridad de la oficina del coach de divorcio.

15

Hace aproximadamente unos cuatro años, fui testigo de cómo se produjo "magia" cuando Kris introdujo la voz del niño: ayudando a los padres a comprender qué pensaban, sentían, esperaban y por qué sufrían sus hijos. Así comenzó nuestro trabajo en equipo. Kris ha tejido las voces de los niños a lo largo de estas páginas para recordarnos en qué tenemos que centrarnos: en los niños. *Padres separados* demuestra que los padres que comparten la crianza de sus hijos pueden convertir una transición sumamente difícil en una experiencia que fortalezca a los niños y amplíe su percepción de la familia.

Todos los días recordamos a los padres que, para un niño, la libertad de amar y tener una relación con cada uno de sus padres es, sin lugar a dudas, enriquecedora cuando un padre es capaz de cuidar a ese niño. ¿Cómo respondería un niño a la pregunta: "¿A quién me quiero parecer?"? Diría: "¡A mis padres!". Sin importar si viven en uno o dos hogares, los padres son las personas más importantes de su mundo. Estamos aquí para apoyarlos a compartir la crianza de sus hijos: para trabajar en equipo, saber cómo hacerlo y tener éxito.

Un comentario sobre la familia

No existe la "familia disfuncional". La familia es la familia y no la definen los certificados de matrimonio, los papeles del divorcio ni los documentos de adopción. Las familias se conciben en el corazón.

C. JOYBELL C., autora de *The Sun Is Snowing*

Si bien en este libro nos dirigimos a un público amplio, tenemos en cuenta las circunstancias particulares de cada quien. Te invitamos a intercambiar palabras y traducir lo que mejor represente tu experiencia. Quizá recurramos a la palabra "casado", cuando "en pareja" describiría mejor tu situación. Cuando empleamos el término "separados" incluimos a padres que nunca eligieron (o quizá les prohibieron) casarse por la vía legal, así como a parejas casadas que también se divorciaron por la vía legal. Para el niño de padres casados, la "separación" detona su experiencia del divorcio. En general, nos referimos a "cónyuge" pero reconocemos que "pareja íntima" o "la mamá o el papá de mi hijo" o cualquier otra descripción refleja mejor tu situación. Trabajamos con parejas LGBTQ, heterosexuales y padres que nunca han tenido una unión comprometida. Conocemos a papás que cuidan a los niños en casa, así como a mamás amas de casa y mamás gestantes. Algunas de nuestras familias tienen hijastros, hijos adoptados, en adopción temporal, múltiples generaciones, hijos de cuatro patas y dos patas, que pertenecen a su familia.

Nuestro objetivo es apoyar a la familia —no definirla— y asesorar a los padres amorosos como tú a actuar con seguridad y optimismo.

Queremos ayudarte a hacer lo mejor para los niños cuando formes una familia con dos hogares. Brindamos sugerencias útiles que se pueden poner en práctica sin importar tu situación ni el tipo de familia que tengas. Tus circunstancias familiares pueden generar preguntas y preocupaciones que no se abordan aquí.

Te animamos a acudir a un coach de crianza compartida, especialista infantil, asesor legal o profesional de la salud mental para buscar apoyo y orientación. Cualquier paso que tomes de manera constructiva para reducir los conflictos, solucionar los problemas en conjunto y aspirar a un futuro mejor es positivo tanto para los niños como para los adultos; o sea, para la familia.

Nota: hemos ilustrado muchas situaciones y sentimientos a lo largo del libro con ejemplos de padres e hijos con los que hemos trabajado, para brindar evidencia concreta y real. No obstante, hemos cambiado los nombres y las características definitorias para proteger su privacidad y confidencialidad. Agradecemos sus ejemplos.

KAREN BONNELL

Introducción

Te estás separando. Toda tu vida está a punto de cambiar. Estás pensando en el futuro: *¿Cómo será mi vida cuando mis hijos tengan que ir y venir entre dos hogares? ¿Qué necesito pensar, tener en cuenta, para qué debo prepararme? ¿Cómo le hacen los demás? ¿Cuáles son las desventajas? Necesito perspectiva y equilibrio.* O ya emergiste de los rápidos: oficialmente estás separado. Tienes cajas empacadas o desempacadas; tienes documentos que describen tu punto de partida financiero y un "plan para la crianza" para la vida con tus hijos. Sigues sanando, ya sea después del desamor o por la libertad que supone terminar una relación, que no funcionó. Estás comenzando una vida con reglas y un sentido del hogar nuevos. Estás forjando una relación inédita de crianza compartida con tu antiguo cónyuge, preparado con tu compromiso por hacer lo que sea mejor para los niños.

Te preguntarás, ¿cómo le hago para sortear todos los sentimientos, la inconveniencia, la incertidumbre, la incomodidad? ¿Cómo sigo adelante después de meses de dificultades? Sabía qué significaba ser buen padre o buena madre cuando vivíamos todos juntos, pero, ¿cómo empleo esas aptitudes ahora que todo ha cambiado? Este libro te ayudará a responder las preguntas más apremiantes, te brindará "un mapa" y herramientas para compartir la crianza después de haberte separado.

TE ENSEÑAREMOS CÓMO

- Abordar sentimientos difíciles mientras formas tu relación "profesional para la crianza compartida".

- Desarrollar una relación de crianza compartida respetuosa.
- Mantener el protagonismo de tus hijos y protegerlos de los conflictos y preocupaciones adultas.
- Entender las necesidades de tus hijos mientras sortean la pérdida y los cambios de la separación.
- Ayudar a tus hijos a desarrollar resiliencia y competencia enfrentando los cambios familiares.
- Implementar estrategias y protocolos prácticos para la vida cotidiana en una familia de dos hogares.

Sin importar las circunstancias de tu nueva vida como padre o madre que comparte la crianza de sus hijos, este libro te brindará ideas, lineamientos e información para sortear la transición de tus hijos de un hogar a dos.

La separación puede ser el camino más común hacia una familia de dos hogares, pero sin duda alguna no es el único. Hay padres que han tenido un hijo y que nunca han vivido juntos, padres que alguna vez vivieron juntos y ya no, y así sucesivamente. Estás leyendo este libro porque quieres aprender cómo ayudar a tus hijos a crecer fuertes y resilientes, a tener raíces en dos hogares, cómo compartir su crianza incluso, si la vida sigue su curso y las relaciones cambian. Para tus hijos tú y tu antiguo cónyuge siempre serán sus padres; parte de su sentido de la familia. Ayudaremos a resolver preguntas sobre cómo procurar una vida familiar en dos hogares para que se sientan seguros.

En esencia, este libro es sobre tus hijos. Su objetivo es ayudar a los niños a conservar o reclamar su infancia tranquila a pesar de la separación.

Cuando se trata del sentido de la familia de un niño, lo que el divorcio destruye, la crianza compartida reconstruye.

Para compartir la crianza, necesitarás saber cómo cuidarte a ti mismo y a tus emociones, así como tener las herramientas para desarrollar y mantener una relación de crianza compartida respetuosa y cooperativa.

Como padres primerizos, todos bromeamos sobre el hecho de que nuestro paquete maravilloso no llegó con un instructivo. Así que leímos libros y revistas sobre crianza, hicimos lo mejor, cometimos errores involuntarios, y nuestros niños crecieron. A veces aprendemos de los tropiezos, mediante la experiencia. La crianza compartida después de la separación implica otro nivel de complejidad en la labor de criar a los niños, ya de por sí desafiante. Se requieren competencias totalmente nuevas en el mejor de los casos. Con frecuencia, necesitamos orientación para sortear situaciones incómodas plagadas de "minas emocionales". Escribimos este libro porque ambas entendemos lo difícil, complicado e incierto que puede ser el proceso de la crianza compartida. También conocemos las minas emocionales y lo fácil que es cometer errores no tan involuntarios como consecuencia de una separación difícil.

Luego de la separación, lo que en el pasado pudieron ser errores involuntarios, con frecuencia adquieren el tono emocional de nuestros sentimientos fríos hacia el padre o la madre de nuestros hijos. Los denominamos errores no tan involuntarios. Este manual ayuda a prevenir los errores no tan involuntarios y reconoce que aunque cada padre o madre quiere hacer lo mejor para sus hijos, muchas veces no sabe qué hacer ni cómo lograrlo. Con protocolos claros, herramientas útiles y un poco de apoyo, los padres pueden evitar el dolor de no saber cómo hacer mejor las cosas y dedicarse a brindar las bases sanas, alentadoras y amorosas para sus hijos mediante la crianza compartida de forma hábil.

Nuestro objetivo es ayudar a los padres a desarrollar confianza en su capacidad para crear una familia positiva y resiliente incluso con el reto de vivir entre dos hogares y tras la ruptura de una relación adulta. Como coach de crianza compartida y especialista infantil, ayudamos a los padres a sentar nuevas bases: como adultos independientes que se adaptan de nuevo, como padres que comparten la crianza y como familias transformadas. Observamos que los niños reflejan la confianza en la capacidad de sus padres para establecer una sensación de hogar y familia segura y cariñosa mediante sus actividades y relaciones diarias; y escuchamos, por cómo hablan de su familia, cómo es la libertad de la que gozan como niños en crecimiento. Somos testigos de muchos más conflictos parentales así como de lágrimas y enojo de los niños que sufren y se esfuerzan por comprender la pérdida y el cambio. No obstante, también somos testigos de que los padres van desarrollando valor, del maravilloso crecimiento que adquieren como individuos y padres, así como del amor y el compromiso que se refleja en las historias de sus niños. Esto lo capturó de manera hermosa una niña de seis años cuando respondió a una pregunta sobre si sus padres habían asistido a su recital de ballet. Se llevó la mano a la cadera, con la expresión de que un adulto debería entender algo tan sencillo y verdadero, y declaró: "¡Pues claro! Todavía somos familia, eh".

Esto queremos de tus hijos: que confíen en tu capacidad para conservar su sentido de la familia incluso ante los cambios. Y queremos que encuentres los lineamientos y herramientas que te apoyen a medida que te fortalezcas y te conviertas en un padre o madre hábil que comparte la crianza. Este libro brinda ideas prácticas para crear tu propia definición de una familia de dos hogares. Algunos funcionarán y otros no; tú eres el experto en tu vida familiar. Nuestro objetivo es que te centres en lo que te puede ayudar: que las sugerencias te brinden esperanza y poder, incluso si tú y tu compañero de crianza necesitan más tiempo antes de estar listos para probarlos. Esperamos guiarlos para descubrir las aptitudes mediante las cuales podrán adquirir una perspectiva positiva, resiliente y optimista del futuro para ustedes y su familia transformada.

Es muy probable que tu grupo de expertos durante el proceso de separación y más allá incluya a un abogado. Elige con inteligencia. Contrata a alguien que represente tus intereses de conservar la infancia de tus hijos, un abogado que crea en la familia y preserve, en la medida de lo posible, la relación de los padres que comparten la crianza. Para mayor detalle, consulta la sección "Cómo elegir a un abogado familiar" en la página 309. Contempla informarte sobre el divorcio colaborativo y el derecho colaborativo, para averiguar qué alternativa satisface tus necesidades y corresponde a tu situación. Habla con mediadores y coaches de divorcio para que te orienten. La separación puede ser segura y civilizada, y deseamos que tu experiencia al respecto sea positiva.

Comencemos.

EL PODER DE LA NARRATIVA

Las personas reflejan su salud y confianza en las historias que cuentan...Sin historias enloquece-ríamos. La vida perdería su estabilidad u orien-tación...Sabes, las historias pueden conquistar el miedo. Pueden hacer que crezca el corazón.
BEN OKRI, poeta y novelista nigeriano

Ponte a pensar en la historia de tu familia, en tus orígenes, en cómo llegaste hasta aquí. Quizás encuentres temas de amor o conflicto, lecciones sobre compromisos y trabajo arduo, énfasis en las debilidades y fortalezas de las personas. Las historias que transmiten estos recuerdos y creencias ayudan a determinar qué piensas de ti mismo, tu lugar en este mundo y tu comprensión de la naturaleza humana.

Nuestra historia no sólo nos ayuda a entender el pasado, también nos brinda contexto para considerar el presente y nuestro futuro. Entretejer nuestra experiencia con las palabras y las acciones de las personas cercanas a nosotros, quienes nos han acompañado en esta vida —nuestra familia, sin importar nuestra definición de "familia"— nos otorga clarividencia.

Quizá la separación no sea la base para las historias felices, pero superar una separación tiene el potencial de determinar el modo en que los niños entienden y aprenden a sortear una crisis y cambios. Reestructurar una familia le brinda a cada niño una ventana a la capacidad de los padres para sortear la transición, se enfrentan a las emociones, aceptan la pérdida y crecen gracias a los cambios. Los niños catalogan sus propias experiencias tras emerger de una crisis familiar sobre la que no tienen control alguno, vuelven a encontrar estabilidad en su propia vida y crecen pese a la incertidumbre. La labor no es sencilla, pero ofrece múltiples oportunidades. Tómate un momento para reflexionar cómo es que estos niños han empezado a narrar su historia de vida familiar sobre la separación:

• • •

Mattie, diez años: "No sé bien qué pasó. Una noche papá estaba aquí y en la mañana ya no estaba. Cuando bajé a desayunar, mamá estaba llorando en la sala. No le pregunté por qué. No me gustó verla así, me daba miedo. Todavía no sé qué pasó porque mamá y papá no hablan de eso, así que no pregunto. Sigo viendo a papá, pero vive en otra casa. La casa en la que vivo con mi mamá se siente triste".

Carrie, quince años: "Mamá y papá se separaron hace un año. Fue difícil, pero se sentaron conmigo y con mi hermano y nos contaron que lo habían intentado, pero que ya no se llevaban bien viviendo en la misma casa. Me dio tristeza y mucho miedo, pero nos dijeron que siempre nos amarían y que seguiríamos viéndolos. Nos dijeron que se repartirían para cuidarnos, como siempre. De todas formas no me gusta, es difícil vivir en dos lugares, pero sí creo que es mejor: ya no se pelean como antes y se llevan mejor. Hasta nos divertimos en familia, como en mi cumpleaños. A veces me siento diferente de mis amigos, pero tampoco es para tanto. Amo a mis papás y ellos me aman. Prácticamente seguimos siendo una familia, sólo que ahora las cosas son un poquito diferentes."

• • •

Estas historias ilustran el poder que tienen los padres para hacerle ver a sus hijos qué está cambiando en su familia y qué sigue igual: saber con qué pueden contar, cómo hablar de su experiencia y hacer preguntas les ayuda a darle sentido a un presente amargo y en última instancia, construir un futuro seguro y amoroso.

Para muchos padres, la pregunta más importante es: "¿Cómo puedo guiar a mis hijos si yo mismo no sé qué está pasando?". Aunque se trata de una pregunta muy honesta, piensa cómo reaccionarías si estuvieras haciendo senderismo en el bosque con tus hijos y se perdieran. ¿Entrarías en pánico y comenzarías a explicarles los peligros de los osos y a contarles historias trágicas de gente que muere de hambre después de semanas perdida en la naturaleza? Desde luego que no. Lo más seguro es que con un tono reconfortante, encontrarías la fortaleza en tu interior y te centrarías en los aspectos positivos para explicarles que llevan suficientes refrigerios y agua, la gente sabe que salieron a hacer senderismo en la zona y aunque quizá tarden, los encontrarán. Y tarde o temprano estarán sanos y salvos en casa. Serías una guía, una fuente de confianza y consuelo para ellos. Mantendrías la calma y tomarías decisiones sensatas, escucharías las preocupaciones de tus hijos, siempre que te fuera posible, responderías sus preguntas y los tranquilizarías cuando no tuvieras respuestas. No te centrarías en buscar culpables, sino en resolver los problemas y en infundir confianza y seguridad.

Denominamos este enfoque "la guía amorosa" y si bien no es nada elaborada, es una labor importante encontrar tu seguridad, una voz fuerte y estabilidad en una situación que te inspira miedo y te confunde. Sin embargo, al hacerlo puedes ayudar a crear una historia sobre tu vida familiar para tus hijos, la cual podrá incluir dificultades, pero también esperanza y fortaleza. Tus hijos experimentarán tristeza y miedo, ¿pueden recurrir a ti como fuente de ayuda y consuelo? No siempre, porque no existen los padres perfectos, pero en el curso general de la recuperación de la familia, ¿pueden darse cuenta de que desarrollas aptitudes, creces, estás presente y sales de uno de los cambios difíciles de la vida?

Esperamos de todo corazón que este libro te ayude a encontrar las aptitudes y la orientación que contribuyan a tu propia capacidad de crear una historia de vida familiar sana: una historia de resiliencia personal y familiar para tus hijos. Las prácticas y protocolos en este libro son un compás que te indica la dirección de la crianza compartida de manera constructiva y te animan a superar esos momentos en los que te sientes como perdido en el bosque, para que abordes la vida familiar de dos hogares y salgas sano y salvo.

CAPÍTULO 1

El camino de la separación

Durante y después de la separación es común que los adultos se enfrenten con sentimientos que perturben, confundan, frustren e interfieran con la crianza compartida efectiva. Este capítulo brinda orientación sobre cómo gestionar tus sentimientos y reducir la duración del malestar para ayudarte a recuperar tu "yo" y desarrollarte como un padre o madre fuerte que comparte la crianza. En parte, esta transición puede ser muy difícil porque aunque los cónyuges se separen, los padres no lo hacen. Los padres se encuentran en una nueva relación que denominamos "crianza compartida" y tu nuevo trabajo es la asociación profesional de crianza compartida con tu antiguo cónyuge.

EL CONFLICTO NOS MANTIENE UNIDOS

Lo opuesto del amor es la indiferencia, no el odio. El odio es la otra cara de la moneda del amor y puede ser una conexión energética del corazón igual de potente con alguien que nos ha herido, traicionado o hecho daño. El odio y el conflicto nacen del amor frustrado o de una pelea contra la pena tras perder algo o a alguien sumamente importante. Estas pérdidas pueden incluir nuestro espíritu de familia, seguridad financiera, estilo de vida, identidad, sueños de toda la vida sobre cómo acontecería nuestra vida, relaciones con los niños, familia lejana, comunidad y mucho más.

Al reconocer que los sentimientos de odio y el conflicto nos conectan e involucran con otra persona, fomentamos respuestas más constructivas: respuestas que favorecen el desapego, el soltar y la libertad de elección. Nos damos cuenta de que sin importar lo mucho que protestemos y afirmemos que no queremos saber nada de esa persona, al mismo tiempo nos enzarzamos en cada oportunidad. Reconocer este patrón, hacer una pausa y evitar el impulso de enfrentarse o de responder (sin importar si tienes la razón) brinda la plataforma para tomar pasos y estrategias para fomentar una interacción más sana y constructiva: una nueva relación profesional de crianza compartida. Aunque no lo creas, esto es posible; incluso mientras aceptamos la nueva realidad.

Gestionar nuestras emociones nos permite centrarnos por completo en las oportunidades y la innovación más que en las limitaciones y la negatividad.

La separación es una crisis de cambios en la familia, la identidad, los roles, la seguridad y los sueños para el futuro. No obstante, incluso durante esta crisis debemos tomar decisiones importantes. Nuestra forma de pensar y sentir puede influir significativamente en cómo tomamos decisiones. Como cualquier crisis, la separación tiene un potencial para la oportunidad y la innovación. La pérdida y los cambios también suponen oportunidades para reconstruir, fortalecer, renovar y recrear.

La separación también puede poner en marcha una avalancha de limitaciones y negatividad. Corremos el peligro de no superar la amargura, el resentimiento y los pensamientos iracundos y rígidos, pensamientos que nos impiden crecer y encontrar la alegría del otro lado. Nosotros elegimos qué camino tomar, de manera consciente o inconsciente.

Tus hijos también experimentan una crisis. Necesitarán tu ayuda para aprender a gestionar sus emociones y al guiarlos, podrás enseñarles no sólo a vivir con la pena que causa la separación, sino también cómo encontrar posibilidades pese a los cambios.

Cuanto más preparado estés para hacerle frente a tu propia experiencia emocional y entenderla, serás más capaz de hacerle frente a la experiencia de tus hijos y ayudarles a comprenderla. Los seres humanos le dan sentido a las cosas juntos, en las relaciones surge el contexto y el sentido. Tus hijos recurrirán a ti para darle sentido a lo que está ocurriendo en su familia y deducir pistas sobre qué sucederá en el futuro. Si fueras a bordo de un vuelo con turbulencia, tal vez voltearías a ver a las azafatas para confirmar si hay motivo para preocuparse o estar tranquilo. Lees las expresiones faciales, escuchas sus palabras de orientación y estudias sus acciones mientras el avión navega con dificultad. De igual manera, tus hijos recurrirán a sus padres.

Esto no quiere decir que niegues o seas incapaz de reconocer que tu familia está pasando por un momento triste o difícil, los niños no quieren sentirse solos en su tristeza o con dificultad en la separación. Pero date cuenta de que para sentirse seguros, tus hijos también necesitan presenciar la seguridad, la esperanza y la resiliencia. ¿Te parece demasiado? Lo es, pero puedes lograrlo mediante pasos elementales.

QUÉ SIGNIFICA SEPARARSE

Hiciste vida en pareja. La separación requiere deshacerla. Antes de adentrarnos en las emociones, dejemos clara la complejidad y los niveles de la separación. De ese modo sabrás qué aptitudes requerirás, qué ideas te ayudarán a aclimatarte y a qué estrategias podrás recurrir. Estuviste casado, comprometido, implicado en el día a día y compartiste sueños para el futuro. Dormiste al lado de tu pareja, su respiración estuvo sincronizada y su biología conectada. Esto pudo haberse prolongado durante muchos meses o años. El cambio de vivir en pareja a la separación incluye algunos o todos los siguientes elementos:

- Separación legal o divorcio, si estuviste casado legalmente.
- Separación religiosa o espiritual con o sin una ceremonia, si estuviste casado por la vía religiosa o espiritual.
- Separación emocional, que con frecuencia sucede con el paso del tiempo, después de soltar.
- Separación física o fisiológica, que con frecuencia requiere separación física y tiempo para sanar y sosegar tu corazón y sistema nervioso.
- Otras posibles conexiones como reestructurar un negocio del que son copropietarios, negociar la participación en grupos y relaciones compartidos, etcétera, todas las que resultan en circunstancias únicas y potencialmente complejas que hay que resolver.

Desenmarañar tu relación adulta tiene muchas dimensiones con un posible efecto de amplio alcance. Y al tener hijos, se requiere que te separes mientras empiezas a construir una relación de crianza compartida. Esto puede suponer retos difíciles.

Se requiere romper los vínculos íntimos, las prácticas y los patrones de pareja. Necesitarás reconfigurar muchas de sus interacciones: los atajos eficientes a la hora de tomar decisiones, los conflictos que se repiten, la familiaridad, los apodos cariñosos y el concepto de "nosotros". Esperamos apoyarte mientras te despides de lo viejo y reescribes tu proceso de crianza compartida para lo nuevo: no es tarea fácil y en ocasiones está acompañada de muchas batallas, pérdida, ira, pena y tristeza. La separación toma su tiempo y es posible que tu compañero de crianza esté en otra etapa.

El cónyuge que decide irse, bien pudo haber dejado el matrimonio mental, emocional y físicamente dos o cinco años antes de pedir el divorcio. Entenderlo es desconcertante, darse cuenta, alarmante. Por tanto, quien se va suele estar en un estado emocional muy distinto de quien se queda. Esta diferencia puede ser una fuente de profundo dolor, sobre todo si el que se va sigue adelante con su vida y tiene una nueva pareja sentimental mientras el otro padre apenas empieza a encontrar el rumbo.

Mostrarte sensible al proceso emocional de tu compañero de crianza en las primeras etapas puede contribuir a labrar una relación de crianza compartida sólida y positiva a largo plazo. Reconocer el valor de la separación y trabajar en equipo para hacerlo beneficia a todos, también a tus hijos. Si bien el que se va suele sentir alivio y tener la disposición para seguir adelante, a los niños y la pareja que se queda les falta mucho para acoplarse a los cambios. Cuando el que se va sigue adelante demasiado rápido, para la adaptación emocional del otro, sobre todo respecto de una nueva relación, la otra pareja y los niños se pueden sentir invisibles o abandonados, y creer que lo que ayer habían considerado una familia, hoy ya no existe. Esta dinámica puede provocar un dolor inmenso para quienes se quedan. Es probable que tu compañero de crianza se sienta solo durante el proceso de separación, como si estuviera recogiendo los restos de lo que en ocasiones se siente como una familia hecha pedazos... cuando en realidad se trata de una familia en transición.

La separación inteligente brinda continuidad a la vida familiar para los niños. En cambio, la separación incompetente suscita conflicto.

Debes separarte y al mismo tiempo interactuar con tu antigua pareja en virtud de los niños. Cuando lo haces con sensatez, los dos le transmiten a los niños la sensación de ser una familia integrada. Cuando lo hacen con torpeza, se exagera la ruptura familiar. Si este capítulo cumple sus objetivos, aprenderás a diferenciar lo que sientes por esta persona como antiguo cónyuge de lo que sientes por ella como madre o padre de tus hijos. Este buen juicio te dará mucha más oportunidad de mantener la sensación de ser una familia integrada en beneficio de tus hijos.

SEPARA "LA MENTE DE CÓNYUGE" DE "LA MENTE DE PADRE/MADRE"

Imagina que tu mente funciona como un radio. Puedes sintonizar distintas estaciones que provocan ciertos estados de ánimo, inspiraciones o experiencias. Imagina que tienes una estación mental en la que repiensas, repasas y recuerdas todas las cosas de tu excónyuge que son decepcionantes e hirientes. Quizás esta estación esté plagada de emociones difíciles, te recuerde en dónde te encuentras en tu proceso de duelo y cómo te estás adaptando a la separación, y te distraiga de centrarte en tu hijo. Esta estación podría incitarte a perderte en los pensamientos de "la mente de cónyuge".

Ahora imagina que tienes una estación mental en la que te das cuenta de la anticipación y la emoción que siente tu hijo cuando hace algo divertido o aprende algo nuevo con su padre o madre. En esta estación escuchas recordatorios de lo importante que son ambos padres para un niño, consejos útiles sobre cómo ayudar a que el otro sea el mejor padre posible, recibes orientación importante para aprender a ser un compañero de crianza constructivo, así sabes que estás sintonizando en "la mente de padre/madre". Aprender a diferenciar entre estas dos estaciones mentales te permite empezar a elegir: ejercer control sobre los pensamientos y sentimientos difíciles que te distraen de la crianza y entorpecen la adaptación a la separación. Puedes aprender a cambiar la estación deliberadamente y desarrollar patrones mentales que contribuyan a tu relación de crianza compartida y al futuro de tus hijos.

Ahora te invitamos a identificar qué pensamientos sobre tu compañero de crianza tienen que ver con el padre o la madre de tus hijos (mente de padre/madre) y cuáles tienen que ver con tu excónyuge (mente de cónyuge). Por ejemplo, *Es la mayor entusiasta de Frannie*; *Agradezco mucho que haya llegado a las citas médicas...* (mente de padre/madre). A diferencia de: *Nunca puedo contar con él, después del engaño, las cosas que me ha dicho...* (mente de cónyuge). A veces la mente de cónyuge y la mente de padre/madre parecen mezclarse: *No quiero que mi hija sea la clase de persona que se comporte como mi exesposa se ha comportado conmigo o con otros adultos.* Guau. ¿Cuál es cuál?

Si analizamos nuestros pensamientos mediante la perspectiva de nuestros hijos, encontramos claves importantes sobre la diferencia entre las opiniones de cónyuge y de padre. Los niños no conocen (o no les importan) nuestras conductas o problemas de nuestra relación adulta. Les interesa saber si los vamos a amar y cuidar, si convivirán con sus dos padres, si vivirán sin angustia, culpa o conflicto. Cuando expresas pensamientos que de manera intencionada o no alteran la sensación de seguridad, amor y cuidado del niño con su padre o madre, o los implicas en problemas de adultos, es probable que estés en un estado mental de cónyuge.

Ahora examina los sentimientos que proceden del estado mental de cónyuge: no son cómodos, difíciles para el corazón, para el sistema nervioso y para tu relación de crianza compartida. Está bien que conozcas tus valores y que seas crítico respecto a lo que crees que está bien o mal en una relación adulta. No obstante, tus hijos no necesitan verlo en su relación con su padre o madre y tampoco necesitan escuchar que te expreses de ese modo sobre su padre o madre. Tus esfuerzos para mitigar la confusión, el conflicto y separar los temas adultos de la experiencia y relaciones de tus hijos te permite centrarte en qué es mejor para los niños.

Puedes impartir valores sin deteriorar la relación de tus hijos con su padre o madre. Incluso si tienes razón sobre algún aspecto de lo que tu excónyuge hace o no hace, los pensamientos negativos, los juicios severos y los sentimientos conflictivos no ayudan a los niños. En su debido momento, en cierto punto de su desarrollo, los niños empiezan a ver a sus padres desde una perspectiva más realista, comprenden y sacan sus propias conclusiones sobre las relaciones, la familia y los padres imperfectos. Es importante que ellos elijan los rasgos y las conductas que quieran emplear para crear su identidad única y propia. A nuestros hijos no sólo los define su biología, también aprenden de nuestras fortalezas, debilidades, triunfos y fracasos personales.

Sin importar tu aflicción emocional debido a la separación, tus hijos necesitan que sus dos padres los amen, cuiden, alimenten, críen, disciplinen, enseñen y estén presentes. Es bueno para ellos tener a dos padres que son maravillosos o que están a la altura; que comparten información, desarrollan aptitudes y aprenden el uno del otro. Con suerte reconocerás esas fortalezas o apreciarás los intentos de tu compañero de crianza y apoyarás su aprendizaje y éxitos. Y desde la mente de padre/madre, compartirás la alegría de tus hijos.

• • •

Mamá se dio cuenta y reflexionó: Tim estaba muy emocionado de ver a su papá, y las sonrisas que compartieron fueron hermosas.

Papá le reconoció a Jill lo talentosa que es su mamá: Mamá es buena en muchas cosas, el disfraz que te hizo está genial. Jill se veía hermosa y orgullosa.

• • •

A veces los padres creen que la mente positiva de padre/madre implica aceptar las elecciones, conductas y decisiones de su expareja. Parece que mostrarse positivo de cualquier forma significa librarlos de toda culpa, justificarlos o restarle importancia a lo ocurrido. De hecho, si tu expareja se beneficia de tu conducta, no importa. Lo haces por tus hijos y por tu futuro. Tu ira y mala opinión no cambiarán a tu expareja, tus pensamientos severos no cambiarán los resultados. La meta es superar la pérdida, el sufrimiento y el dolor para compartir la crianza con tu expareja, por el bien de tus niños.

¿Qué pasa si no eres capaz de lidiar con tus emociones con civilidad o adoptar la mente de padre/madre? O peor, ¿si sencillamente no soportas ver a tu expareja? Encontrar el modo de sentirte en paz contigo mismo y tu compañero de crianza puede requerir tiempo y creatividad. Quizá necesites limitar tus interacciones con él o ella y primero cuidarte a ti mismo. No debe ser motivo de vergüenza no poder hacer esto con civilidad, sé honesto contigo, conoce tus límites, reconoce lo que necesitas y sigue adelante. Continúa con la lectura. Tenemos algunas propuestas.

LA CLAVE PARA SANAR: EVITAR O GESTIONAR LOS DETONANTES, LA IRA Y EL COLAPSO EMOCIONAL

"Estoy muy enojado con mi ex por lo que nos hizo, no soporto ni siquiera ver su nombre en mi buzón de correo o escuchar su voz por teléfono. Se me acelera el corazón, me falta el aire, me dan ganas de insultarla. Dejarle a los niños es casi imposible, no soporto verla: no deja de sonreír mientras yo quedo como un animal atropellado en la carretera. Cuando regreso sin los niños, no sé qué hacer con mi día."

¿Te parece familiar? Compartir la crianza con alguien que todavía provoca o desencadena emociones tan fuertes puede ser un reto y también una provocación. Emplear estrategias constructivas para proteger tu corazón que está sanando, tranquilizar tus pensamientos iracundos y relajar a tu cuerpo exhausto (seamos honestos, nadie está durmiendo bien) te ayudará a sortear estas primeras semanas y meses de adaptación posterior a la separación con mayor resiliencia y cuidado personal.

Protege a tu corazón que está sanando

Limita el contacto con tu excónyuge sin perjudicar la crianza compartida. Sé solidario, pero limita tu interacción a lo estrictamente necesario. Comunícale lo relacionado con los niños, utilizando un lenguaje cordial, respetuoso y profesional. Y resiste las ganas de engancharte con temas superficiales. Esto puede implicar limitar el número de correos, escribir mensajes sucintos una o dos veces por semana para ponerlo al tanto de cómo les fue a los niños mientras se quedaron contigo. Tal vez quieras una dirección de correo específicamente para la crianza compartida, de modo que en tu correo diario no recibas correos de tu expareja. Reconoce y respeta tu necesidad de distanciarte para sanar antes de seguir adelante y adoptar una relación de crianza compartida amistosa. Con el tiempo, es muy probable que logres tener una relación cordial y más sencilla con la madre o padre de tus hijos. Forzar la amistad demasiado pronto prolonga el proceso de sanación, y fomenta colapsos nerviosos frecuentes.

Alivia tus emociones

Caray, somos criaturas de hábitos. Cuando ese "hámster" empieza a dar vueltas en la rueda que tenemos en la mente, los pensamientos se salen de control. Un pensamiento puede conducir a una cascada de recuerdos que se acumulan en una pila de recordatorios hirientes, furibundos, molestos, improductivos, emocionalmente agotadores y para nada útiles, de que te has separado. Intenta con esta distracción: ve una película divertida; pon tu música alegre preferida, sal a caminar, ve al gimnasio, ponte a trabajar, llama a un amigo y habla de otra cosa. Hay un momento y un lugar para procesar tus sentimientos y un amigo de confianza, un terapeuta o un grupo de apoyo posdivorcio pueden ser un salvavidas. Tranquilizar tu mente y tus emociones son tareas importantes y deben hacerse poco a poco, con comprensión y apoyo, se requiere una sana dosis de distracción de vez en cuando.

El nerviosismo y la energía desbordada son parte de la reacción ante el duelo. Si te das cuenta de que no te puedes quedar quieto y que caminas de un lado al otro en la cocina o caminas sin rumbo en el súper, ten en cuenta de que se trata de tu respuesta ante la aflicción. Algunos expertos identifican esta conducta como de búsqueda: estás buscando algo que has perdido. Dentro de lo razonable, no te hace ningún daño permitirte caminar y reducir tu energía ansiosa. Regresa al párrafo superior para otras opciones de cuidado personal y distracción sana.

Realiza una campaña antifuria y comprométete a interrumpir y cambiar tus pensamientos con la mayor frecuencia posible cuando te asalten los pensamientos furibundos. Eres arquitecto de tu futuro, permítete meditar para inhalar paz y exhalar calma. Incluso si la practicas de vez en cuando, con el tiempo, con la práctica, esos momentos sumarán y te encontrarás del otro lado de la crisis, sintiéndote mucho mejor.

Relaja tu cuerpo fatigado

El sueño es importante: de hecho, nuestro organismo se regenera mientras dormimos, y esto incluye nuestro organismo emocional. Cuanto más se prolonguen los trastornos del sueño (semanas, meses), más prolongada será nuestra recuperación. Pide ayuda. Infórmate sobre hábitos de sueño saludables (healthysleep.med.harvard.edu/need-sleep) e incorpora las sugerencias en tu día a día. Desconéctate de la tecnología una hora antes de irte a dormir. Por más distractor y atractivo que sea Facebook, es muy probable que te dé energía en vez de que te prepare para dormir. Del mismo modo, ejercítate durante el día o por la noche. Lee mensajes alentadores e inspiradores antes de dormir. La música de fondo suave puede ayudar a tranquilizar al "hámster" y distraer tu mente para que concilies el sueño. Cuando estés acostado y despierto, recuerda practicar la relajación, permite que tu cuerpo sienta el soporte del colchón y suelta toda la tensión posible mientras concilias el sueño, imagina que estás "permitiendo que la carne cuelgue de los huesos".

Tu médico es la persona ideal para aconsejarte en caso de que sigas padeciendo alteraciones en el sueño y te des cuenta de que la adrenalina te mantiene despierto, que se te acaba la paciencia, que le temes a las incertidumbres del futuro. Es probable que durante un periodo breve, te caiga bien ir a terapia, algún medicamento o la meditación. Una alternativa saludable que no genere adicción y que te ayude a romper con la falta de sueño para que lo recuperes. Con el descanso adecuado, es más fácil que tengas la resiliencia para criar con amor y planear un futuro positivo. (A propósito de eso, es un momento particularmente importante para evitar el consumo de alcohol, pues muchas veces empeora las cosas.)

Concéntrate en funcionar, no en la perfección. Aprende a pedir ayuda. Quizá seas una de esas personas que, hasta ahora, se enorgullecía en superar las expectativas y en brindar ayuda, no en recibirla. Aprende a reajustar tus expectativas, acepta que quizá sólo logres las cosas de mayor importancia, y por una vez, acepta resultados que no sean perfectos. Date la oportunidad de sentir y ser consciente de que has llegado al límite. Durante una temporada, tu límite o tolerancia será mucho menor que lo habitual, y es totalmente comprensible. Date permiso de descansar, encuentra tiempo para ti, apóyate en tus amigos, familia y personas que te quieran.

Los niños nos relatan cómo sienten la separación: dolor, ira, angustia. No puedes fingir ser alguien que no eres o crear mayor inquietud al comportarte como si "te sintieras bien", no es bueno para los niños. ¡Los niños adivinan nuestras intenciones!

Asegura a tus hijos que te ocuparás de tus sentimientos y de los suyos, que dentro de poco estarás bien. Transmíteles con claridad que tu labor es criarlos, apoyarlos y amarlos en este momento difícil pese a todo, y las cosas mejorarán.

• • •

Milly, de nueve años, conversa con el especialista infantil: "No me gusta que cuando voy a casa de mi mamá me tengo que bajar sola del coche, porque mi papá dice que no quiere verla."

Papá, después de hablar con el especialista infantil y darse cuenta del efecto que tuvieron sus palabras, dice: "Sé que te resulta muy difícil caminar sola por el porche, voy a estar aquí sentado lanzándote besos. Dentro de poco, papá se sentirá mejor y los dos podremos caminar por el porche. ¡Diviértete con mami!

• • •

CREAR UNA HISTORIA DE NUESTRA SEPARACIÓN. ¿QUÉ LE CONTAMOS A LOS VECINOS?

Un reto en las primeras semanas del proceso de la separación es decidir qué contarle a los demás. La mayoría pensamos en nuestra familia, amigos, vecinos, socios y conocidos en círculos concéntricos de importancia, y en el centro, un grupo reducido: los más importantes y confiables. El siguiente círculo puede incluir a nuestros buenos amigos. Después está el círculo de los padres que conocemos gracias a nuestros hijos o colegas del trabajo, con quienes compartimos nuestro día a día. Tal vez tengamos un círculo de profesionistas confiables, nuestro jefe o personas en puestos similares de autoridad. En el círculo exterior están nuestros conocidos o relaciones con tensiones, son las personas de las que preferimos mantenernos distantes.

Contar con un puñado de personas con quienes desahogarte te mantiene conectado en un momento cuando parece que tu mundo se desmorona. Asegúrate de que estos confidentes confiables y valiosos comprendan que estás compartiendo emociones puras y agitadas, así como información posiblemente confidencial. Pídeles discreción y no transmitir lo que les cuenten como chisme. Sólo a ti te corresponde contar esta historia, a nadie más.

Quizás haya una parte de ti que quiera reunir a las tropas, compartir los detalles sórdidos del doloroso fin de una relación para poner a los demás en contra de tu pareja, reunir apoyo en un momento en que deseas que lo excluyan, juzguen y lastimen. Es un periodo vulnerable en el que las personas heridas hieren a los demás. Procura no ceder al impulso de hacer daño a partir de lo que le cuentes a la familia y amigos y divulgar información dañina.

CUANDO LOS NIÑOS ESCUCHAN CONVERSACIONES ADULTAS

Los niños son muy astutos para escuchar tus conversaciones. ¿Crees que están en su cuarto haciendo la tarea mientras tú hablas por teléfono? Sí, pero no están concentrados en los suyo, sino en tu conversación. Crees que estás empleando un ingenioso lenguaje en código, pero son expertos en descifrarlo. Los niños no tienen una estrategia constructiva para procesar emocionalmente la situación que se desarrolla mientras sus padres se separan. Les da miedo, los altera y les produce incertidumbre. Protégelos de conversaciones adultas. Ten en cuenta que si tus amigos hablan de tu separación frente a sus hijos, ellos se enterarán. Es humillante. Protege los sentimientos de tus hijos, incluso a pesar de tu dolor.

• • •

Niña de seis años: "Sé lo que está pasando… creyeron que estaba dormida, pero bajaba las escaleras en silencio y me metía a la cocina para escuchar, ¡ni siquiera se dieron cuenta!"

Chico de quince años: "Nuestro pueblo está lleno de chismes, los papás se cuentan todo y muchas cosas que está diciendo papá de mamá no son ciertas y no está bien. Me preocupa que ella vaya a los partidos de futbol porque ya todos saben."

• • •

Hasta cierto grado, tu compañero de crianza seguirá relacionado con tu familia y tus amigos más cercanos a través de tus hijos. Tanto tú como él definirán el estilo de su relación y ésta afectará a tus hijos. Es importante cómo se relacionen los adultos durante actividades o eventos especiales: ¿sus interacciones expresarán hostilidad, desaliento y juicio o más bien cordialidad y neutralidad que permitan a los niños relajarse y estar cómodos en compañía de sus adultos preferidos?

Hemos hablado de la importancia de las personas confiables en los primeros días y semanas posteriores a la separación, así como la importancia de controlar lo que sucede con la información adulta. Los adultos pierden el interés de una ruptura reciente en dos semanas, pero los niños nunca olvidan lo que escucharon ni cómo se enteraron. Por eso les recomendamos a los padres crear una historia de separación juntos para compartirla con los demás: brindar suficiente información sobre la reestructuración de la familia sin compartir información que pueda afectar relaciones, avergonzar a los niños o los haga avergonzarse de alguno de sus dos padres.

Una historia de separación es parte del tejido de la historia de vida familiar más amplia de tus hijos: son hilos que se tejen con los recuerdos de la infancia y experiencias que cultivan seguridad, aprendizaje, resiliencia y una comprensión cada vez mayor de la complejidad de la vida.

Considéralo un discurso de elevador. Es lo que los vecinos necesitan saber, lo que es útil que los maestros, directora de la escuela, orientador y médico de tus hijos sepan, lo que los papás del equipo de natación seguramente ya adivinaron. Ahora puedes confirmar la verdad sin generar más rumores. Es la misma información que tu familia lejana puede compartir cuando estés preparado para compartirlo con sus círculos de amigos. Lo ideal es que tú y tu ex decidan qué se dirá y a quién para informar, siempre con respeto, a los demás sobre los cambios dentro de tu familia. Veamos cómo sería una historia de separación:

. . .

"Queremos compartirles una noticia desafortunada. Hemos decidido separarnos. Los niños saben que de ahora en adelante seremos una familia con dos hogares. Por ahora, Brad se quedará en casa y Brenda se mudará a un departamento cerca de Forest Haven. Queremos agradecerles de antemano el apoyo que le brinden a los niños. Todos superaremos esta etapa de cambios importantes y difíciles."

. . .

Una historia de separación es parte del tejido de la historia de vida familiar más amplia de tus hijos: son hilos que se tejen con los recuerdos de la infancia y experiencias que cultivan seguridad, aprendizaje, resiliencia y una comprensión cada vez mayor de la complejidad de la vida. Crear una historia de separación protege a tus hijos de escuchar información sobre relaciones adultas que les resulte hiriente e innecesaria. También brinda un camino de salida de una crisis y la admisión de otro concepto de familia con seguridad y esperanza. Para más información sobre si los niños merecen o no saber la verdad, dirígete al capítulo 3, página 67.

CONFLICTO EXTREMO: CUANDO TU EX ESTÁ EMPECINADO EN REPROCHARTE Y NO TE HABLA

Respira profundo. Exhala. No tienes idea de cuánto durará esta conducta perjudicial. Quizás en parte esperabas expresiones llenas de enojo, culpa y castigo como respuesta a tu petición de separarte. O te resulta sorprendente que tu pareja quiso separarse y, sin embargo, ahora te culpa y responde con inusual agresividad o silencios nada cooperativos, o ambas cosas. Tal vez los dos están tan enojados, y el conflicto ha llegado al grado, que la separación era tan necesaria que parece que la situación está fuera de control.

De por sí es difícil que un miembro de la pareja este enojado, descontento, te reproche y no coopere, mientras se están completando los pasos necesarios de la separación... y si tienen hijos, la tarea puede parecer imposible. ¿Cómo demonios compartir la crianza con un individuo que no responde los correos, no te avisa si los niños están enfermos y te sigue tratando terriblemente frente a ellos?

La mayoría de los padres en esta situación duda de si esto puede entenderse como crianza compartida. Siempre decimos que no es cuestión de compartir la crianza con la madre o padre de tu hijo (a menos que él o ella renuncien a sus derechos de paternidad), sino qué tan bien lo harán. ¿Qué tan constructivamente solucionarán sus problemas? ¿Qué tan integrada será la vida de sus hijos? ¿Cuánto estrés y desacuerdos tendrán que superar?

Tienes control sobre una parte de esta ecuación. No puedes cambiar a otra persona, sólo puedes cambiar tú. Ten la seguridad de que harás lo mejor que puedas y considera la posibilidad de que tu ex también está haciendo lo mejor que puede. En todo caso, seguir estos cinco pasos puede ayudarte:

1. *Vive tu propio dolor, haz un ejercicio de introspección y perdónate.* Si la otra persona consigue engancharnos con sus ataques y reproches es debido a nuestras inseguridades. Reconocerlo puede ser difícil, pero ten en cuenta que si alguien te acusa de algo que es mentira, no te lo tomes personal. Duele que alguien a quien alguna vez amaste y en quien confiaste te acuse injustamente. Es un insulto y sientes el impulso de aclarar las cosas. Recuerda, si defenderte hubiera surtido efecto, los reproches y los insultos habrían cesado. Por último, perdónate porque de algún modo contribuiste al derrumbe de la relación y, de ser posible, arregla las cosas y discúlpate. Empieza por ti mismo.
2. *Establece tus estándares de conducta.* En otras palabras, no combatas el fuego con el fuego, no intercambies insultos, no adoptes conductas que después te avergüencen. Tú puedes, establece tus estándares y cúmplelos. Ponle el ejemplo a tus hijos: enséñales

cómo tratas con gente difícil sin reproches, perder los papeles o emplear palabras altisonantes. Si te caes, levántate, sacúdete el polvo y empieza de nuevo.

3. *No le eches leña al fuego.* En otras palabras, ignora comunicaciones inapropiadas, hostiles, poco cooperativas e innecesarias. Ponerle atención a este tipo de conductas es igual que alimentar una fogata que quieres apagar. Cuando respondes con comentarios igual de hirientes o perjudiciales estás avivando el fuego.

4. *Mantén la comunicación centrada en los niños y de manera informativa.* Cualquier comentario adicional cuyo fin sea señalar los errores o la mala conducta de tu compañero(a) de crianza o que sea aleccionador, condescendiente, juzgador, evaluador o cuyo fin sea influir o controlar será recibido con mayor hostilidad.

5. *Busca el apoyo que necesitas para seguir adelante como padre competente y decente.* Puede ser una terapia constructiva con una persona que te brinde apoyo y te oriente. No es recomendable que esté de tu lado, sino que te ayude a gestionar tus sentimientos, resolver tus problemas en beneficio de tus hijos y superar la complejidad de tener una relación de crianza compartida con una persona difícil. Los grupos de separación son una buena oportunidad para compartir ideas con otros padres que están pasando por lo mismo. La asesoría legal te ayuda a resolver los asuntos legales y un coach de crianza compartida profesional puede asesorarte sobre límites, protocolos de comunicación y preocupaciones de la crianza. (Si tienes suerte, tal vez tu compañero o compañera de crianza asistirá a la sesión de terapia contigo.) Mientras tanto, consulta materiales de autores, expertos y padres que comparten tus valores y son defensores de reestructurar las familias de la manera más constructiva posible.

Sin importar lo desanimado y frustrado que te puedas sentir por tu compañero de crianza, sigue haciendo lo mejor que puedas por tus hijos. No intentes cambiar a la otra persona, es una especie de libertad. Es hora de soltar y esperar que, con el tiempo, tu compañero de crianza se acostumbre y participe en la crianza compartida contigo de manera más hábil y constructiva.

Si vivimos durante años con una persona difícil, tal vez pensemos que al separarnos la situación mejorará. Y cuando no sucede, la pena que debemos superar es mayor.

EL DOLOR NO ES UN CAMINO RECTO: IRA, LÁGRIMAS Y ACEPTACIÓN

No te podemos decir que existe una forma correcta o incorrecta de vivir el duelo, pero sí te podemos decir que es un proceso que tiene distintas capas de emoción. También que al entender lo que estás viviendo, al explorar la profundidad de tu ser para encontrar valor y afrontar la adversidad, al optar por el cuidado personal y la aceptación, puedes disminuir el efecto que tiene el dolor en tu vida y la de tus hijos. Vamos a ver qué implica el duelo:

Impresión y descreimiento: para algunos, la primera reacción puede ser ausencia de emoción. Esta es la etapa en la que no te detienes con nada, sigues adelante con tu vida cotidiana y simplemente incluyes entre tus pendientes los detalles del divorcio o la separación. Tal vez hasta te preguntes por qué es tan difícil para los demás.

Cooperación o negociaciones: a veces, tras la separación, identificamos un periodo de congenialidad y espíritu de colaboración. Cuando surge de un acuerdo genuino y mutuo para poner fin a la relación y un deseo franco de mantener las cosas lo más amistosas posibles, entonces los dos adultos y sus hijos son extremadamente afortunados. Sin embargo, con demasiada frecuencia este periodo de luna de miel es un momento desesperado y optimista de negociaciones que devela un intento sincero de revertir la decisión: una súplica a la pareja que se va para que cambie de opinión, que despierte, regrese a casa y no termine su relación.

Enojo y furia: estas emociones son frecuentes durante la separación y pueden continuar en la adaptación posterior a la separación. Son muchos cambios, demasiada pérdida y la sensación de impotencia para detener lo que no puedes controlar. Afrontar y luchar contra estas verdades desagradables es una reacción muy normal. Además de la ira —y muchas veces, debajo de ella— encontramos tristeza y pesar.

Tristeza: puede que la tristeza se sienta más lenta y profunda que la ira, y tiene una energía propia. A diferencia de la moción vigorizante de la ira, que está acompañada de una avalancha de adrenalina, la tristeza se instala con pesadez en nuestro corazón, nos consume la energía y le quita el color a los días, sustituye nuestro sentido de identidad normal con sentimientos de vulnerabilidad, soledad y pérdida. Lloras, te cuesta trabajo concentrarte, el futuro te provoca ansiedad, no duermes bien, lo cual dificulta las actividades del día a día. Quizá te sientas como la sombra de una persona que repite los movimientos.

Recuerda que el duelo es una experiencia transitoria: no dura para siempre y no tienes que vivirla en soledad. La separación puede ser como atravesar un glaciar de emociones. Es más fácil llevar contigo el apoyo necesario (un amigo de confianza, un terapeuta o un grupo de apoyo posdivorcio) y dar tiempo de sobra para superar las emociones. Para la mayoría de los coaches especialistas en la crianza compartida los primeros dos años posteriores a la separación son los más importantes del proceso de adaptación y los primeros cinco años son parte del territorio de adaptación. Les advertimos que no conviene permanecer demasiado en una grieta de ira, temor o tristeza. Pide ayuda y apóyate en los demás cuando te sientas atrapado, reciclando el pasado, con resentimientos, rígido, amargado o reprochando o si te muestras inflexible ante un camino nuevo y más optimista.

Al final de esta experiencia, te espera la aceptación: arriba abordamos las capas de emociones que puedes experimentar y revivir varias veces durante tu proceso de duelo. Te podemos recordar que lo que te espera del otro lado de estas emociones difíciles es la perspectiva del futuro desde el lente de la aceptación, lo cual hace que el trayecto arduo haya valido la pena. No hay un camino recto ni adecuado, pero esperamos que con el tiempo llegues a una nueva postura de aceptación. Y la aceptación quizás incluya el perdón.

EL PERDÓN: ¿VALE LA PENA?, ¿ES POSIBLE?

La disculpa puede ser una parte importante de la aceptación y puede o no conducir al perdón. En nuestras conversaciones con cientos de parejas que se están separando, a menudo nos han preguntado sobre la necesidad de disculparse y el papel del perdón. A fin de cuentas, la separación es el resultado de nuestra incapacidad de amar al otro como necesita ser amado, ya fuera humanamente posible brindar suficiente amor, ya fuera por no saber cómo hacerlo mejor o si era el caso para una persona o ambas.

La mayoría de los problemas que motivan una separación tiene que ver con que el amor se queda corto en nuestras acciones, palabras, vínculo, comunicación o en nuestra incapacidad de cumplir nuestros compromisos. Tal vez te sientas libre de culpa o muy culpable. En cualquier caso, es probable que corresponda ofrecer una disculpa. "Lamento haber sido incapaz de amarte de modo que satisficiera tus necesidades, de cuidarte como esperabas y de ser la persona que querías que fuera." Quizá también existan otras cosas más puntuales por las que disculparse y en un mundo ideal, considerado y empático, se ofrecen disculpas.

Reconocer las limitaciones y disculparse es un bálsamo para las heridas emocionales de rechazo, fracaso y pérdida. Cuando podamos reconocer al otro no sólo porque sus contribuciones negativas causaron el fin de nuestro matrimonio sino por cómo enriqueció nuestra vida, contribuyó a la vida familiar o lo intentó de distintas maneras, nos acercamos a la aceptación y a una perspectiva más equilibrada de la vida. Es muy raro que una persona sea completamente buena o mala. Cuando podamos reconocer nuestras fallas y nos disculpemos por las cosas en las que nos hubiera gustado hacerlo mejor, nos preparamos para derribar los muros del dolor, la ira, la culpa y la enemistad.

¿Puedo perdonar o necesito que me perdonen, o ambos? Ya sea que recibamos la disculpa que creemos merecer —y ofrezcamos la disculpa que nuestra expareja merece— nos quedamos con la pregunta del perdón: "¿Puedo perdonarlos por haberse ido, lo haré?" o "¿Puedo perdonarme por mis acciones de las que no estoy tan orgulloso, lo haré?".

El perdón no significa estar de acuerdo. No quiere decir que creas que la otra persona tomó decisiones acertadas o se comportó de manera aceptable. Significa aceptar que tanto tú como la otra persona no son perfectos.

El perdón es posible cuando somos capaces de aprovechar la energía que invertimos en pensar en el pasado y desear que fuera distinto para seguir adelante y concebir un futuro significativo. Cuando hacemos este cambio, con frecuencia descubrimos que nos quedamos con lecciones valiosas, hemos separado el oro del carbón: valiosa sabiduría, compasión más profunda, conciencia más sólida de uno mismo... existen muchas posibilidades. Dicho esto, la mayoría de los padres que han caminado por las "llamas de la separación" quizá necesiten meses —si no es que muchos años— para desenmarañar las emociones complicadas y la experiencia de la separación del aprendizaje. Sé paciente contigo.

A medida que el "mar de emociones" recupere la calma, enfócate en criar niños competentes, felices, seguros y amorosos para alcanzar la estabilidad y la aceptación, y tal vez, con el tiempo, incluso llegue el perdón. En última instancia, tú decides si el perdón es el próximo paso natural del trayecto y cuándo lo das.

UNA SELECCIÓN DE IDEAS

- Eres autor de tu historia de vida familiar y diseñas tu futuro.
- Tu confianza y resiliencia informarán la historia de vida familiar de tus hijos.
- Recuerda que aunque los cónyuges se separan, los padres no se separan de sus hijos emocionalmente.
- Comprende y gestiona tus emociones, esto te ayudará a seguir adelante.
- Esfuérzate con esmero en la separación.
- Separa la mente de cónyuge de la mente de padre/madre para limitar la negatividad y prepárate para una crianza compartida positiva.
- Gestiona los detonantes y la ira para que tu cuerpo, mente y espíritu se puedan recuperar.
- Identifica en dónde estás en el proceso de duelo, en dónde se encuentra tu compañero de crianza y cómo está afectando el

duelo a tus hijos. Para más detalle sobre los niños y el duelo, dirígete al capítulo 3, página 67.

- Pregúntate si hay elementos de perdón que contribuyan a tu adaptación y sanación durante la separación.
- Asume tu papel como padre o madre que comparte la crianza de sus hijos y acepta tu labor, la asociación profesional de compartir la crianza; ponte de acuerdo con tu expareja en beneficio de tus hijos.

Lo que no puedas hacer hoy, lo podrás resolver en las próximas semanas, meses y años que se avecinan. Tus esfuerzos y logros tendrán un efecto enorme en los pequeños de cualquier edad. Los niños entienden cuando las cosas no funcionan o se descomponen. Nuestra tarea es hablar y acompañarlos durante el deterioro hasta recuperar la integridad, mientras la vida en familia cambia y se vuelve a estabilizar. Exprésales que te estás esforzando para sentirte mejor, hacer mejor las cosas y también aprender.

CAPÍTULO 2

El camino de la crianza
juntos a la crianza separados

Estás comenzando la travesía de la crianza compartida. Juntos exploraremos cómo la separación puede afectar los estilos de crianza. Te guiaremos para que no tropieces con los obstáculos comunes y al mismo tiempo te ayudaremos a expandir tu capacidad para la crianza. Lo más importante, hablaremos de lo valioso que es para los niños tener dos padres competentes que compartan objetivos, aprendan a trabajar en equipo para resolver problemas y se respeten, de ese modo los niños podrán retomar su crecimiento y desarrollo sanos y su infancia normal, con sus altibajos normales.

Debemos tomar una decisión: ¿pelearemos por nuestros derechos parentales en solitario o pelearemos juntos por lo que es mejor para nuestros hijos?

LOS SENTIMIENTOS DE LOS PADRES: EL PROCESO PASO A PASO

Si tomaste la decisión de terminar tu matrimonio, como lo vimos en el primer capítulo, es muy probable que hayas vivido buena parte de tu duelo antes de partir. También es probable que emocionalmente te hayas distanciado, y que ahora seas más feliz de lo que fuiste en años. Por favor, por favor, ten en cuenta que tus hijos no están en la misma situación que tú, y es muy probable que tu expareja tampoco. Tus hijos necesitan que cruces el abismo que se interpone entre tu nueva vida y su situación, en la que están aprendiendo a aceptar que su vida familiar ha cambiado. Necesitan que atravieses el abismo y les asegures que no los estás abandonando, que no son insignificantes y que no es necesario que hagan cambios que simplemente no serán capaces de hacer sin más tiempo y apoyo. El recorrido debe proceder a la velocidad del excursionista más lento o nos arriesgamos a que alguien se lastime. Para los niños, sentirse presionados muy por encima de su capacidad emocional puede crear profundas heridas emocionales (a veces invisibles).

Si eres el padre o la madre que está intentando explicarte la separación, la devastación y cualquier número de reacciones a lo inesperado e indeseado, entonces estás criando a tus hijos con una sobredosis de emociones la mayor parte del tiempo: lágrimas, ira, miedo, ansiedad o total agotamiento. Sabes que estás preocupado y en ocasiones agobiado. En nuestro capítulo previo, nos centramos en gestionar los detonantes y las emociones. Por ahora, ten la seguridad de que con el tiempo las cosas mejorarán. Por ahora, busca apoyo (ya sea de un terapeuta, amigo de confianza o grupo de apoyo posdivorcio) y sé amable tanto contigo como con tus hijos, permite que el transcurso del tiempo y la aceptación sanen tu corazón.

EL EFECTO DE LA SEPARACIÓN EN TU ESTILO DE CRIANZA

La separación despierta diversas emociones, crea un estado de estrés que puede agobiar y, como consecuencia, tiene efecto incluso en los mejores padres y madres mientras intentan con dificultad cuidar a sus hijos bajo una nueva estructura familiar. Con niños tristes que están en duelo y la ausencia de la pareja, los desafíos de la crianza pueden ser agotadores. Veamos el efecto de las emociones en la crianza:

Miedo: los padres temerosos dudan e intentan controlar el entorno, lo cual muchas veces desemboca en ansiedad y una preocupación exagerada sobre la normalidad de la vida cotidiana. La inseguridad o el temor de perder una relación con un niño pueden cambiar la crianza sana que establece límites y convertirla en una relación más permisiva, del estilo amigo-padre, con la esperanza de ganarse la aprobación de los niños. Se sustituyen los límites con negociaciones y ceder.

Ira: nada es más duro para la autoestima de un padre o madre que tener la mecha corta con los niños. Es decir, descargar en su contra, esperar demasiado y frustrarse muy rápido, todo lo cual pone en riesgo la crianza. Agrega fatiga a la mezcla y el estado de ánimo cae pronto en picada. La ira puede provocar que los padres se sientan incapaces y vayan de la desesperación a la retirada.

Tristeza: la tristeza nos lleva a la introspección. Un padre triste es menos receptivo emocionalmente con sus hijos. La introspección sustituye la espontaneidad y atención al detalle de siempre. Según la profundidad de la tristeza, un padre puede aislarse tanto y por tanto tiempo que los niños sienten la necesidad de relevarlo y asumir sus funciones.

Culpa: si un padre cree que el cambio y la pérdida de la separación son demasiada carga para un niño y cree que él (o su expareja) son responsables de herir a un niño separándose, podría alterar su juicio. Con frecuencia esto se traduce en consentir al niño emocionalmente, lo cual le transmite la idea nociva de que es especial y subestima la sana capacidad de adaptación del niño.

¿Cómo hacen los padres para gestionar la montaña rusa de emociones y seguir criando a sus hijos con eficiencia? ¡Teniendo conciencia! Date cuenta de cómo respondes: ¿te enojas o impacientas con facilidad, te aíslas en tu cuarto? Cuídate disminuyendo las exigencias, recurre a comidas sencillas, relájate y apapacha a tus hijos en el sillón, y ten la confianza de que las cosas mejorarán. Haz lo posible por atender las necesidades de amor, atención, autonomía y estructura familiar de tus hijos. Cuando puedas soltar y respirar con más facilidad, estarás en la categoría de "padre competente". (Para más consejos, consulta "La clave para sanar: evitar o gestionar los detonantes, la ira y el colapso emocional", página 34.)

• • •

La crianza es parte del sistema familiar, sin importar si se realiza en uno o dos hogares. Esto quiere decir que el estilo de un padre o madre suele influir el estilo del otro; las emociones de un padre o madre influyen en las emociones del otro.

Verás que a Adel y a Tammy se les dificultó la primera etapa de adaptación a criar en dos hogares.

Los primeros años, Tammy se quedó en casa con su hijo, Cole. Cuando entró al kínder, ella volvió al trabajo. Después del nacimiento de Cole, Tammy y Adel tuvieron problemas en su relación. Probaron con terapia de parejas dos veces sin muchos cambios. Con el estrés del matrimonio, Adel se distanció cada vez más de la crianza para alejarse de Tammy.

Por fin Adel le comunicó que quería separarse cuando Cole entrara a tercero de primaria. Incluso pese a la terapia de pareja fallida y a los disgustos diarios, Tammy estaba sorprendida y destrozada.

Le preocupaba que a Cole le afectara de por vida lo que ella consideraba una decisión egoísta de parte de su padre. Creía que sería mejor para Cole si vivía con ella y que viera a su padre cada dos fines de semana. Ahora Adel estaba sorprendido y destrozado por lo que considera una actitud egoísta. Quiere separarse de Tammy, no de Cole.

Los desencuentros subieron de tono, discutían una y otra vez sobre cómo creía cada uno que deberían compartir la crianza del niño, y no resolvían nada. Adel accedió a mudarse, esperando que la separación redujera el conflicto. Quería tener una buena oportunidad de desarrollar un plan para la crianza a largo plazo junto con Tammy.

A Tammy la pérdida de su matrimonio le inspiró miedo, ira y tristeza. Adel temía perder a Cole, lo cual lo hacía sentirse más culpable sobre la separación. Durante los primeros meses, mientras se instalaba en su casa, Adel descubrió que cuando Cole se quedaba con él, le permitía ganar las peleas sobre el tiempo para ver la tele, así como la tarea y la hora de irse a la cama. No soportaba ponerle límites ni imponer disciplina cuando pasaba tan poco tiempo con el niño.

Tammy criticaba a Adel cada vez más y con Cole se volvió más estructurada y controladora, y Tammy y Adel volvieron a discutir. Cole respondió al conflicto de sus padres oponiéndose a ir a casa de su papá. Tammy lo apoyó, le permitió hacer lo que él consideraba era lo mejor. Se creía una madre mejor y más capaz y la falta de disciplina de Adel lo confirmaba.

A Cole le gustó tener control sobre su calendario y se negó a visitar a su papá. Adel exigió que Cole se quedara en su casa cuando a él le tocaba pasar tiempo con su hijo y culpó a

Tammy por poner al niño en su contra. Comenzaba a sospechar que Cole estaba muy consentido y que Tammy lo estaba tratando como un bebé. Qué desastre.

Veamos cómo sus emociones y estilos de crianza cambiaron con el tiempo. Cuando Adel era complaciente con Cole, Tammy se volvió crítica y exigente, y el conflicto entre los padres subió de tono. Cole intentó solucionar el conflicto entre sus padres permaneciendo en casa con su mamá. Debido a su coraje con Adel, Tammy se volvió complaciente con Cole. En vez de insistir en que Cole respetara el calendario parental como habían quedado en su Plan parental legal, le cedió a su hijo una decisión parental importante. Cuando Adel se volvió más exigente y controlador, Tammy respondió con aún más protección. La respuesta de cada padre fue un intento de contrarrestar al otro, como un sube y baja, y Cole estaba en medio.

Cuando Tammy y Adel acudieron a la terapia de crianza compartida, descubrieron que sus propias emociones —ante todo el miedo— motivaban sus decisiones como padres, lo cual incrementaba el estrés en el sistema familiar y perjudicaba a Cole. Tammy empezó a darse cuenta de que su miedo a la incapacidad de Adel para ser padre de Cole y la ira que le tenía por su decisión de separarse, influían en su incapacidad de permitir que Adel pasara más tiempo con su hijo. Estaba molesta, en parte quería castigar a Adel, quería que pagara el precio por haberse ido. Por suerte y gracias a la terapia, se dio cuenta de que el único que pagaba el precio por su falta de resolución era Cole.

Adel se sinceró sobre su temor de perder a Cole y reconoció que en el último par de años se había ido alejando cada vez más de la familia en virtud de su insatisfacción marital. Admitió que no había sido el mejor padre y que le había resultado más fácil quedarse en la oficina. Se arrepentía mucho y quería ser el padre que Cole necesitaba. Estaba comprometido con aprender y hacer lo necesario cuando Cole se quedara en su casa.

Al comprender cada vez más sus propias necesidades y emociones y las del otro, Tammy y Adel pudieron establecer un calendario doméstico permanente que respetara la importancia del papel de cada uno en la vida de Cole y aprovecharon sus fortalezas individuales como padres de la mejor manera posible. Tras asegurar los tiempos de la crianza, se pusieron metas de crianza compartida y desarrollaron protocolos para comunicarse y completar las responsabilidades parentales en ambos hogares. Los dos padres iniciaron la crianza compartida sana.

Cole respondió con alivio porque sabía que su familia de dos hogares estaría bien... y aunque siguió quejándose sobre la tarea y la hora de irse a dormir, respondió a los límites en los horarios y se ajustó bien a sus dos hogares.

• • •

Los niños no necesitan padres perfectos: necesitan padres de verdad, amorosos, en constante crecimiento y aprendizaje, compasivos con ellos mismos y con la resolución de mejorar cuando cometen errores. Como acostumbramos decir en la terapia de la crianza compartida, adaptarse a la vida familiar de dos hogares no es fácil para nadie. Asegúrate, y a tus hijos, que lo superarán y que seguirás siendo un padre efectivo. Busca el apoyo que necesites de otros adultos o profesionales para que puedas ser el padre o la madre que eres con tus hijos.

Cuando las necesidades emocionales de un padre se vuelven demasiado grandes, presentes y agobiantes para los niños, el niño encontrará el modo de ser el padre de ese padre.

La ansiedad de separación de un padre es una respuesta particularmente perniciosa ante la separación, y a veces los niños responden manteniéndose cerca del padre emocionalmente agobiado, para cuidarlo y consolarlo. Con frecuencia concluirán que un padre ha abandonado al otro, que le ha hecho algo "malo", y esto ocasionará al niño un agobio emocional que es impredecible y temible. El resultado puede ser que el hijo mayor se vuelva el hombre de la casa ante la ausencia de su padre: hará las compras, disciplinará a los hermanos y cuidará a su mamá por si necesita hablar. Del mismo modo, una hija podría renunciar a sus actividades habituales para asegurarse de que su papá no beba demasiado o tenga un ataque de pánico. Nuestros hijos no son cuidadores, amigos ni confidentes durante nuestra separación: incluso si intentan llenar el vacío, tu labor es cuidarte a ti mismo, buscar la ayuda que necesitas y permitirle a tus hijos que disfruten su infancia.

Los niños no cuidan a los adultos, los adultos cuidan a los niños. Ésas son las reglas.

CONTROLAR EL ACCESO

· · ·

"Criar a los niños ha sido mi trabajo de tiempo completo."
"No tuve hijos para criarlos medio tiempo."
"Estos niños están acostumbrados a contar conmigo
veinticuatro horas al día, todos los días."
"No puedes cambiar las cosas sólo porque quieres separarte."

· · ·

Todas estas afirmaciones son reales y transmiten dolor, son afirmaciones de padres de tiempo completo que han dedicado buena parte de su adultez a cuidar a sus hijos. Con frecuencia han desaprovechado oportunidades laborales o pospuesto sueños educativos a cambio de quedarse en casa con los niños. Tienen vínculos emocionales profundos y valores familiares vitales que deben cumplir. Si eres un padre o madre de tiempo completo, la separación no sólo es una reestructuración de la familia, sino una amenaza y, con frecuencia, una pérdida de identidad personal importante. La separación afecta la fábrica social tejida durante años de grupos de juegos, participación en asociaciones de padres y equipos de natación. Es un cambio de trabajo incomprensible, es una traición al objetivo y el vínculo que tienes con tus hijos, que has alimentado día tras día. Para el padre o la madre de tiempo completo, la travesía de la crianza compartida suele estar plagada de emociones fuertes y perturbadoras. Estos padres pueden adoptar una postura protectora respecto a sus hijos y, pueden mostrar una especie de autoridad e inflexibilidad similar a la del capitán de un barco. Por desgracia, esto puede cruzar un límite parental importante.

Un padre que controla el acceso protege a los niños del desorden y el estrés innecesarios, los protege de los peligros y el dolor y los resguarda de los intrusos. El control del acceso se puede volver una práctica perjudicial entre padres que comparten la crianza cuando uno de ellos necesita información y ejercer control, de tal forma que entorpece y restringe la relación del otro con los niños. Esto impide la crianza compartida saludable.

Los padres quieren hacer lo mejor para sus hijos, es un patrón consistente. Lo que no es consistente es la opinión de cada padre sobre cómo compartir y mantener a sus hijos de la mejor manera después de la separación. Para que la crianza compartida sea exitosa, cada padre debe dar la oportunidad al otro de expresar sus valores de crianza, cuidar a los niños a su modo y confiar en que los niños tendrán la resiliencia y seguridad para afrontar los cambios mientras se constituye su familia de dos hogares.

¿Qué es lo mejor para los niños? Dos padres competentes que los amen y los cuiden, ya sea en una casa o en dos.

Si eres el cónyuge que participó en la familia de otra forma mientras tu pareja se encargó de criarlos en mayor medida, el camino a la crianza compartida tiene muchos topes inesperados. Para ti, la primera situación complicada será cuando te digan que "nunca has cuidado a los niños, que si acaso, hiciste de niñera de vez en cuando". Tu ahora expareja está convencida de que no tienes idea de cómo preparar un lunch o acudir a las citas médicas. Es muy probable que recibas instrucciones numerosas sobre cómo gestionar la vida diaria. A decir verdad, nunca has acudido a una cita médica ni preparado un lunch... pero con toda seguridad, lo puedes aprender sin necesidad de los recados insultantes. Por amor de dios, llevas años gestionando, operando y administrado toda clase de aspectos importantes de la vida sin ninguna sugerencia.

¿Cómo harán para superar estas diferencias con compasión? ¿Cómo comenzarán a contemplar al otro con mayor justicia, tras la reflexión y el reconocimiento? Recuerda que los sentimientos que albergan por el otro como cónyuges no son los mismos que albergan sus hijos por ustedes como padres. La relación entre padre e hijo implica un vínculo importante y sagrado que contempla la imperfección, algo que los dos tendrán que tolerar en ustedes mismos y en el otro.

Si te has dedicado a la crianza de los niños, tienes una ventaja en el proceso de la separación: descubrir una identidad y un sentido que no incluya a los niños, ni a la familia, ni la gestión de una casa e incluya otros intereses propios de los adultos. Esto podría implicar trabajar, regresar a la escuela, explorar nuevos pasatiempos o acudir a terapia para descubrir qué sigue. Trabajando el luto y haciendo cambios personales, la travesía a una crianza compartida razonable y flexible es posible. Reconoce que ésta es tu labor: vivir tu duelo, aceptar y soltar en beneficio de la sana adaptación de los niños y su relación constante con su padre o madre.

Si eres el padre que está esperando con entusiasmo y disposición estar más involucrado en la vida de los niños, sé respetuoso y comunícate con tu compañero de crianza. Gánate su confianza para que sepa que cuidarás bien a los niños, sigue las reglas que acordaron, asegúrale que velarás por su bienestar y no afirmes tu autonomía demasiado rápido o a la fuerza (puede resultar contraproducente). Recuerda que tu compañero de crianza podrá no tener la razón en todo, pero sí ha sido consistente y dedicado en el trabajo de ser padre o madre. Es importante reconocérselo.

INVOLUCRARSE E INTERVENIR

En una familia de un solo hogar, con frecuencia los padres se reparten las labores familiares. Existen distintos niveles de compromiso al cuidar a los niños y mantener a la familia. Cada cónyuge encuentra un arreglo que se adapte a sus fortalezas y preferencias y exprese su visión de familia. Para algunos, la división de tareas funciona bien, para otros, las dificultades contribuyen al fin del matrimonio. Tener que renegociar las tareas de criar a los niños durante la separación puede ser difícil para ambos padres.

La buena crianza compartida es igual a la paternidad sólida, además incluye un conjunto de aptitudes específicas de una familia de dos hogares. Así que ten en cuenta que si se te han dificultado los detalles de la crianza en un hogar y el otro padre se encargó de buena parte de la crianza de los niños, se te seguirán dificultando. Como dice el dicho: "Nadie se puede evadir de lo que está por venir". Vivir una separación no quiere decir que no quieras ser parte de la crianza de los niños, pero quizá te espere un periodo de aprendizaje si tu intención es participar en la crianza de los niños en dos hogares. Ya no te podrás dar el lujo de tener una pareja que se encargue de todos los detalles de la crianza, que te respalde en tus horarios de trabajo o que se encargue de las necesidades nutricionales de los niños en días en los que tu mejor comida era pedir pizza.

La separación marca la conclusión de una relación sentimental para los adultos, no de una familia para los niños. Una familia de dos hogares implica a dos padres que participan e intervienen en la crianza de sus hijos en colaboración, aunque separados.

En muchas familias, un padre asume la responsabilidad de las labores relacionadas con los niños. Ese padre tiene un tesoro de información sobre los niños y sus hábitos, gustos y disgustos que el otro padre desconoce; y para ser francos, no había necesitado hasta ahora. Cuando un padre comparte información útil con el otro de manera respetuosa, beneficia a los niños. Esto funciona mejor cuando se hace de común acuerdo y no se aprovecha para competir o degradar al otro padre.

• • •

Gordon y Lou adoptaron a gemelos en un orfanato de Honduras. Al principio, los niños tenían necesidades complejas y ambos padres acordaron que Gordon se quedaría en casa para cuidarlos antes de que entraran a la escuela. Gordon se convirtió en experto para administrar sus terapias, interpretar señales y satisfacer necesidades. Al cabo de un par de años, los niños se habían puesto al corriente con sus aptitudes sociales e idiomáticas, su crecimiento y desarrollo. Mientras tanto, Lou trabajaba y disfrutaba de una relación divertida y juguetona con los gemelos en las noches y los fines de semana.

Cuando decidieron separarse, Lou estaba seguro de que sabría cuidar a los niños por su cuenta, pero también de que Gordon tenía mucha más información que él sobre los detalles de su vida cotidiana. Quería ser tan buen padre como Gordon había sido todos esos años, así que le pidió ayuda.

Gordon tenía sentimientos encontrados. Por una parte, quería que los niños siguieran teniendo una relación sólida y comprometida con Lou, pero por otra, estaba enojado y sentía que merecía seguir siendo el padre primordial de los niños: Lou nunca había asistido a ninguna revisión médica ni sesión de terapia de logopedia. ¿Acaso ese historial debía ser compartido? ¿Ahora que los gemelos ya estaban bien, Lou pretendía involucrarse en la crianza sin haberse esforzado, sólo para recibir las recompensas? No le parecía justo.

Gordon y Lou hablaron con la especialista infantil quien se había reunido con los gemelos. La especialista explicó que los niños se estaban adaptando bien a la noticia de la separación de sus padres, pero querían que les garantizaran que tendrían un hogar, una habitación, juguetes y tiempo con cada uno de ellos. Eso era lo que más les preocupaba a los *gemelos*: convivir mucho con sus dos padres. Estos comentarios fueron determinantes para Gordon.

Por mucho resentimiento que le tenía a Lou por ser incapaz de participar en los primeros años de la crianza, no tenía sentido perpetuarlo. ¿Por qué querría perpetuar la ausencia de Lou de tantos momentos importantes de la vida de los niños si honestamente Lou quería involucrarse? Si estaba listo para participar, entonces era lo mejor para los gemelos.

Hizo a un lado sus sentimientos encontrados y se dispuso a compartir la crianza de los niños. Estuvo de acuerdo con brindarle a Lou la información que requiriera y comenzó a ceder y dividir labores de las que siempre se había responsabilizado. Lou se implicó y Gordon dio un paso atrás. Permitirían que los dos se implicaran activamente en el cuidado de los niños. De forma nueva, distinta y mejor para ellos.

• • •

Cuando los padres negocian cómo cuidarán a los niños en colaboración, aunque separados, es útil si coinciden, en lo fundamental, en cuáles son las necesidades de los niños y qué se requiere, y acuerdan dividir las responsabilidades. Los dos padres no necesitan llenar los formularios para ingreso a la secundaria. Sin embargo, se pueden turnar la responsabilidad de comprar materiales de la escuela, asistir a eventos deportivos y citas médicas y dentales. Así como los padres se reparten con éxito las labores de la vida familiar en un hogar, cuando se trata de cuidar a los niños y dividir el tiempo con ellos entre dos hogares, los padres que comparten su crianza también se reparten las tareas con éxito. La clave es centrarse en los niños, comunicarse con respeto y diseñar acuerdos claros.

EL VALOR DE DOS PADRES COMPETENTES

Una de las grandes responsabilidades de la crianza de los hijos es darles oportunidad de tener experiencias sin ti. Es soltarlos poco a poco, extender el cordón umbilical, para darles una infancia rica y variada. Los padres no siempre se ponen de acuerdo en cómo crear esta trayectoria hacia la adolescencia. Es posible que un padre tenga la energía protectora, que prefiera mantener a sus hijos mucho más cerca de lo que el otro considera necesario o saludable. Uno de ellos puede ser abierto, correr riesgos: mientras el otro se queda en casa ansioso y rezando hasta que los niños regresan a casa sanos y salvos de una aventura.

A medida que los padres empiezan a compartir la crianza, estas diferencias se pueden exagerar si no tienen cuidado. Tus hijos no necesitan que el abismo entre los estilos de crianza se haga más grande. De hecho, es hora de disminuir tus instintos naturales para querer hacer las cosas a tu manera y mejor alcanzar un punto medio. Para los niños es útil cuando mantienes calendarios diarios, labores domésticas, hábitos para hacer las tareas y horarios para irse a acostar similares en los dos hogares. Al mismo tiempo, permite que las fortalezas y diferencias de los dos se hagan presentes sin críticas ni estrés.

Los niños están mejor física y emocionalmente cuando los padres participan de forma activa y comprometida en sus años de formación. En una familia de un hogar, el involucramiento de cada uno de los padres fluctúa con los niveles de desarrollo, horarios de trabajo, horarios escolares y exigencias de la vida cotidiana. En una familia de dos hogares, los padres satisfacen una diversidad de necesidades del día a día durante el tiempo que pasan con los hijos. Es clave encontrar la forma de relacionarte con tus hijos entre dos hogares que respalden vínculos amorosos y comprometidos con cada uno. Como verás, hay muchas formas de lograrlo, ya sea que vivan en la misma colonia o en dos extremos del país.

Lo importante es tener en mente que tus hijos tienen una relación única con cada uno de ustedes. A lo mejor uno está más en sintonía con sus emociones y el otro tenga estímulos más intelectuales. Uno les enseña sobre ética laboral y constancia, mientras el otro les enseña a relajarse y divertirse. Quizás uno les lea en voz alta y al otro le guste acurrucarse en el sillón para ver una pelea de box en la tele. Diferentes fortalezas, todas valiosas para los niños.

Qué afortunado es el niño que tiene padres implicados que le enseñen cosas importantes y le brinden experiencias vitales significativas.

Nos guste o no, nuestros niños aprenden de nuestras debilidades y fragilidades, de nuestros errores. Ser padre no tiene que ver con la perfección, sino con la competencia. La vida familiar puede ser desordenada, impredecible y difícil. No obstante, la vida familiar nos brinda el pilar de la tradición, las lecciones de vida y los valores. Cuando se hace con habilidad, con amor, es la plataforma para una adultez segura.

La familia se reestructura durante la separación y cada miembro debe adaptarse y encontrar estabilidad. Dos padres competentes pueden ayudar a los niños a hacerle frente a la separación con resiliencia y fuerza. Cómo gestionas el estrés, la adversidad, la pérdida, la relación con un miembro de la familia de tu hijo que quizás ahora detestes —tu compañero de crianza— será una lección vital para tus hijos sobre relaciones, familia, perdón y espíritu de hogar. Cuanto antes dejen de enfocarse en ser una pareja separada para abocarse en compartir la crianza de sus hijos de forma constructiva, los niños podrán recuperar su infancia más pronto.

UTILIZA ESTOS MENSAJES DE REFERENCIA PARA NO RENDIRTE, TE ESPERA UN FUTURO MEJOR

- Los niños no necesitan padres perfectos, una familia perfecta ni un hogar perfecto.
- A los niños les beneficia seguir teniendo una relación sólida, comprometida, con cada uno de ustedes. Resolverán esta situación juntos o buscarán ayuda para hacerlo.
- Puedes fortalecer el sentido de pertenencia de los niños a una familia saludable de dos hogares así como su salud emocional y física a largo plazo si compartes su crianza con inteligencia.
- No necesitan ser padres perfectos. Cada uno hará lo mejor posible.
- Entiende que el conflicto constante es el elemento más destructivo en la separación. Toma el camino ético y comunícate con respeto.
- Puedes aprender a gestionar tus sentimientos, duelo y aceptar a tu compañero de crianza por sus fortalezas y debilidades, sin juzgarlo, sin hostilidad.
- Puedes hacer todo esto porque amas a tus hijos.

LA CRIANZA COMPARTIDA COMO ALIADOS, NO ENEMIGOS

Hasta ahora queda clara la importancia de que aunque una pareja sentimental esté descontenta o en proceso de separación, los miembros deben convertirse en aliados en la crianza de sus hijos.

Descubrirás emociones muy difíciles en el proceso, la necesidad de competir por tus hijos y limitar a tu ex, criticarlo en vez de reaccionar ante los errores simples con generosidad y pelear por tener la "razón", en vez de pelear por construir una buena relación de crianza compartida. Estamos aquí para ayudarte a superar todas estas emociones, impulsos y necesidades y empezar una relación de crianza compartida de la que te puedas enorgullecer y en la que tus hijos prosperen. No es una tarea fácil, pero vale la pena.

Ser padre o madre es un acto desinteresado de servicio y amor. Los buenos padres maduran, adquieren más sabiduría y hacen sacrificios con la esperanza de que sus hijos tengan una vida un poco mejor, más feliz y más exitosa que la suya. Compartir la crianza de los niños requiere tomar esas aptitudes y compromisos y ejercerlos con alguien a quien tal vez ya no reconocemos, ya no amamos o con quien ya no creemos poder ponernos de acuerdo.

Harás lo posible por superar la pérdida de tu pareja íntima. Tu compromiso es conservar la integridad en la vida de los niños, esto quiere decir que deben compartir su crianza como aliados, no como enemigos. Los dos deben estar involucrados y comprometidos de muchas formas entre dos hogares con el menor estrés y conflicto posibles.

OBJETIVOS DE LA CRIANZA COMPARTIDA

Con frecuencia, los compañeros de crianza difieren sobre concluir su relación y pueden diferir sobre protocolos de crianza; pero rara vez difieren sobre querer lo mejor para sus hijos. Queremos aprovechar esta verdad casi garantizada. Es el punto de coincidencia de los padres. En nuestras pláticas con compañeros de crianza, les pedimos que establezcan metas para la aventura conjunta de criar a sus hijos.

ÉSTOS SON ALGUNOS EJEMPLOS:

- Queremos que nuestros hijos se sientan amados, escuchados, guiados y apoyados en sus distintos intereses, actividades y formación académica.
- Queremos que nuestros hijos siempre sepan que nuestros hogares son puertos seguros emocionalmente cuando padezcan estrés, los agobie la presión social o los superen sus propias expectativas.

- Queremos que nuestros niños sean niños. Queremos que sepan que los cuidaremos y no al revés. Queremos asegurarnos de que saben que siempre pueden contar con nosotros, sobre todo emocionalmente.
- Queremos que nuestros hijos tengan acceso a la educación y a oportunidades enriquecedoras, según nuestras posibilidades. Y que tengan la certeza de que les daremos una cantidad razonable de dinero para lograrlo.
- Queremos criar a niños fuertes, serenos, capaces y responsables que sepan que son importantes y que crean en ellos.
- Valoramos nuestro espíritu de familia extendida; como cariñoso, emocionalmente saludable y cercano. Queremos que los niños mantengan relación con la familia de ambos lados.
- Creemos que la fortaleza de un niño y su sentido positivo de identidad están relacionados directamente con una relación activa con cada uno de nosotros. Queremos hacer todo lo posible por mantener relaciones positivas para los niños y apoyar su relación con el otro padre o madre.

Hay decenas de metas distintas que han escrito los padres y han colocado a modo de faros para guiar su comportamiento y toma de decisiones. La clave es tomarse el tiempo para pensar sobre la plataforma en la que estarán parados juntos durante todos los años hasta que los niños lleguen a la adultez y más allá. Lo que pongan en práctica ahora empieza a sostener a sus hijos el resto de su vida familiar. Habrá graduaciones de la preparatoria, logros profesionales, anuncios de compromisos, nacimientos y muertes. ¿Qué plataforma quieres que apoye a tus hijos durante estos sucesos cíclicos tan importantes de la vida? Estás comenzando a construir esa plataforma ahora mismo. Tus metas son los tablones.

TUS OBJETIVOS PARA LA CRIANZA COMPARTIDA

Tómate un momento y anota tus propias metas para la crianza compartida. Pregúntate: "¿Qué necesito hacer para asegurarme de que los cumplamos en beneficio de los niños?" Comenta los objetivos para recordarte cómo hacerlos posibles.

Tal vez a tu compañero de crianza también le interesaría anotar los suyos. De ser posible, compártanlos. Podrían reunir su lista y pegarla a su plan para la crianza cuando quieran recordar: esto es lo que nos importa como pareja que comparte la crianza de los niños. No es una invitación para competir, sino para unir fuerzas teniendo en cuenta a los niños.

UNA SELECCIÓN DE IDEAS

- La crianza es un trabajo continuo muy importante, sin importar si se realiza en un hogar o en dos. Cómo gestionas tus emociones puede tener un efecto en tu estilo de crianza y en la relación con tu ahora compañero de crianza.
- La separación y la crianza compartida pueden requerir que cambies los métodos con los que criaste a los niños en una familia de un hogar, para permitir que tu compañero se implique de forma más activa.
- Sin en el pasado tu cónyuge se encargaba de la crianza cotidiana y tú mantenías a la familia, ahora las cosas tendrán que cambiar. Si quieres participar de forma más activa en el cuidado diario de tus hijos, tendrás que implicarte y ejercer tareas de la crianza durante tu tiempo con ellos.
- No necesitas ser un padre o madre o compañero de crianza perfecto; tus hijos necesitan que seas competente, necesitan amar a cada uno de ustedes sin reservas, mientras ustedes los aman y los cuidan. Tu compromiso es gestionar tu estrés y conflicto de manera eficiente.
- Tu compromiso es conservar la integridad de la vida de los niños, esto quiere decir compartir la crianza como aliados, no enemigos.
- A los niños les viene bien conservar la mayoría de sus rutinas y prácticas cotidianas en vez de adaptarse al cambio. La estructura, el amor, la responsabilidad de acuerdo con su edad y la disciplina deben seguir siendo pilares de la crianza saludable.
- Tus metas de crianza compartida se convierten en principios rectores a medida que avanzas y enfrentas los retos de criar a los niños en colaboración, aunque separados.

CAPÍTULO 3

El camino de la separación para los niños

Ahora me doy cuenta de que cuando dijimos "hasta que la muerte nos separe", se refería a la crianza compartida.

La primera labor de los padres que comparten la crianza de sus hijos es protegerlos del dolor y el conflicto que marcan el final de la relación conyugal. Los niños no son responsables de los problemas adultos y no pueden resolverlos. No se debe utilizar a los niños como aliados o hacerlos sentir que tienen que renunciar a uno de sus padres. Necesitan la certeza de que los padres no se divorcian de los niños y que no les pedirán que tomen partido, culpen, juzguen y odien. Los padres deben ayudarlos a procesar sus sentimientos en esta época de fractura familiar. No existe la familia perfecta, la infancia perfecta o el calendario doméstico perfecto. Los padres que comparten la crianza de sus hijos parten de una situación imperfecta y la abordan de la mejor manera posible. Recuerda que los padres competentes encuentran la manera de ser compañeros de crianza responsables.

DESARROLLO INFANTIL Y ADAPTACIÓN A LA SEPARACIÓN

El crecimiento y el desarrollo son los ritmos subyacentes de la vida que todos experimentamos incluso en medio o después de una separación.

A veces los padres se preguntan si los niños se adaptan mejor a la separación en ciertas edades o etapas de desarrollo. La respuesta es que los niños se adaptan de manera distinta a la separación —y les preocupan diferentes cosas— en edades distintas y etapas de desarrollo. Lo que ayuda a los padres a apoyar a los niños es contar con información confiable sobre necesidades y preocupaciones propias de cada etapa. Sin duda, tu hijo es único, pero algunos puntos de referencia generales te pueden orientar para empezar a plantearte y responder preguntas importantes.

Las diferencias entre las reacciones de los niños frente a la separación se deben, en parte, a su capacidad para la comprensión cognitiva y moral, su etapa de desarrollo y la conformación de su vida social. El otro factor es la singularidad del temperamento y personalidad de cada niño. Para cada etapa hay vulnerabilidades y oportunidades.

- Un bebé necesita, primero que nada, un vínculo con sus cuidadores. Pueden estar bien cuidados en una familia de dos hogares si mamá y papá se concentran en las necesidades del bebé: establecer vínculos afectivos, estabilidad y una atmósfera constante de amor y apacibilidad con cada padre.
- Entre los 12 y los 36 meses, el niño está reforzando su sentido de identidad intentando controlar su separación y convivencia con sus padres. Los padres que comparten su crianza y entiendan las necesidades de contacto constante y ritmos predecibles contribuirán a su crecimiento y desarrollo sano.
- A los niños en edad preescolar les preocupa perder a sus padres —que uno de ellos se vaya y nunca regrese—, y sienten tristeza y miedo. Tu capacidad para brindar explicaciones y constancia adecuadas para su edad ayuda a restablecer su base segura en las dos casas.
- A los niños en edad escolar les preocupa la justicia, la equidad y las reglas; padecen por haber perdido la estabilidad familiar. Reconocer sus percepciones de justicia, transmitirles que sus padres seguirán cuidándolos así como a la familia, incluso cuando las cosas no parezcan ser justas, es útil.
- Los preadolescentes están divididos entre lanzarse a la adolescencia y retroceder a las conductas de la infancia debido al estrés que

les generan los cambios. Brindarles estructura, reglas y supervisión parental de acuerdo con su edad es la mejor manera de ayudar al preadolescente inseguro a superar los cambios familiares.

- En la primera adolescencia los chicos se sienten traicionados por los padres al mismo tiempo que viven la montaña rusa de su pubertad. Necesitan espacio para expresar sus emociones de descontento y suficientes límites en cuanto a las expectativas familiares y la estructura, de modo que nunca teman que son capaces de repeler a algún padre u ocasionar una ruptura mayor en la familia.

- Los adolescentes mayores buscan los vacíos en la nueva relación de crianza compartida de sus padres y pueden ser susceptibles a caer en ellos pues los padres imaginan que los adolescentes son más independientes y maduros de lo que son en realidad. Se requiere habilidad para comunicarse con ellos sobre sus estudios, actividades y aprender a conducir en una etapa en la que tu adolescente adquiere mayor independencia.

- Los universitarios pueden recibir la noticia de la separación muy mal. Es posible que experimenten los cambios en la familia como si su punto de partida se hubiera desintegrado después de su despegue, justo cuando están intentando encontrar estabilidad en la primera adultez. Asegúrale a los chicos que estás gestionando el frente del hogar y que no tienen por qué preocuparse de nada; tampoco de cómo convivir con la familia en Navidad. Oriéntalos para disminuir el estrés y dales la oportunidad de adaptarse a los cambios.

- Resulta interesante que, con frecuencia, los hijos adultos responden con juicios severos ante la noticia de que sus padres se están separando. Es probable que los hijos adultos cuestionen la historia de vida familiar y se pregunten: "Si fue tan malo, ¿por qué duraron tanto?". Tal vez les cueste conservar sus propias relaciones serias y se lamenten porque justo cuando ansiaban reunirse con sus padres en la adultez, su apoyo seguro y sin complicaciones ahora es mucho más complejo. Es sumamente importante centrarte en tus relaciones individuales con tus hijos adultos, sanar las heridas del pasado y construir un espíritu compartido del futuro.

Así como contemplamos las necesidades del desarrollo de los niños en una familia de un hogar, es preciso contemplar sus necesidades mientras sortean los cambios en su familia y la expansión a dos hogares. A cualquier edad los niños necesitan amor, así como que se preocupen por su bienestar y sus necesidades de desarrollo, estructura adecuada, responsabilidades, disciplina, apoyo e involucramiento en sus horas de juego, actividades escolares y relaciones con sus compañeros.

QUÉ ES LO QUE MÁS NECESITA TU HIJO (A CUALQUIER EDAD)

Desde el punto de vista de un niño, lo que más necesita es algo muy sencillo: amar abiertamente a sus padres y sentirse amado por los dos. El amor se demuestra mejor mediante las acciones y las palabras, esto quiere decir pasar tiempo con él, involucrarte en su vida y acompañarlo en sus experiencias. Es importante que tu hijo lo viva con cada padre.

A los niños les vienen bien las explicaciones de los cambios que enfrentan en "su idioma", para entender y tener certeza sobre el futuro. Dicho esto, desde el punto de vista adulto, satisfacer esas necesidades puede ser complicado. ¿Cómo explicar el fin de nuestro matrimonio para que entiendan que no disminuye su amor o respeto por su padre o madre o que no los deje dudando sobre la causa?

¿ACASO LOS NIÑOS NO MERECEN SABER LA VERDAD? DE HECHO, NO

Superar tus sentimientos y brindar seguridad a los niños de que los adultos unen sus fuerzas para superar los cambios familiares puede ser sumamente reconfortante para ellos. Una mamá con quien trabajamos se oponía con vehemencia a separarse, le resultaba casi imposible imaginarse contarle a sus hijos que ella había tenido algo que ver con la decisión de separarse. Consideraba que estaría mintiéndole a los niños si no les contaba lo que creía y cómo se sentía.

Como guías confiables, podíamos validar sus preocupaciones, valores y sus creencias arraigadas. Reconocimos y respetamos cuán importante era la verdad para ella. Sin embargo, tras reflexionarlo, entendía que ninguno de sus hijos entendería la conclusión de su matrimonio ni tendría el contexto adecuado para hacerlo. Con el tiempo se dio cuenta de que estos conceptos adultos, emocionalmente maduros, poco tenían que ver con su papel como padres y con apoyar emocionalmente a los niños. Lo importante para los niños era el vínculo de sus padres como padres, no como matrimonio.

Por fin se sintió lista para reunirse con el padre de sus hijos para hablar con ellos acerca de la separación; siempre teniendo en cuenta la necesidad de los niños de conseguir estabilidad y certeza durante esta época de cambios desconcertantes. Aún les quedaban años para enseñarles valores, creencias y darles consejos saludables sobre las relaciones adultas de acuerdo con su edad, sin fracturar la relación con su papá.

¿Acaso los niños no merecen la verdad? No, al menos si sólo concierne a problemas de adultos. Los niños necesitan información precisa y de acuerdo con su edad, que no perjudique las relaciones innecesariamente, los avergüence o aumente su confusión y miedos.

CÓMO EXPLICAR LA SEPARACIÓN EN LENGUAJE PARA NIÑOS

• • •

"Papá y yo nos estamos separando, esto quiere decir que ya no vamos a estar casados. Estoy triste, pero si seguimos viviendo juntos en una casa, ninguno de los dos puede estar saludable. Cariño, es un problema entre adultos, no de niños, no quiero que te sientas responsable ni quieras arreglarlo. Lamento mucho que esto tenga que ocurrir. Quiero que sepas que aunque ya no estaremos casados ni viviremos en la misma casa, tanto papá como yo tendremos una casa en la que vivirán con nosotros: tendrán una casa conmigo y otra con papá. Y entre los dos los haremos sentir amados y cuidados."

"Cariño, mamá tiene razón y siento mucho tener que hacer estos cambios. Pero seguirás yendo a tu misma escuela, seguirás viendo a tus amigos y seguiremos contigo para leer un cuento en la noche y ayudarte con la tarea, a veces será mamá y otras veces yo."

. . .

Tus hijos están creando su historia de vida familiar, ya escucharon conversaciones sin querer; lo que otros les contaron..., ya sintieron los cambios, las tensiones y las preocupaciones, y ahora tendrán que confiar en que todo salga bien. Nunca es demasiado tarde para retroceder y ayudarles a entender un mensaje más positivo y constructivo sobre la separación. Tal vez antes no sabías qué decirles y ahora te gustaría tener una segunda oportunidad. Busca en tu corazón qué te gustaría que tus hijos conservaran para su historia de vida familiar y comparte con ellos tus esperanzas y sueños sobre lo que experimentarán, aprenderán y cómo madurarán a medida que todos se adapten a la separación.

CONCEPTOS CLAVE PARA HABLAR DE LA SEPARACIÓN CON LOS NIÑOS

- Es un asunto entre adultos que involucra a una pareja de adultos, y como compañeros de crianza, trabajarán en equipo para instrumentar este cambio.
- Los niños y los padres no se separan; los niños no son responsables de la separación.
- Sin importar cómo nos sintamos como adultos, no es bueno para los niños escuchar a sus padres culparse entre ellos por la separación. Es perjudicial para los niños escucharte tildar a su padre o madre de malo, irresponsable o responsable por separar a la familia.
- Para los niños es bueno que les asegures la integridad de su familia entre dos hogares.
- Los niños se sienten animados cuando saben que los acompañarán en este proceso y que les brindarán amor y apoyo.
- Es central para la confianza de los niños saber que saldrán de estos cambios con sus dos padres.

Con el tiempo, quizá será necesario repetir los conceptos básicos, pues en el primer año surgen variantes de estos temas. Mientras los niños se adaptan y viven su duelo, a lo mejor experimentan etapas de confusión, protesta o expresan deseos de que todos vivan juntos "como antes". Fomenta la aceptación, ayúdales a entender sus sentimientos y recuérdales, con amor, que es una decisión adulta, que la decisión está tomada y que trabajarán en conjunto para cuidarlos bien.

A veces tendrás que fingir optimismo, siempre y cuando no te cause aflicción. Esto incluye hacer un esfuerzo por encontrar equilibrio, frenar la ira y sofocar los miedos. Tal vez sea necesario distanciarte para darle espacio al otro padre o madre, o tal vez se necesite que seas quien se ofrezca para hacer lo que se requiere, sin importar si tus esfuerzos son reconocidos o te parezcan "justos". Es parte de hacer lo mejor para los niños.

Contempla lo que quieren los niños. Cada niño es único; pero en general, los niños expresan que necesitan poder:

- Amar, disfrutar y aprender con sus dos padres (no quieren sentir que hieren a uno por amar al otro o tener que "equiparar" las cosas, mantener secretos o cuidar lo que dicen).
- Tener padres que escuchen cómo se sienten y los consuelen, no al revés.
- Saber que sus padres se pueden cuidar de sí mismos, que no se dejarán vencer por la ira o la tristeza, que no se les dificultará solventar lo elemental.
- Seguir sintiéndose apoyados en su vida, en sus relaciones sociales, la escuela, los deportes y sus actividades, y que no tendrán que tomar decisiones que superen sus aptitudes, capacidades o edad.
- Contar con sus padres para resolver los detalles de su vida y hacerlo bien, sin pelear; para los niños es difícil asumir el papel de transmitir información importante de alguno de sus padres porque éstos no se comunican bien.
- Dedicar sus días especiales (como los cumpleaños) con los dos padres, de ser posible. Los niños quieren que los padres se lleven bien, no que finjan hacerlo.

. . .

Lo que los niños nos cuentan:

"No me gusta hablar sobre mamá porque papá se pone triste."

"Es difícil, tengo que preguntarle algo a papá y luego a mamá porque no se hablan."

"Me da miedo que el divorcio eche a perder mi vida y todo lo que había planeado."

"Me preocupa que mamá no está bien, por eso no le cuento que estoy triste."

. . .

Da pasos sencillos, amorosos y directos para tranquilizar a tus niños e invitarlos a hablar con franqueza. Los niños necesitan saber que te preocupas por sus sentimientos, no tienen que preocuparse por tu estado de ánimo. Ayúdalos a confiar en que pueden amar a su padre o madre abierta y libremente. Cuando transmitas tranquilidad a los niños recuerda que el hogar es en donde se encuentra nuestro corazón, también en donde el corazón se siente con la seguridad de amarlos a los dos.

CUANDO LOS NIÑOS QUEDAN EN MEDIO DEL CONFLICTO DE LOS PADRES

Es común que los padres se vuelvan protectores con los niños durante etapas de estrés y cambios. Cada miembro de la familia está haciéndole frente a sus emociones, a la incertidumbre y padeciendo tensiones en sus relaciones, por lo que se complica la comunicación entre los padres para resolver temas relacionados con los niños y a veces termina en discusiones. Esto puede ser muy confuso y difícil para los niños.

Sin darse cuenta, los padres pueden empezar a competir por quién entiende mejor a los niños, quién conoce mejor su mundo interior y quién sabe cuáles son sus necesidades. Mientras los padres se enfrentan a la pérdida de su relación marital, pueden esforzarse de más en su relación con los niños en su afán por mantenerla segura e indemne. Si se centran tanto en el niño, éste podría reflejar lo que los padres quieren ver de manera más exagerada antes que se produjeran el estrés y el conflicto.

• • •

"Papá dice estoy sufriendo por culpa de mamá. Lloro mucho con mi papá, él también llora. Cuando estoy con mamá, me siento bien y no me siento así. En su casa eso funciona mejor."

• • •

Cuando los niños nos dicen lo que queremos escuchar, lo llamamos "hablar a Noé de lluvias". Un niño le muestra a cada uno de sus padres lo que espera cumpla las necesidades y expectativas del padre o la madre para tener una relación positiva con él o ella y así reducir el conflicto. Parte de este reflejo es perfectamente normal en las relaciones sanas entre padres e hijos. Los niños nos muestran diferentes aspectos de su identidad porque somos personas distintas, tenemos distintos papeles para los niños y cumplimos diferentes necesidades. El problema con esta división cuando los compañeros de crianza están peleados puede ser doble:

1. El niño puede no sentirse con la confianza de contarle a sus dos padres qué ocurre para no alterar el punto de vista de cada uno sobre la situación, con lo cual el niño se queda solo sorteando las dos partes del conflicto sin importar lo que sienta.
2. Aumenta el conflicto y la distancia entre los compañeros de crianza y disminuye la confianza.

• • •

Arianna y Breyton amaban a sus dos preciosas hijas. Las dos niñas, de cuatro y seis años, estaban en su etapa de princesas, querían todo color rosa y hacerlo todo con mamá. Aunque él siempre había estado presente —darles de comer en la madrugada cuando eran bebés, bañarlas entre los doce meses y los dos años, cuidarlas los sábados mientras mamá estaba en su seminario para ser entrenadora certificada de yoga—, a Breyton le preocupaba la paternidad cuando se mudara. No creía que Arianna soltaría a las niñas y las ayudaría a adaptarse a vivir con papá. De hecho, uno de los motivos por los que concluyó su matrimonio fue la dedicación total de Arianna en las niñas, y cada minuto de su tiempo libre lo dedicaba a su trabajo como instructora de yoga, no le interesaba nada más. Arianna explicaría que todo eso había sucedido porque Breyton se distanció emocionalmente de ella.

Lo de las niñas era cierto. Arianna creía que ella era quien gozaba del "vínculo" con las niñas. Conocía sus necesidades, era la única que sabía qué era lo mejor para ellas. Valoraba que Breyton quisiera involucrarse en su crianza, pero no entendía lo mucho que necesitaban a su mamá.

Cuando llegó la hora de compartir su crianza, Breyton disfrutaba que las niñas se quedaran a dormir en su nueva casa. Las niñas comían, dormían y jugaban bien... y a medida que se acercaba la hora de volver con mamá, se ponían muy ansiosas. Para cuando llegaba el día, las niñas estaban descontentas, nerviosas y lloraban. Arianna se sentía indignada con Breyton por no implicarla antes y pasaba un par de horas tranquilizando a las niñas. Este patrón se repitió varias semanas.

La comunicación entre Breyton y Arianna se tiñó de mayor estrés y antagonismo. Arianna quería limitar las horas de Breyton con las niñas, no podía creer que las niñas estuvieran pagando un precio emocional altísimo por estar alejadas de ella. Breyton estaba furioso de que Arianna lo acusara de ocultarle cómo se estaban adaptando las niñas y que sugiriera que no era un padre competente. Empezó a acusarla de provocar la ansiedad de las niñas por su propio anhelo de sentirse necesitada.

Arianna y Breyton acudieron a terapia de crianza compartida en vez de someterse a una evaluación del tribunal, en la que un profesional evaluaría a los padres y a los niños y reportaría los resultados a un juez. En el fondo sabían que eran los mejores para decidir cómo criar a las niñas y que lo resolverían juntos y con ayuda.

Era claro que las niñas estaban respondiendo a cada padre de forma muy distinta. Se requirieron semanas de trabajo para ayudar a los dos padres a entender que las niñas tenían una relación distinta con cada uno. Una vez que Breyton y Arianna recuperaron la confianza en el otro, las niñas podían empezar a compartir con su mamá lo mucho que extrañaban a su papá y compartir con papá lo mucho que extrañaban a su mamá, todo esto sin temor a herir a alguien y con la seguridad de que estaba bien adaptarse a su familia de dos hogares.

A la vez, ambos padres aprendieron a escucharse y a entender mejor las fortalezas y debilidades de cada niña. Cada uno descubrió cosas distintas: una visión muy diferente, pero igual de importante de cada una.

• • •

Cuando los niños están en medio de los conflictos entre los padres, hacen a un lado sus necesidades, desarrollo y crecimiento saludable.

APAGAR EL FUEGO DEL CONFLICTO DE LOS PADRES

Otra forma en la que los niños pueden quedar en medio del conflicto entre sus padres es avivando el fuego. Los niños lo hacen diciendo cosas provocadoras sobre un padre al otro. Si el padre responde indignado, entonces el niño experimenta el poder y el control de algo que de otro modo sería impredecible e irresoluble. El niño piensa: "Si no puedo arreglarlo, al menos intentaré controlarlo".

Sabemos que los niños hacen esto en sus grupos sociales a partir de los ocho años de edad: le cuentan a un niño algo sobre otro niño que no está presente. El niño que recibe la información se molesta con el niño que no está presente, el resultado es enojo e incluso peleas cuando se encuentran, mientras el tercero mira todo "libre de culpa". Todos los padres están familiarizados con la costumbre de los hermanos de meterse en problemas acusándose con uno u otro padre, ésta es otra versión de la misma conducta.

Los niños entre los diez y los quince años son particularmente astutos para sacar a relucir los aspectos difíciles de la separación, si los padres no tienen cuidado, los dejan atónitos y molestos entre ellos. Cuando un niño genera conflicto puede estar intentando lidiar con sus sentimientos de descontento o recuperar el control de una situación sobre la que siente no tenerlo. Cuando los padres permiten que genere drama y conflicto, refuerzan la conducta del niño. Es importante esclarecer el significado y la precisión de lo que dice el niño, sin perder la calma. Ten en cuenta que responder con drama o mayor conflicto no es una manera productiva de resolver los problemas o superar los sentimientos difíciles. Si tus hijos te transmiten información preocupante sobre su seguridad, reconócelo y resuélvelo con tu compañero de crianza con respeto y madurez.

LOS NIÑOS COMO ESPÍAS O DETECTIVES PRIVADOS: UNA ALIANZA DAÑINA

Si cedes al impulso de alentar a los niños a darte información de su padre o madre, de manera indirecta, les estás pidiendo que funjan como espías o detectives privados. Es claro que esto coloca al niño en el centro del conflicto entre sus padres y ningún niño merece ocupar ese sitio.

Nuestro hijo se convierte en espía o detective privado, cuando lo interrogamos sobre la casa de su padre o madre, lo ponemos en el centro del conflicto entre sus padres y ningún niño lo merece..

CONSEJOS PARA PROTEGER A LOS NIÑOS DE LOS CONFLICTOS DE LOS PADRES

Escucha a tu compañero de crianza y repite la esencia de lo que te diga sobre tu hijo. No hay necesidad de valorar la veracidad de su opinión, tampoco esperes que su experiencia sea igual a la tuya. Es importante entender la relación de tu compañero de crianza con su hijo.

• • •

"Naomi se ha sentido triste cuando está contigo y sigue hablando de la separación. Y te preocupa que no se esté adaptando. Bien. Conmigo no habla de eso, así que gracias por contarme."

• • •

Aprende de tu compañero de crianza. Los niños manifiestan diferentes aspectos de su personalidad con cada padre: por distintos que sean, son igual de importantes. Al escuchar y aprender del otro, nos hacemos una idea más completa de nuestros hijos.

• • •

Padre # 1: "Laura está emocionadísima de visitar a los primos en California. Voy a adelantarme y comprar su boleto de avión, ¿estás de acuerdo?"

Padre # 2: "Me ha contado tres veces de este viaje. Y las tres veces me ha dicho que no está lista para volar sola. Creo que tenemos que hablarlo. ¿Te parece si nos sentamos los dos con ella?"

• • •

Construye un vínculo de confianza para que cuando pongas en duda alguna opinión de tu compañero de crianza, éste escuche también tu opinión. Dirígete a él o ella con respeto y a partir de la buena fe.

Aborda tus preocupaciones sobre las cosas que te cuentan los niños de tu compañero de crianza con curiosidad siempre respetuosa, y que tus hijos no te escuchen. Para los niños, el drama y el conflicto refuerzan los aspectos destructivos de la relación entre sus padres y les enseñan patrones de comunicación nocivos.

• • •

Padre # 1: "Desde que le contaste a Elsa que tienes novio, me ha contado varias veces de "las pijamadas con los mayores" en tu casa. ¿Me podrías explicar a qué se refiere?"

Padre # 2: "Sí, se refiere a que cuando mi hermana y mi cuñado nos visitaron montamos bolsas de dormir en la sala para que se durmieran ahí. Cuando no se acuesta en su cama de niña mayor, sólo duerme conmigo, puedes quedarte tranquilo."

• • •

Sigue separando tu mente de cónyuge de tu mente de padre/madre. Tal vez la conducta de tu compañero de crianza se asombre o moleste, pero tus hijos quieren relacionarse con sus dos padres. Dales la oportunidad de tener la relación que necesiten con cada uno de ustedes sin imponer tus ideas, juicios o sentimientos.

Al aprender a gestionar los conflictos entre los padres con respeto, te mantendrás centrado en el bienestar de los niños sin permitirles que se metan.

CÓMO AYUDAR A LOS NIÑOS A GESTIONAR SUS EMOCIONES

Todos están en duelo y el dolor puede adoptar distintas formas y surgir en momentos diferentes. El duelo es un proceso, y se presenta y desaparece de forma inconsciente. Tu hija de siete años puede estar contenta jugando con sus Legos cuando de repente se pone triste. No lo sabes, pero acaba de recordar cuando ella y mamá construyeron un castillo de Lego y la asalta la tristeza. O tus adolescentes la están pasando muy bien en la cena de Navidad y mientras tú metes los trastes en el lavavajillas, te das cuenta de que uno de ellos está llorando en silencio en uno de los cojines del sillón... extraña a papá. Es la hora del desayuno y tu hija de cuatro años se queja de que no tiene hambre, dice que te odia y después patea a su hermano: es una reacción iracunda ante tantos cambios emocionales, grandes y pequeños.

Los niños necesitan ayuda para identificar sus sentimientos. Quizá ver a tu hijo descontento te conmueva, tal vez te sientas culpable por haber ocasionado todo esto, o estés convencido de que es culpa de su padre o madre, y esto te despierte esa ira que de por sí ya te cuesta refrenar. Intenta gestionar tus sentimientos para que puedas dedicar tiempo y espacio a los de tus hijos. Escúchalos, escúchalos mucho... después asegúrales que entiendes sus sentimientos y preocupación.

• • •

Matt, trece años: está acostado en su cama jugando Xbox sin hacer ningún esfuerzo por prepararse para irse con su mamá, quien pasará por él en quince minutos.

Papá: "Ya te hartaste de empacar y desempacar. Detestas ir al departamento. Se siente raro. Todos nos estamos adaptando y es raro que mamá ya no viva aquí. Pero con el tiempo, empacar será mucho más rápido, y te acostumbrarás a quedarte en el departamento con mamá. Ya sé que no es fácil. ¿Te ayudo? *Vamos* a empacar."

•

Brandie, cinco años: "Te odio, te odio, te odio: ¿¡para qué te divorciaste!?"

Mamá: "Estás muy enojada conmigo y no sabes qué hacer con tantos sentimientos de indignación. Y desearías que papá estuviera aquí y que nada de esto hubiera pasado: no tener un cuarto nuevo, una casa nueva, nada nuevo. Quieres sentirte mejor, que todo sea normal, y yo también. Brandie, vamos a salir adelante, un paso a la vez. ¿Quieres llamar a tu papi? ¿Te sentirías mejor? Nos podríamos acurrucar juntas en el sillón, a lo mejor eso ayuda."

• • •

Los niños responden bien cuando saben que lo que están viviendo es una experiencia compartida, comprensible, normal, no algo que tienen que ocultar, que debe avergonzarles, que deben rehuir, que merece castigo o que les inspire temor por decepcionar a sus padres. Como padres no tomaron la decisión de separarse de la noche a la mañana, no fue fácil. Sin importar lo que parezca, nadie la está pasando bien. Todos se están adaptando, aprendiendo un nuevo estilo de vida y viviendo un duelo. Éstos son algunos consejos para guiar a tus hijos con amor en el plano emocional:

- Escucha, deja un momento lo que estás haciendo para estar presente y no tener distracciones.

- Ponle nombre a las emociones incómodas, ayúdales a desarrollar inteligencia emocional y a entender sus sentimientos.
- Reconoce lo difíciles que pueden ser algunos cambios.
- Ayúdales a encontrar un ejemplo de un logro personal o de un reto que ya hayan enfrentado y del que hayan salido victoriosos, con fuerza.
- Asegúrales que pronto las cosas serán mejores, más fáciles y más normales.
- Recuérdales que juntos saldrán adelante.

Al igual que los adultos, los niños experimentan dolor y tristeza, pero según su edad. Sin importar lo mucho que los apoyes, sin importar que estés haciendo todo lo correcto, a los niños se les dificultará adaptarse en mayor o menor medida. Durante la separación, los niños experimentan emociones fuertes. Sin embargo, no tienen experiencia ni aptitudes para expresar o hacerle frente a este tipo de sentimientos. Los padres deben ser sensibles y receptivos ante las emociones de los niños aunque al mismo tiempo, deben abordar las conductas negativas con disciplina consistente y adecuada. Aunque las siguientes reacciones de los niños son difíciles, tanto para ellos como para sus padres, se pueden considerar normales:

Irritabilidad: a los niños pequeños y mayores se les puede dificultar adaptarse a los cambios y pueden demostrar su resistencia mediante irritabilidad, cambios en sus patrones de sueño o alimentación, cambios en el estado de ánimo, peleas o actitud retadora.

Enojo: los niños pueden mostrar enojo o resentimiento frente a alguno de sus padres, o ambos, por haber alterado su normalidad. Tal vez lo expresen con arrebatos, discusiones o desafiando los esfuerzos de los padres por conservar reglas y rutinas nuevas o consolidadas.

Ansiedad: es posible que los cambios en su vida y rutinas diarias les causen miedos, pesadillas o ansiedad. Los niños podrían mostrarse dependientes o resistirse a separarse de uno o ambos padres, hacer las mismas preguntas sobre sus calendarios o mostrarse preocupados por cambios en sus calendarios. Los niños también podrían experimentar padecimientos físicos como dolores de cabeza o de estómago.

Tristeza: los niños pueden expresar su tristeza mediante el llanto o con declaraciones que expresen sentimientos de impotencia. Los niños mayores que hayan aprendido a ocultar sentimientos que no se aceptan socialmente podrían expresar tristeza a través de la ira, la irritabilidad o la distancia.

Si te preocupa que tus hijos padezcan en el plano emocional, por favor consulta a su médico o terapeuta. Para mayores señales de tensiones en los niños, consulta la página 303.

A los niños les viene bien entender tus respuestas emocionales en lenguaje y dosis aptas para ellos. Eres uno de los maestros más valiosos y queridos que tienen tus hijos para aprender sobre muchos aspectos de la vida. Esto incluye cómo hacerle frente a la adversidad, los cambios y la decepción, y salir sano y salvo. El proceso de adaptación y duelo toma su tiempo. Puede suponer momentos, días, semanas, meses e incluso años difíciles.

Los niños saben que sufres. Cómo afrontes tu sufrimiento en su presencia puede ayudarlos a tener confianza en tu capacidad para estar bien y más importante, en tu capacidad para cuidarlos pese a todos los cambios.

Éstos son lineamientos para gestionar mejor tus emociones adultas y compartirlas con tus hijos:

Demuestra emociones honestas y apropiadas, al mismo tiempo que consuelo. Cuando tus hijos atestiguan tus emociones, de la felicidad a la tristeza, con la intensidad y duración apropiadas, los acompaña en su propio proceso de duelo. Acompaña esas expresiones con la seguridad de que estarás bien (y ellos también) para transmitirles el mensaje de que estos sentimientos son normales y no duran para siempre. Superarlos para enfocarte en sus emociones y preguntas les da la confianza de que puedes dejar de lado tu duelo para cuidarlos.

· · ·

Sí, estoy llorando. Voy a extrañar esta casa y los buenos momentos que aquí vivimos, pero estaré bien, y sé que en nuestra nueva casa también viviremos momentos especiales ¿También te da tristeza mudarte?

· · ·

Haz frente a tus emociones incluso en aquellos momentos en los que te enfrentes a alguien que no quieres ver. Tu reacción negativa influye en el sentido de libertad de tus hijos de ser ellos mismos y de disfrutar sus relaciones importantes. Tienes el papel principal a la hora de marcar la seguridad emocional. Tus hijos te verán primero para confirmar si puedes enfrentar grandes retos y seguramente te protegerán si les da la impresión de que no. Hacerle frente a tus emociones los liberará de la responsabilidad de protegerte y les permitirá disfrutar a otras personas, otros sucesos en su vida, sin dudas ni preocupaciones.

• • •

Rochelle, trece años: se mostró muy preocupada por la incomodidad de que su padre saliera con la madre de una amiga en su comunidad pequeña. Dijo que se encontró a su amiga por casualidad cuando estaba en la biblioteca con su mamá: "Saludé a Jenny con la mano sin pensarlo y me sentí muy mal. Miré a mamá y ella se dio cuenta, me dijo: 'Está bien, puedes saludar a Jenny. Estoy bien, no te preocupes por mí', me dio un empujoncito e incluso también saludó a Jenny. Resultó mucho mejor de lo que esperaba."

Justin, diez años: "Como que se me había olvidado contarle a papá que iría a ver a la abuela con mamá. Sentí feo que él ya no vea a la abuela y creí que se pondría triste, pero me dijo que quería mucho a la abuela y que le daba gusto que la visitara. Supongo que está bien hablar de las cosas buenas."

• • •

Una separación saludable brinda oportunidades para desarrollar fortalezas importantes. Los niños aprenden de las adversidades. Los sentimientos de tristeza no son permanentes. Los niños que conocen el camino entre el sufrimiento y la prosperidad acompañados de su familia cambiante, se sienten con la seguridad de que ellos y su familia pueden hacerle frente a los retos y el estrés. Aprenden a ser flexibles y resilientes y diversifican sus conceptos de amor, familia y compromiso. La forma como describamos los cambios en la estructura familiar y el infundir esperanza en nuestros hijos, como una familia transformada que se apoya, da fuerza a los niños.

• • •

Jesse, dieciséis años: "No me gusta ir y venir entre casa de mi mamá y mi papá, pero no está tan mal como había imaginado y los dos parecen más contentos, hasta se llevan mejor. Me siento orgullosa de ellos."

Lizzie, veintidós años: "Me gustaría decirte algo, no creo haberlo entendido en mi adolescencia cuando tú y papá se separaron. Pero ahora que hago memoria, sé que lo que hicieron requirió mucho valor —todo lo que vivieron— y fuerza. Aprendí mucho de ustedes."

• • •

CUANDO SENTIMOS DEMASIADO POR NUESTROS NIÑOS: TRAMPAS DE LA COMPASIÓN

Ya cubrimos algunos de los aspectos más importantes para entender cómo experimentan la separación los niños, sobre todo qué necesitan de sus padres, ahora como compañeros de crianza, para sortear sus sentimientos con apoyo, orientación y amor.

El amor parental es una mezcla de empatía, armonía, atención, estructura, disciplina...y fe en la capacidad innata de nuestros hijos de crecer pese a la pérdida y los cambios, el dolor y el descontento, la decepción y la frustración. La separación es una época vulnerable cuando los sentimientos de todos son confusos. Es una época en la que somos propensos a creer que la experiencia de nuestros hijos es igual a la nuestra. Es similar a cuando compramos un regalo que nos gustaría recibir para alguien más, a veces erramos el tiro.

Por ejemplo, Rachel se siente aliviada y en paz por haber tenido la iniciativa de separarse: fortalecida incluso ante la idea de un futuro nuevo, más animado. Interactúa con su hijo como si él se sintiera igual. Ignora las señales de su duelo y su sufrimiento ante la pérdida. Él hace lo posible por ocultar sus sentimientos, vive su duelo solo.

Por otra parte, Mark está deshecho, herido y agobiado por haber perdido su matrimonio, y le resulta fácil asumir que sus hijos se sienten igual. Recuerda la separación de sus propios padres: la pérdida y dolor enormes y la espiral descendente de la familia. Trata a sus hijos con empatía y expresa sus propios sentimientos para alentarlos a hablar. Ellos se sienten perdidos en su mar de recuerdos y emociones.

Si eres presa de sentir lástima por tu hijo o si te resulta imposible imaginar cómo hará tu hija para superar la separación, estás cayendo en una trampa de la compasión. Los sentimientos son importantísimos y deben respetarse, mas no entregarse a ellos por completo. Cuida que tu empatía no se convierta en proyección y compasión, cuando tus sentimientos definen tus respuestas y tu capacidad para guiar constructivamente. Si tienes un hijo que está padeciendo en el plano emocional, tu labor es ignorar tus emociones en la medida de lo posible y estar presente y disponible para la experiencia de tu hijo.

Cuando un niño retrocede emocional o conductualmente lo apoyarás, guiarás y esperarás, con amor, que con el tiempo recupere su crecimiento y desarrollo saludables y apropiados para su edad. La capacidad de un padre o una madre para distanciarse y mantener un grado de objetividad ayuda a equilibrar la empatía, escuchar con atención, proporcionar estructura y disciplina.

Los padres quieren superar el cambio que experimenta su familia en compañía de sus hijos y de la mejor manera posible. Si no te queda claro el nivel de descontento que tus hijos demuestran, si te preocupa cómo ayudarlos a recuperarse y retomar sus actividades escolares y su vida social, pide ayuda. Empieza por su médico o terapeuta, coach de crianza compartida o un mentor de confianza.

CÓMO RESPONDER A LAS PREGUNTAS DIFÍCILES DE LOS NIÑOS

Durante la separación, los niños tienen preguntas que pueden hacer en los momentos más inesperados. Para los padres que se estén adaptando a los retos de la paternidad en soltería, esas preguntas pueden herir susceptibilidades y detonar incertidumbres: *¿Qué está pasando con su padre o madre? ¿Estoy haciendo algo mal? ¿Si los niños preguntan estas cosas, se sienten bien?* Si las preguntas de los niños se responden razonadamente, constituyen oportunidades valiosas para ayudarlos a adaptarse a los cambios mientras les infunden la seguridad de que sus dos padres tienen el compromiso de escucharlos, guiarlos y consolarlos.

¿Cómo hacer para gobernar las emociones difíciles que suscitan estas preguntas? Respirando profundo y con la práctica. No estamos sugiriendo que sea fácil distinguir entre los temas adultos y las preguntas de los niños, pero sabemos que con reflexión, práctica y comprendiendo que los niños no tienen por qué quedarse en medio de los problemas entre adultos, te encontrarás mucho más victorioso de lo esperado.

Esperar esta clase de preguntas te puede ayudar a sentirte seguro y preparado. Con frecuencia los niños hacen preguntas entre las personas con las que se sienten en confianza. Considéralo una señal de la solidez de su relación. Quizá busquen información, comprensión o simplemente consuelo, intenta distinguir de qué se trata.

Los niños pequeños suelen preguntar cosas sobre su vida diaria: sobre los cambios o preocupaciones que les causan ansiedad. Responde con brevedad y claridad para tranquilizarlos. Los niños mayores plantean preguntas más directas sobre las relaciones de sus padres. También ellos quieren que los consuelen: saber que pueden seguir siendo niños, que no tienen que cuidar a sus padres ni ponerse de lado de nadie. Los niños mayores también pueden preguntar sobre las relaciones de alguno de sus padres para formar sus propios conceptos y expectativas para futuras relaciones románticas: tienen más preguntas sobre el amor y la familia.

Como los niños no tienen la madurez emocional para entender las relaciones adultas, ten cuidado de responder con información apropiada para su edad. Los adolescentes pueden hacer preguntas más directas, parecen estar listos para escuchar la verdad, pero es aconsejable empezar con algo así: "Es algo que aprenderás con el tiempo y la experiencia. Por ahora, tu papá y yo...". Termina con una respuesta sencilla y respetuosa.

Con la capacidad de escuchar y estar presente estarás listo para hacerle frente a esas preguntas difíciles de los niños:

"¿Te puedes volver a casar con papi?"
"Lo siento, cariño, pero no. Papi y yo no nos vamos a casar. A todos nos cuesta trabajo adaptarnos, pero con el tiempo será más fácil y todos lo haremos juntos. Recuerda que seguimos siendo tu familia, aunque ahora seamos una familia con dos casas."

"¿Por qué no me puedo quedar contigo siempre?"
"Ay, amigo, también me encanta estar contigo. Y a mamá también. Es difícil despedirse, pero sé que cuando no estás conmigo, mamá te apapacha y se divierten. Me encanta que nos tengas a los dos, porque te adoramos. Nos veremos pronto y nos divertiremos mucho el jueves."

"¿Mami y tú todavía se aman?"
"A mami y a mí nos encanta ser tus papás. Somos los papás más suertudos del mundo. No nos queremos como los papás que están casados, pero me encanta que sea tu mamá. Los dos te amamos y siempre lo haremos."

"¿Quién decidió separarse?" (niño mayor o adolescente)
"Cariño, vaya pregunta. Recuerda que te contamos que los dos nos esforzamos mucho por seguir casados, pero no pudimos porque no estábamos de acuerdo en muchas cosas y peleábamos mucho. Igual que tú, a veces nos sentimos tristes porque no funcionó, pero no creemos que haya sido decisión de una sola persona."

"¿Mamá/papá fue infiel?"
"Parece que buscas un motivo por el que mamá y yo decidimos separarnos o si uno de los dos tuvo la culpa. Está bien preguntar, pero es una pregunta más propia de un adulto, no de un niño. Basta con saber que el matrimonio es una asociación y los dos nos esforzamos mucho sin éxito, no hace falta culpar a nadie."

Si esta pregunta proviene de un niño pequeño, probablemente lo haga por repetir algo que escuchó sin querer. Podrías empezar así: "Dime qué te inquieta" o "¿A qué te refieres con 'infiel'?" Cuando tengas claro qué quiere saber, puedes responder para tranquilizarlo sin perjudicar la relación ni suscitar mayor confusión.

Sin embargo, si el niño ha recibido accidentalmente información sobre una infidelidad, puede ser positivo abordarlo de forma más directa y brindar la información justa para que el niño entienda lo que ya sabe:

"Ya sé que sabes que mamá se enamoró de Jesse. Mamá y yo ya no nos amábamos como debe amarse un matrimonio. Por eso decidimos separarnos. Sé que es difícil, son muchos cambios. Déjanos resolver los temas de adultos y tú disfruta de ser niña."

Cuando surjan las preguntas

Céntrate: respira profundo y tranquilízate antes de responder.

Escucha: en el caso de los niños pequeños, ponte al nivel de su vista y préstales atención. En el caso de los niños mayores demuestra con señales que los estás escuchando, pero un poco de actividad los puede hacer sentir más cómodos. Como quieras. Haz preguntas abiertas, neutras, para entender bien sus sentimientos antes de responder. Podrías decir algo así: "Pareces preocupada/triste/enojada. ¿Es así o es otra cosa?" o "Es una pregunta importante, dame más detalles".

Entiende: pregúntate qué están expresando en el fondo, qué quieren o necesitan. ¿Expresan emociones? ¿Necesitan consuelo? ¿Preguntan información elemental que tienen necesidad de conocer? ¿Piden información para entender mejor la situación? A veces los niños repiten la misma pregunta porque quieren saber si las cosas van a cambiar. Están probando: ¿hoy las cosas siguen igual?

Responde con cuidado y consuelo: si el mensaje es un intento por buscar consuelo, responde de forma breve, directa. Por ejemplo: "¿Papi nos abandona, verdad? Nunca va a regresar. Se fue por tu culpa". Podrías responder así: "Querida, no tengas miedo. Ninguno de los dos te abandonará. Papi o yo te cuidaremos incluso si papi y yo vivimos en casas distintas".

Si piden información que aclare sus dudas o corrija un malentendido, dales una respuesta honesta, sencilla y neutra sin culpar a ninguno de los padres.

Si buscan entender mejor, primero asegúrate de entender su pregunta y dales información honesta, breve y neutra: Cuando Brandon le pregunta a su papá: "Si mamá y tú ya no se aman, ¿entonces para qué se casaron, por qué tuvieron hijos?". Papá podría responder: "Creo que tu pregunta es si mamá y yo nos amamos cuando contemplamos tener un bebé, tenerte a ti. Sí. Y nos encantó ser padres. Y aunque el amor que nos tuvimos ha cambiado, nuestro amor por ti nunca cambiará".

Si su pregunta se refiere a un tema de adultos y la respuesta podría perjudicar la relación de tu hijo con su padre o madre o alguien más, diles que es normal preguntar, pero que su tarea es ser niños, no implicarse en asuntos de adultos.

Si un adolescente o joven adulto pregunta sobre un tema adulto (por ejemplo, una infidelidad), tal vez les preocupe su propio futuro. Aclara su pregunta y después responde de modo que les inculques esperanza y posibilidad. D'andre pregunta: "¿Cómo es posible que mamá se enamorara de alguien más [haya sido infiel]?". El padre o la madre podría responder: "Me pregunto si en el fondo quieres saber si el amor dura. Muchas veces, así es. Todas las relaciones son diferentes y podrás tomar tus propias decisiones concernientes al amor y con quién te quieres casar. Aunque mamá y yo estamos separados, nunca me arrepentiré de haberme enamorado, casado y haber tenido hijos".

Para los niños, sortear los cambios de la vida cotidiana y comprender las preguntas más relevantes es esencial para la recuperación después de la separación. Con cada pregunta, los niños empiezan a construir un marco de comprensión. Aprenden qué cambia con la separación y qué sigue igual. Desarrollan un concepto más flexible y duradero de la familia y el amor. A veces es difícil responder las preguntas de los niños, pero escúchalos y responde con cuidado, guíalos con dulzura, rodéalos de amor y confianza cuando más lo necesitan.

UNA SELECCIÓN DE IDEAS

- Los niños siguen el ejemplo de sus padres en lo que se refiere a la seguridad, la confianza y la aceptación de los cambios que están viviendo, infúndeles seguridad y consuelo incluso cuando la vida es difícil.
- Los niños construyen una historia de vida familiar junto con sus padres. Transmíteles interpretaciones positivas y mensajes de resiliencia, ayúdales a adaptarse a las circunstancias.

- El crecimiento y el desarrollo de los niños influyen en su respuesta a la separación.
- Lo ideal es que después de la separación el crecimiento y desarrollo de los niños siga su curso, que los padres se enfrenten a desafíos normales de su desarrollo que nada tienen que ver con la separación.
- Los niños quieren amar a sus padres y que ellos los amen con total libertad, sin culpa y sin vergüenza.
- Los niños responden a los conflictos entre los padres navegando en el centro, intentan conservar sus relaciones con los dos padres, y a veces se quedan atrapados en patrones nocivos entre ellos a menos que los compañeros de crianza tengan cuidado.
- Los niños sufren a su modo, reconoce su lenguaje emocional para apoyarlos en esta etapa de cambios.
- Los niños preguntan para entender el mundo. Tal vez necesiten consuelo constante sobre cambios muy elementales hasta que recuperen la confianza y la estabilidad.
- Cuando un niño sufre de manera prolongada o preocupante, los padres deben hablar con su médico o buscar ayuda de un profesional de la salud mental.

CAPÍTULO 4

Habituarse a una familia de dos hogares

La separación cambia las rutinas y los vínculos más elementales en la vida familiar. Las rutinas diarias de todos cambian, las relaciones se tensan y los niños y los padres temen perder las interacciones diarias entre ellos. Entre los hermanos, los niños pueden tener distintos puntos de vista y preocupaciones con respecto a los cambios, lo cual puede intensificar el sentido de aislamiento de un niño, un sentimiento que nadie entiende más que él. Por desgracia, cuando los niños necesitan más apoyo emocional, tú tienes menos energía y atención. Es un conflicto de necesidades, realidad, estrés y adaptación.

Sin embargo, tienes un poder inmenso para ayudar a tus hijos a hacerle frente a los cambios y afligirse por su pérdida de manera saludable, incluso mientras tú también te adaptas y velas por tu bienestar. Con el tiempo, acompañarás a los niños junto con tu compañera de crianza a medida que adoptan nuevas rutinas y una nueva sensación de normalidad en su familia de dos hogares. Los detalles cuentan: tus palabras, tu lenguaje corporal, tus gestos tranquilizadores a lo largo del día. Las cosas grandes también importan, como gestionar tus emociones, excusar a tus hijos del conflicto y adoptar estrategias saludables para manejar el estrés, los sentimientos y los cambios difíciles. Cuando se conviertan en una familia de dos hogares, necesitarás tiempo para adoptar nuevos patrones. Los niños en especial necesitan tiempo para adquirir confianza en la estabilidad y seguridad de su nuevo hogar y la relación con cada uno de sus padres.

CREAR UN HOGAR SEGURO EN UNA FAMILIA DE DOS HOGARES

Los rituales, las rutinas y la predictibilidad ayudan a crear una nueva normalidad. Cuando mi hija era pequeña, su papá la cargaba para acostarla en su cama y tenían un ritual nocturno: mi hija le preguntaba: "¿Y la mantita?", y en el momento justo, él respondía lo mismo todas las noches: "¡Sí, señora!". Mediante estas rutinas sencillas los niños adquieren confianza y dominio de una identidad y un mundo que cambian constantemente. Contempla cómo conservar estas rutinas reconfortantes mientras te adaptas a una familia de dos hogares y con el tiempo, creen nuevas que formen parte de su nuevo espíritu de hogar. ¿Cuánto tiempo se requiere para encontrar la estabilidad después de la separación? Depende de cada familia. La mayoría de los expertos sugerirían que cerca de uno o dos años.

Con frecuencia, para los padres lo más importante es la adaptación emocional. Conservar la salud física (comer y dormir bien) es elemental para un buen futuro. La certeza de un presente y un futuro con seguridad financiera contribuye a que los hogares se sientan estables y seguros después de la separación. Adaptarse a los cambios drásticos en la vida cotidiana requerirá más tiempo. Por ejemplo, el padre de tiempo completo regresa a trabajar o estudiar de tiempo completo, lo que ocasiona cambios drásticos en el calendario de los niños, entre ellos su estancia en la guardería. O una nueva pareja se está integrando a la vida de uno de los padres al mismo tiempo.

Para los niños, factores como la edad, el temperamento, otras pérdidas, cambios o estrés afectan el tiempo que le llevará recuperar la estabilidad:

Grado de conflicto: cuanto más persista un conflicto abierto (si lo hay) en cada hogar y entre hogares o compañeros de crianza, mayor tiempo se requerirá para instaurar la estabilidad.

Cambios en la familiaridad: ¿el niño se mudó? ¿Se han integrado a la familia un adulto que el niño no conocía u otros niños?

Sentido de control: ¿le están dando oportunidad a cada niño de decidir, según su edad, en dónde dormir, qué fotos pueden poner al lado de su cama, en dónde guardar sus juguetes, en dónde hacer sus tareas?

Relación con cada uno de sus padres: ¿Los dos padres están disponibles en el plano emocional y físico para cuidar al niño y sus sentimientos? ¿Pueden brindarle apoyo emocional?

Tener en cuenta distintos aspectos de la adaptación de tus hijos beneficia su desarrollo. Puede parecer que los niños se están adaptando mejor a una casa que a la otra o a un padre que al otro. Cuando los dos padres se comprometen para asegurarse de que el niño se esté adaptando saludablemente no sólo a su casa, a la escuela, los amigos, las actividades extracurriculares, el hogar de su padre o madre, le brindan su apoyo total. Ten en cuenta que los niños viven momentos difíciles con un padre y luego el otro según su edad, género y otras circunstancias, es parte de su desarrollo y crecimiento normales. Durante la separación, los padres necesitan apoyarlos en esos momentos difíciles en los dos hogares.

El padre o la madre que permanece en la casa familiar

Este padre o madre debe lidiar con todos los cambios y también ayudar a los niños a hacerle frente a las ausencias: la familia completa, cómo eran las cosas. Aunque esto puede ser más sencillo que empezar de nuevo, permanecer en la casa familiar tiene sus desafíos. La tristeza y la pérdida se podrán disfrazar mejor, pero no dejan de ser importantes. Tener conversaciones breves con los niños de vez en cuando para preguntar cómo se sienten fomenta que se comparta y reconozca la pérdida y el cambio.

El padre o la madre que se muda

La primera casa de este padre o esta madre suele ser temporal, improvisada o menos ideal en algún sentido, y normalmente le sigue una segunda y tercera transición cuando las finanzas están más estables. Esto puede ser exigente entre los primeros seis y doce meses que intentan adoptar rutinas y una sensación de hogar con los niños. Para ellos, sus juguetes favoritos, su almohada especial, todo es importante para sentirse bien y cómodos, sobre todo si están durmiendo en el sillón en casa de la "tía Anne", en donde se queda su papá o mamá, o durmiendo debajo de una mesa de cocina que la hace de fuerte en las aventuras nocturnas.

Cuanto más recrees lo familiar, dentro de lo razonable, mientras construyes un futuro nuevo, mejor. Sé paciente y comprensivo e incluye a los niños a la hora de diseñar su nuevo hogar (siempre de acuerdo con su edad) para infundir entusiasmo y novedad a una situación que de otro modo es incierta. Explícale a los niños que tú también sientes la novedad, que crear recuerdos y un hogar toma su tiempo, que eres consciente de que es un cambio importante. Ayuda cuando reconoces abiertamente sus esfuerzos de adaptarse y aceptar los cambios.

Los dos padres en situaciones de vida nuevas

Los niños se despiden de su casa familiar y al mismo tiempo, construyen un hogar con cada uno de sus padres. Ambos encuentran maneras de tener en cuenta la comodidad y el bienestar de los niños en cada casa cuando planean transitar a una familia de dos hogares.

Si los dos padres son propietarios de la casa familiar durante el proceso de separación, el padre que vive fuera de casa debe respetar los límites que establezca quien viva en ella. A veces el padre que se muda se siente con el derecho de ir y venir a su antojo: "Yo pago la hipoteca, sigue siendo mi casa". Es una época muy difícil, la casa es de los dos, pero ahora la ocupa tu expareja. Respetar los límites, al igual que con un arrendatario, avisando previamente y pidiendo permiso para entrar, es esencial para mantener la civilidad.

DOS PADRES COMPROMETIDOS CIEN POR CIENTO SIGUEN UN CALENDARIO DE CRIANZA

No hay modo de separarse sin alterar el tejido familiar. Le recordamos a los padres que el proceso de separación y nacimiento de un nuevo esquema de familia no ocurre sin su respectiva perturbación; porque es una de las realidades sobre cómo los humanos experimentan los cambios vitales relevantes. Por doloroso que sea, nos recuperamos, sanamos; crecemos y prosperamos. Tu objetivo y el de tu compañero de crianza debe ser seguir siendo padres al cien por ciento; incluso mientras se separan, viven en casas independientes y se alejan de sus hijos algunos días, según su calendario doméstico.

Cuando los padres instauran dos hogares e implementan un calendario doméstico que defina cómo comparten el tiempo con los niños en cada hogar, padecen porque extrañan a los niños y sienten que no pasan tiempo suficiente con ellos. La transición del contacto diario a un contacto menor, mientras le toca al otro padre, puede provocar el impulso de competir por el tiempo, contar horas, preocuparse en exceso por una noche o un almuerzo que no estaban contemplados. La respuesta no es competir ni contar las horas. El duelo por la pérdida y el cambio es parte de la respuesta, al igual que armar un calendario doméstico práctico.

Aunque puede ser difícil de creer, cuando los padres y los niños se recuperan saludablemente, todos se acoplan al nuevo calendario, a la nueva normalidad y las nuevas expectativas. Hay muchas cosas que ayudan a ajustar las expectativas y encontrar un ritmo distinto, incluso cómodo, en la vida familiar.

- *Eres un padre o una madre al cien por ciento*: te toque o no estar con los niños, siempre eres su padre o su madre. Todos los otros adultos cariñosos que lleguen a la vida de tu hijo nunca te sustituirán. En estos años hemos atestiguado el temor y la preocupación de perder el vínculo con un niño, perderse un momento importante o no ser parte de experiencias únicas que el otro padre tiene con tu hijo. A menos que te distancies de ellos, tus hijos siempre tendrán un lugar especial en su corazón y su vida para ti. Compartirán momentos especiales, al igual que con su otro padre. Y está bien. Ten la seguridad de que hay tiempo suficiente, contacto y experiencias suficientes, y amor suficiente para conservar la solidez del vínculo entre ustedes.
- *Practica la generosidad*: aprovecha las oportunidades para incluir al otro padre en la vida de tu hijo cuando sea pertinente. Ten en cuenta que es por tu hijo. Sigue la regla de oro: trata a tu compañero de crianza como te gustaría que te tratara.

• • •

Una familia demostró este espíritu de unión familiar cuando uno de los padres organizó la fiesta de cumpleaños en su casa e invitó al otro padre con su pareja y sus exsuegros. El niño celebró su cumpleaños con todas las personas importantes en su vida, quienes le demostraron su capacidad para ser solidarios y centrarse en la alegría de la ocasión. Cuando sea posible es un gran ejemplo mostrarse generoso para satisfacer las necesidades de un niño.

• • •

- *Crea rituales realistas con tus hijos cuando estén con su padre o su madre.* Muéstrate razonable y no te entrometas en el tiempo de tu compañera de crianza con los niños. Ten en cuenta con cuánta frecuencia llamas, el efecto y valor de tus llamadas, respeta el calendario del otro padre. Para los niños mayores, un mensaje de texto de vez en cuando puede ser una buena forma de estar en contacto sin implicarte en la dinámica de la otra casa. Tal vez funciona mejor dejar que los niños te contacten, confiar en que lo harán cuando les resulte cómodo. Recuerda que su llamada o contacto no es una medida de cuánto te quieren o recuerdan. Más bien, tu capacidad para confiar en que ellos te llamarán o contactaran cuando puedan suele ser una medida de lo mucho que los quieres. En el caso de los niños más pequeños, en ocasiones los compañeros de crianza se organizan para hacer videollamadas, así los pequeños tienen oportunidad de hablar con sus padres de modos que fomenten su desarrollo. Con los muy pequeños, planeen visitas en la casa del otro padre, continúen con la lactancia, etcétera. Siempre resuelvan qué cumple las necesidades del desarrollo del niño y qué es mejor para él o ella. A medida que crecen, esto puede incluir dejarlo con el otro padre sin preocuparte por contactarlo.

UN CALENDARIO DOMÉSTICO CLARO

El calendario doméstico define la responsabilidad paternal para el cuidado y alimentación de los niños. Lo ideal es que los dos padres lo diseñen (o que los dos opinen) y contempla la etapa del desarrollo de los niños y las necesidades especiales (si las hay), también asigna suficiente tiempo con cada padre para fomentar una relación positiva y cercana. Puedes apoyarte en un coach de crianza compartida o tu equipo legal para diseñar el calendario doméstico de tus hijos. Es una labor importante que ayuda a los padres cuando se hace adecuadamente. Debe ser claro, los dos padres deben entenderlo, debe especificar los momentos de transición e incluir eventos especiales, días festivos, vacaciones escolares y viajes. El calendario doméstico es parte del plan para la crianza más amplio, describe tus acuerdos y responsabilidades durante la crianza compartida.

El calendario doméstico es la columna vertebral y marca el ritmo de la vida cotidiana de tus hijos.

El padre o la madre en residencia está en funciones cuando el otro padre descansa. Un padre en residencia es responsable de la toma de decisiones diarias para y con los niños. Incluso en los acuerdos de crianza compartida en los que los padres toman las decisiones en conjunto, esto no se pone en práctica para la estructura y la función cotidiana de la vida de uno de ellos con los niños. Esta división de responsabilidad parental es un límite importante que hay que conocer, valorar y respetar.

• • •

La mamá de Weilyn llamó el jueves para preguntar si Anisha podía quedarse a dormir el sábado. Grace quería decir que sí, pero sabía que Anisha se quedaría con su papá el fin de semana. Así que mejor le ofreció a la mamá de Weilyn el número para contactar al papá de Anisha para que pudiera ponerse de acuerdo con él.

• • •

Los padres, no los niños, están a cargo del calendario doméstico. Esta pregunta surge con frecuencia: ¿Los niños pueden decidir en dónde quieren vivir cuando cumplan trece años? Para nosotras la respuesta indiscutible es no. Los niños necesitan la seguridad de discrepar, discutir y resistirse a sus padres durante ciertas etapas de su desarrollo. Los padres que comparten la crianza de sus hijos apaciblemente reconocen que estos periodos temporales, a veces difíciles, requieren mucha habilidad en una familia de un hogar, y todavía más en una familia de dos hogares. Sin embargo, cuando un padre involucra a un niño en problemas o preocupaciones adultas o se pone en contra del otro padre, apoyado en el niño, ascienden al niño al subsistema parental de la familia. En otras palabras, lo sacan de su infancia y lo meten en temas adultos que tarde o temprano pondrán en riesgo el crecimiento y desarrollo normal y sano del niño.

Los padres que trabajan en conjunto y transmiten a los niños que ellos están a cargo del calendario doméstico, aseguran que los niños tengan la libertad de vivir sus distintas etapas de desarrollo, ya sean positivas o difíciles, con total seguridad hasta que estén listos para salir de casa de nuevo tras la graduación de la preparatoria.

Esto no quiere decir que los padres no puedan coincidir en que un niño deba vivir únicamente con uno de ellos durante etapas particulares en los años de crecimiento del niño si hay motivo para hacerlo. La clave es que los dos padres estén de acuerdo respecto a qué calendario doméstico a corto y largo plazos es mejor para el niño. Éste no debe anteponer las necesidades o compromisos de sus padres, satisfacer sus necesidades emocionales a costa de su propia infancia o poner en peligro su relación con uno de sus padres.

. . .

Will, catorce años: "Te odio. Eres la peor mamá del mundo, ¡estás loca! Más vale que me regreses mi Xbox. Es increíble. Qué *&%@. Me voy a vivir con papá y no puedes evitarlo. ¡Él nunca hace estupideces como ésta!"

Mamá: "Te regresaré el Xbox cuando hayas terminado y entregado la tarea que no cumpliste. Entiendo que estés muy enojado, y puedo con eso. Tu papá y yo ya hablamos. Y está completamente de acuerdo conmigo: debes terminar esas tareas. Esta semana. Si quieres llamar a papá, adelante."

Will (tres horas después): "Ya está. Acabé. Mira. Las dos. ¿Contenta?... Mamá, ¿nos llevas a Josh y a mí al centro comercial?"

.

Mamá (a papá): "Sam, Kelsey tiene el protagónico en el musical de la escuela. Está superemocionada, pero también le preocupa mucho cómo le va a hacer con los ensayos de la obra, sus tres clases avanzadas y el periódico de la escuela, todo esto yendo y viniendo entre nuestras casas. ¿Te ha contado algo? Se me ocurre, ¿te parecería dejarla quedarse aquí conmigo los próximos dos meses? Hasta que termine la obra, para darle un respiro en el calendario, ya que estoy más cerca de la escuela."

Papá: "Mmm, todavía no me cuenta nada, pero imagino que tal vez no se ha animado por miedo a hacerme sentir mal. Casi nunca está en la casa, qué locura, ¿no? Me da mucho gusto por ella y sé que se está esforzando mucho. Podemos plantéarselo, a ver qué dice. Me gustaría proponer que ella y yo cenáramos por lo menos una vez a la semana y almorzar tarde los domingos, si te parece. Así estaríamos en contacto en los próximos dos meses."

Mamá: "Suena magnífico. Los domingos están bien. ¿Te parece si le digo que ya hablamos?"

Papá: "No, prefiero contarle, ¿está bien? Esta noche la veo en la casa."

Papá (a Kelsey): "Cariño, mamá y yo hablamos, y nos preguntamos si sería útil que te quedaras en su casa los próximos dos meses durante los ensayos de la obra —hasta que termine la temporada— y así no vas y vienes. Queremos hacer todo lo posible para que sientas que te puedes concentrar y no estar tan estresada. Se me ocurre cenar juntos en la semana cuando te quede mejor y sin duda almorzar los domingos. ¿Qué te parece?"

Kelsey: "¡Papi, sería genial! ¿Estás seguro? ¡Muchísimas gracias!"

• • •

El calendario doméstico no debe ser rígido ni inflexible. Más bien, su claridad y especificidad tienen un fin importante. Un buen calendario doméstico brinda predictibilidad y seguridad —con él aseguran que los niños se relacionen con sus padres con frecuencia y de forma confiable—, reduce la negociación, el cambio y los conflictos para los padres a medida que se acostumbran a sus nuevas rutinas, estabilizan las cosas en sus hogares y se habitúan a su nueva vida con los niños.

. . .

Brad, veintiún años: "Oye, mamá. ¿este año la Navidad es contigo o con papá?"

Mamá: "Con papá, ¡disfruta! ¿Te toca llevar el postre otra vez?"

. . .

Los padres pueden estar completamente cómodos con el hecho de que los niños vayan y vengan a su antojo por la puerta trasera que separa sus dos hogares. La clave es que primero, los padres se sientan cómodos, segundo, que los niños estén seguros y supervisados, y tercero, que los niños prosperen. Si estos tres criterios se cumplen, entonces encontraron una combinación ganadora.

LINEAMIENTOS PARA GESTIONAR TU CALENDARIO DOMÉSTICO

Céntrate en las siguientes recomendaciones para conservar un calendario doméstico fluido y constante para los niños.

Lo primero es la estabilidad, segundo, la flexibilidad

Abordar los cambios gradualmente durante los primeros seis meses o un año, adoptar un patrón predecible y permitir que los niños sientan que dominan su espacio en su familia de dos hogares es muy valioso. Haz lo posible en el primer año para equilibrar las necesidades parentales, los cambios repentinos en el calendario y la necesidad de los niños de tener constancia. Respeta el calendario en la medida de lo posible.

Intercambiar y cubrir horarios

Los padres también trabajan en equipo para gestionar los cambios en los calendarios domésticos intercambiando y cubriendo horarios. Lo primero se refiere a intercambiar el tiempo residencial por tiempo residencial similar. Esto quiere decir, fines de semana por fines de semana, y días de la semana por días de la semana, y así sucesivamente. No quiere decir, hora por hora, sino tiempo de calidad por tiempo de calidad similar. Las tardes de la semana escolar son de calidad distinta que los fines de semana. Negocia estos intercambios sin perder de vista que son peticiones, no es obligatorio. Juntos decidirán cómo intercambiar. Del mismo modo, "cubrir horarios" se refiere a brindar a tu compañero de crianza la oportunidad de quedarse con los niños en vez de contratar a una niñera, sin pedirle ningún intercambio. En general ofrecer generosamente tiempo en el futuro inmediato a tu compañero de crianza sin solicitar un intercambio es bueno para su relación y disminuye duplicar el número de interrupciones en el calendario. En el caso de las excepciones en el calendario en el futuro más remoto, pueden intercambiar un fin de semana por otro sin problemas y con respeto. El punto es que las ofertas o peticiones para cubrir a los niños no son un requisito obligatorio.

Si resulta que están intercambiando o cubriendo horarios constantemente, quizá les convenga consultar con su equipo legal el posible efecto que tenga en su plan para la crianza o renegociar el calendario.

"Pero tengo que trabajar"

Tu compañera de crianza no es tu refuerzo, tampoco está de guardia, a menos que lo hayan acordado expresamente. Respeta el tiempo del otro. Acordar y cumplir los compromisos que son parte del calendario es importante para su relación de crianza compartida, es vital si tú o tu compañero necesitan llegar a cierta hora a la oficina o cumplir otros compromisos a tiempo, y clave para la seguridad de tus hijos. Respetar tu calendario doméstico es parte del contrato formal que los dos diseñaron para garantizar el bienestar de tus niños y su autonomía como adultos. En una familia de un hogar, los padres se suelen apoyar, fungir de refuerzos, incluso se pueden dar por sentados. Esos días quedaron atrás: repórtate a tiempo y preparado para tu trabajo: ¡cuidar a tus hijos!

El derecho a negarse primero

Este término que forma parte de algunos planes para la crianza se refiere a un requerimiento de que el padre en residencia debe ofrecerle tiempo con los niños al otro padre antes de contratar a una niñera o tercera persona. A veces hay una cantidad específica de tiempo que detona el derecho a negarse primero, por ejemplo, más de cuatro horas o toda la noche. Si es parte de tu plan para la crianza, como en cualquier otro convenio contractual, acátalo con integridad. Si te preguntas si debería ser parte de tu plan para la crianza, contempla lo siguiente: Si te estás llevando bien con tu compañero de crianza, en general vas a querer que cuide a los niños en la medida de lo posible (excepción: cuando la abuela quiera la oportunidad especial de invitar al niño a su casa). Cuando están en conflicto y no se llevan bien, el derecho a negarse primero suele provocar peleas, u otra transición tensa para los niños. Por favor contempla seriamente las implicaciones a corto y largo plazos de vincularse y limitar sus decisiones mediante una provisión como el derecho a negarse primero por plazos menores a una noche, incluso dos.

Niñeras y otros cuidadores de confianza

A los niños que van y vienen entre las casas de sus padres con frecuencia les puede venir bien la diversión y familiaridad de una niñera, sin que esto suponga enfrentar otra transición. Alentamos a los padres que comparten la crianza de sus hijos a reconocer el valor de confiar en las decisiones mutuas y permitirse cierta privacidad a la hora de tomar decisiones con respecto a cómo y cuándo recurrir a una niñera durante su estancia con los niños. En vez de contar las horas que podrías estar con los niños cuando se quedan con una niñera mientras están en casa de su madre o padre, relájate y confía en que las niñeras competentes pueden mejorar el espíritu de hogar y normalidad de los niños. Permitir que los abuelos cuiden a los niños en la ausencia de uno de los padres es una oportunidad estupenda para fortalecer a la familia extendida; a veces los niños pasan la noche en casa de un amigo cuando mamá o papá tiene planes. Cuando los padres pueden crear un espacio en la vida cotidiana para estas formas tradicionales de cuidar a los niños, en vez de insistir que les ofrezcan a ellos la oportunidad de cuidarlos cuando no les toca estar con ellos, es bueno para los niños y para los padres.

Establecer límites durante las transiciones

Establecer límites y enseñar buenos protocolos es parte de criar a los niños en una familia de dos hogares. A veces los padres preguntan si los niños deberían tener las llaves de las dos casas o si los niños deberían sentirse con la libertad de llegar a casa del padre en su descanso. Frente a esta pregunta compleja, nuestro enfoque es bastante práctico. Sí, queremos que los niños sientan que las dos casas son suyas. No obstante, los niños deben aprender desde el inicio, que sólo pueden visitar si:

- Antes llamaron o avisaron por mensaje, y
- el padre en su descanso les dio permiso

De esta forma, no corres el riesgo de que los niños lleguen en momentos inoportunos o de adultos. Otros posibles problemas incluyen que te despierten de un sueño profundo o confundirlos con un intruso. Cuando es tu descanso, está bien tener límites, controlar quién entra y sale de tu casa, y privacidad. Habla con tu compañero de crianza, juntos decidirán lo más apropiado para sus casas y zonas de confort individuales.

LA COMPLEJIDAD DE LA CRIANZA COMPARTIDA A LARGA DISTANCIA

Los niños que han superado la separación y la adaptación a una familia con dos hogares pueden sentir que pierden sus cimientos cuando uno de sus padres se muda. En este caso, los dos padres pueden realizar el vital trabajo de apoyar la seguridad del niño y su relación con los dos. Necesitarán explicaciones, alojamiento en las dos casas y mucha seguridad de que la relación no peligra, aunque las rutinas diarias cambien.

Para algunas familias con dos hogares, la distancia multiplica la complejidad de las dos casas. Aunque sean sólo 150 kilómetros o al otro lado del país, las distancias grandes entre las casas de los padres afectan cómo los niños viven su infancia y cambia la disponibilidad de los dos padres para estar presentes activamente e involucrados constantemente en su día a día.

Por muchas buenas razones, un padre o una madre puede mudarse lejos, lo cual suscita un cambio significativo en las circunstancias de la familia de dos hogares. Ésta puede ser una decisión dolorosa cuando un padre recibe la autorización (ya sea por común acuerdo o mediante el tribunal) de mudarse con los niños después de la separación, y el otro se queda con pocas opciones. Igual de desconcertante es cuando un padre se muda y deja a los niños con su excónyuge. Cuando los padres pueden ponerse de acuerdo para superar las duras decisiones personales o profesionales que afectan sus relaciones con los niños, la familia de dos hogares y los niños se beneficiarán.

Cuando los padres se mudan lejos para eludir el conflicto o apartarse de una antigua relación conyugal destructiva, los niños se quedan confundidos y devastados. En un mundo ideal, los padres en esta situación deben tener suficiente orientación profesional para ayudar a los niños a gestionar la pérdida y la confusión de forma saludable. Cuando las cosas se tranquilizan después de una mudanza y se garantiza la seguridad de los padres y los niños, la capacidad de cada padre o madre para mantener un contacto sano con los niños es importante para su desarrollo emocional a largo plazo. Tu labor como padre es proteger a los niños de peligros reales, pero separarlos de un padre o una madre que odias o temes que sea destructivo, tiene un efecto de por vida. Para más información, consulta "Perjudicar la relación de tu hijo con su padre/madre sin querer", página 316.

La separación es un cambio familiar. La mudanza de un padre con o sin los niños es otro cambio familiar crucial. Veamos algunos puntos importantes:

Calendario doméstico: los niños tendrán una residencia principal con uno de ustedes y tendrán un calendario de visitas con el otro. Para el padre principal, puede ser una vida de padre soltero muy exigente que nunca anticipó.

- ¿Cómo se aseguran los padres de que el padre principal no termine fatigado?
- ¿Habrá fondos adicionales para el cuidado del niño ante la ausencia del compañero de crianza?
- ¿Cómo se organizarán los padres para facilitar contacto consistente y adecuado a su edad entre el padre a larga distancia y los hijos mediante la tecnología y las visitas?

Efecto emocional en los niños: para los niños que están habituados a ver a sus padres casi todos los días en una familia de un hogar, dividir su tiempo entre dos casas es un ajuste monumental. Cuando uno de sus padres se muda, pueden pasar semanas, incluso meses, sin que los niños tengan contacto físico con su padre. Los niños se adaptan a este cambio de forma muy distinta, según en qué etapa de su desarrollo se encuentren. Ayudar a los niños a vivir el duelo por este cambio es otro aspecto de la vida en familia que los dos padres deben gestionar de la mejor manera posible. La clave es que el niño no se sienta abandonado o poco importante y que entienda que su padre o madre no se fue por él.

- ¿Cuál es la historia de vida familiar para explicar a los niños que uno de sus padres se muda lejos o que ellos mismos se mudan lejos? Así como tu compañero de crianza y tú crearon una historia de vida familiar sobre su decisión de separarse (capítulo 1, página 27), cómo comuniquen a los niños la decisión de vivir a la distancia es parte del concepto de familia de sus hijos. Considera cómo responderían la pregunta: "Si me aman, ¿por qué no vivimos cerca?".
- ¿Cómo asegurarse de que los niños comprendan que se trata de una decisión adulta que no vulnera su relación con el padre que ahora vive lejos?
- Por último, ¿cómo tolerarás que los niños pequeños pasen temporadas demasiado largas separados de ti? Aunque no parezca adecuado para su desarrollo, sabes que estas visitas refrendan la relación con su otro padre. Quieres controlar tu ansiedad y preocupación de modo tal que no termines transmitiendo a tus pequeños que, en el fondo, estas visitas "no están bien".

Consideraciones de transporte: hay muchas cosas que tener en cuenta cuando los niños viajan solos o acompañados para visitar a su otro padre. La edad, la madurez emocional y la distancia son factores importantes cuando los padres enfrentan una vida familiar con dos hogares lejanos.

- ¿Cómo viajarán los niños de ida y vuelta?
- ¿Quién será responsable de acompañarlos?
- ¿Cómo se cubrirán estos gastos?
- ¿Con qué frecuencia viajarán?
- ¿Con qué frecuencia viajará el padre que vive lejos para ver a los niños?
- ¿Cómo funcionará el tiempo de visita si el padre que viaja para ver a los niños se queda en un hotel o en un alojamiento similar?

La vida cotidiana y la toma de decisiones en conjunto: ser el hogar principal de los niños no necesariamente cambia los requisitos para tomar decisiones en conjunto. De hecho, la mayoría de los padres quieren tener autoridad para tomar decisiones en conjunto sobre temas como la educación, los servicios de salud y otros gastos compartidos extraordinarios. Si los padres no tienen mucho cuidado, el padre que vive lejos puede recurrir a la toma de decisiones conjunta para ejercer control e influencia sobre el padre que está criando todos los días, y a veces de manera invasiva y nada útil. Para el padre principal, tener que coordinar con un padre que vive lejos todas las actividades extracurriculares, temas educativos menores o decisiones sobre la atención médica puede ser impositivo, engorroso y agotador.

- ¿Cómo se tomarán las decisiones de forma expedita sin necesariamente agobiar al padre principal?
- ¿Habrá límites en la toma de decisiones que sean más funcionales bajo las circunstancias? Tal vez se podrían establecer límites financieros en vez de revisar cada decisión bajo la lupa.
- ¿Cómo mantendrá el padre principal informado al padre que se encuentra lejos, actualizado y participativo de forma práctica en su relación con los niños? Esto incluye mantener acceso mediante la tecnología y fomentando los momentos para la conexión?

La mudanza dificulta algunos aspectos de la crianza compartida y exige empatía en la relación entre los niños y cada padre. Para el padre que prefiere tener independencia y menos interrupciones en la vida de los niños, el día a día puede ser más sencillo.

Para apoyar a los niños, los padres necesitan esforzarse por no competir, respetar el tiempo de cada uno y conservar los ritmos, las actividades y las relaciones sociales de los niños. Si eres el que se separó de los niños, esto puede ser muy difícil. Tu capacidad para centrarte en ellos rendirá frutos a medida que van creciendo. Llegará el momento en que tendrán una relación verdaderamente independiente con cada uno, saludable y a partir de las bases que les proporciones, incluso a la distancia.

TRANSICIONES CENTRADAS EN LOS NIÑOS

Para los niños, las transiciones representan cambiar la guardia, soltar la mano de uno de sus padres y tomar la mano del otro.

La gestión de las transiciones marca la vida de los niños. ¿Están llenas de signos de interrogación (incertidumbres) o exclamación (ira, hostilidad, conflicto)? ¿Están vacías, el niño las realiza solo? ¿O son un puente en el que el paso de un hogar o un padre al otro es natural, integrado y sin conflicto? Los padres están a cargo de esta experiencia y sostienen los pasos serenos y uniformes durante la transición. Sigue los siguientes consejos para garantizar transiciones respetuosas.

Algunos padres recurren a puntos de transición naturales que no exigen contacto mutuo; como dejar o recoger a los niños en la escuela o en una actividad. De esta forma, los niños pueden despedirse de uno de sus padres en un entorno familiar, como la escuela o la guardería, y reunirse con el otro al final de su día. Para los padres a quienes se les dificulta verse, es una forma útil para reducir el malestar hasta que sanen y el contacto sea menos doloroso. De todas formas necesitarás una estrategia para intercambiar las pertenencias de los niños, tal vez las puedes dejar en la entrada de la casa o dentro del estacionamiento.

Otros se encuentran en un punto neutro para una parada rápida y se entregan las pertenencias de los niños. Esto funciona bien para el padre que prefiere que su expareja no vaya a su casa. Ejemplos de puntos neutros incluyen el estacionamiento de una tienda, un parque, una cafetería local o un lugar familiar. Cuando a los niños les está costando mucho dejar la casa familiar original para visitar al otro padre, este plan de transición suele ayudar a los niños a soltar primero la casa y luego al padre.

Asimismo, cuando a los niños les cuesta despedirse de las dos casas, puede aliviar la sensación de desconcierto que el padre con el que se están quedando los ayude a empacar y luego los lleve a casa del padre que los recibe, es mejor que si el padre que los recibe pasa por ellos.

En el caso de las relaciones entre compañeros de crianza especialmente difíciles o conflictivas, los padres recurren a una tercera persona para ayudar con las transiciones. Un padre deja a los niños con una tercera persona y el otro padre los recoge con esta tercera persona. Si tienes la posibilidad de que alguien ayude a los niños con la transición para evitar que los niños perciban pleitos o emociones violentas entre sus padres, aprovéchala hasta que los dos sean capaces de una transición más tranquila, respetuosa y neutra.

Las transiciones pueden ser un momento de cordialidad y de compartir brevemente: una anécdota positiva breve, un recordatorio al niño de contarle al papá sobre el examen de ortografía (¡le fue superbién!) o buenos deseos para el fin de semana o la visita a la abuela. Dilatarse con un tema o hablar largo y tendido, más abrazos de lo normal o intercambios negativos confunden a los niños. Si tienes un reporte negativo de la escuela que quieres compartir con tu expareja, espera. Llámale o escribe un correo después.

A veces los niños quieren que un padre entre a casa del otro padre durante una transición para mostrarle algo. Sé un invitado respetuoso. Asegúrate de tener la autorización de tu compañero de crianza. Pedirle permiso frente a los niños es tramposo. Es más respetuoso convencer a los niños de que esperen y asegurarles que hablarás con su madre o padre antes de entrar a su casa. Es el mismo caso cuando invitas a tu compañera de crianza a tu casa: acuerden antes, no frente a los niños.

Resistencia ante las transiciones

Si un niño se resiste a hacer la transición entre un padre y el otro, los padres deben trabajar en equipo para tranquilizar al niño o abordar problemas, si los hay, en vez de permitirle al niño que se niegue a pasar tiempo con ese padre. Anima a los niños a pasarla bien en las dos casas. Los niños siempre se quejarán: a veces pondrán a prueba tu convicción de que es importante que tengan una relación sólida y cercana con su otro padre. Es posible que estén teniendo dificultades con el otro padre y esperen que te pongas de su lado, resuelvas sus problemas y seas una salida de emergencia para eludir responsabilizarse de su comportamiento. Un niño pequeño podría estar expresando el dolor de separarse, hoy de ti, mañana de su otro padre.

Distingue la naturaleza de la queja y la seriedad de su reticencia. Ayudar a tus hijos a desarrollar habilidades para defenderse por sí mismos, a saber cómo acercarse a otro adulto (incluso si es su padre o madre) para solucionar problemas y decir lo que sienten son aptitudes deseables. Has tenido preocupaciones similares cuando tu hijo llega a casa quejándose de un maestro. Tu respuesta inmediata no es darle la razón y permitirle no regresar a la escuela. Hay muchos pasos que inician con distinguir la seriedad del problema y desarrollar un plan para resolver el conflicto (consulta el capítulo 5, página 125).

Para un niño, la carga de rechazar una relación o negarse a convivir con uno de sus padres es demasiado grande. Los padres necesitan conservar la responsabilidad de las decisiones importantes y únicamente si hay motivos evidentes y serios para temer por la seguridad de los niños, deberían intervenir y hacer lo necesario para protegerlos, ya sea limitando el tiempo de convivencia o apoyándolos para que se nieguen. Incluso entonces, el objetivo es eliminar el riesgo, resolver los problemas y el conflicto para facilitar la relación sin restricciones del niño con sus dos padres, una relación amorosa en la que exista la oportunidad de resolver los conflictos. Para más información, consulta "Cambia tu plan para la crianza", página 312.

La clave para las transiciones exitosas

La capacidad de los niños para encontrar sus pertenencias, organizar su tiempo y mantenerse centrados puede ser más difícil en una familia de dos hogares, sobre todo los primeros meses posteriores a la separación. Ayuda a tus hijos a superar con éxito los retos de su nueva familia de dos hogares mediante estrategias y procesos para ir y venir entre dos casas. Crea rutinas y reglas propias para su edad que faciliten esta labor.

Permite que los niños lleven y traigan sus pertenencias importantes. Esto funciona mejor si los dos padres reconocen la necesidad de que las cosas se regresen y redistribuyan como sea necesario. Está bien pedir que un juguete nuevo en el departamento de mamá se quede ahí y permitir que otros juguetes vayan y vengan. En general, las pertenencias de los niños son suyas y los siguen en su familia de dos hogares. Los padres se ponen de acuerdo para asegurarse de que los objetos que los niños necesitan en su otra casa están empacados y listos.

Asegúrate de que los niños tengan el equipo adecuado: marca una diferencia enorme. Una mochila puede no ser lo suficientemente grande para que el niño empaque toda su vida y una maleta puede ser demasiado formal. Prueba con un contenedor cuadrado de plástico con tapa. Le cabe de todo, desde libros a consolas de Xbox, tenis extra y traje de baño, además lo pueden decorar con plumones y estampas. Prepara una lista, métela en un sobre transparente y pégalo dentro de la tapa: los niños lo pueden consultar mientras empacan. Si los traslados de los niños ocurren después de la escuela o alguna actividad posterior, necesitarás coordinar cómo trasladar las pertenencias. Lleva el contenedor o los artículos necesarios a casa de tu compañera de crianza en una hora que acuerden con anticipación.

Espera hacer viajes adicionales. ¡Las cosas se olvidan! Sobre todo el primer año, acepta que harás un par de viajes extra entre casas para dejar objetos importantes que se olvidaron. No es necesario culpar al niño ni a tu expareja, céntrate en hacerlo mejor a la próxima. Roma no se construyó en un día. Con el tiempo, los niños que viven entre dos casas tienden a tener mejores habilidades de organización y gestión.

Crea rutinas y prácticas para empacar y prepararse para las transiciones. Así como los niños y tú desarrollaron rutinas para ir a la cama cuando tenían tres años, rutinas para recoger el cuarto o tender la cama a los siete, ahora necesitan desarrollar rutinas para empacar y prepararse para las transiciones. Así como los niños a veces se niegan a ir a la cama, tal vez quieran resistirse a prepararse. No es fácil, conveniente ni su elección. Sé paciente, insistente y práctico. Con el tiempo esta época difícil se hará sencilla.

Recurre a protocolos de crianza coordinados para ayudar a los niños a realizar sus actividades cotidianas, como la tarea entre las dos casas (consulta el capítulo 5, página 125).

Establece rutinas similares. De ser posible, los padres deben intentar encontrar puntos elementales de coincidencia con respecto a la disciplina y la rutina diaria que ayuden a los niños a sentir continuidad entre sus dos hogares. Algunos ejemplos incluyen rutinas matutinas y nocturnas, prácticas para hacer la tarea, horas de comida (dentro de lo posible) y horas similares para acostarse.

BUENA HIGIENE DE LA CRIANZA COMPARTIDA: REGLAS PARA EL CAMINO DE LA CRIANZA COMPARTIDA

Como toda relación, una relación de crianza compartida exige trabajo y esfuerzo para construir confianza, familiaridad y buena voluntad. No empiezas de cero. Tienen mucha historia, algunas cosas positivas, algunas otras, no tanto. Respeten lo que les funcionó y desechen lo que no. Tienen la oportunidad de construir una relación de crianza compartida mejor si no permiten que las frustraciones del pasado influyan en el presente.

A menudo a los padres principales les sorprenden los cambios en el interés por criar y en la energía del padre que antes se centraba sólo en trabajar o en sus intereses personales, cuando para él o ella la crianza era algo secundario. Lo vemos constantemente. El padre principal suele considerar perturbador, intimidante y tardío este interés, esta energía y estas ganas de ser reconocido también como padre responsable. ("¿En dónde estabas cuándo necesitaba que me ayudaras? ¡Jugando golf! "Nunca fuiste a una junta con sus maestros, ¡jamás!"). Al margen de la historia, el padre que recién se interesa en la crianza, y que a veces no está muy preparado para ello, está dando un paso adelante para satisfacer las necesidades de los niños. No hay mejor momento que el presente para ayudarlo a participar. Tal vez no sabe cómo, pero puede aprender. Tu mente de cónyuge querrá retroceder y no permitirle que, de repente, quiera involucrarse en la crianza. Sin embargo, tu mente de padre/madre, reconoce lo mucho que los niños se beneficiarán de una relación sólida, positiva, de crianza, con cada uno de ustedes, y reconocerlo te permite relajarte y ayudar a que tu compañera de crianza tenga éxito. Desarrollar aptitudes lleva su tiempo, tal vez necesites paciencia y constancia en esta etapa de desarrollo de la crianza compartida.

Comparte información

Cuando compartas información con tu compañera de crianza, sé constructivo, no educativo. Un padre nunca será una mamá de tiempo completo, ni viceversa. Los padres, ya sean dos mamás, dos papás o un mamá y un papá, son únicos individualmente, cada uno aporta sus fortalezas y debilidades a la crianza. Compartir información útil entre los compañeros de crianza ayuda a los niños a sentir que su vida es más similar que distinta mientras van de una casa a la otra. Conversen sobre qué información sería útil compartir y cuándo. ¿Tu compañera de crianza querría recibir información en su correo o mejor hablarla? Ayuda al otro a prepararse para ser buenos padres: ten en mente que la crianza compartida es una relación entre iguales, sin importar la historia o las habilidades que cada uno tenga.

• • •

Addie, una niña de cuatro años, con hábitos alimenticios propios de su edad, había dejado a Meg, su madre, confundida sobre los refrigerios. Después de que Addie regresó su lonchera llena por segundo día consecutivo, Meg decidió que necesitaba información. Le preguntó a Hugh, su ex: "¿Qué le pones de lunch a Addie? Parece que le encantan tus refrigerios". Hugh le ofreció enviarle por correo una lista del lunch favorito de Addie. Meg se sintió aliviada y Addie comió mejor en el recreo.

• • •

Fomenta relaciones positivas

Cultivar relaciones de crianza compartida funcionales requiere tiempo, tratar a tu expareja con profesionalismo puede ser incómodo. Comenzar con una perspectiva renovada te brinda la oportunidad de crear algo constructivo y sustentable, y lo más importante, algo que funcione en el presente y el futuro para tus hijos. Tu civilidad constructiva e interacciones respetuosas le dan la seguridad a tus hijos de amar a sus dos padres abiertamente, y eso es lo mejor para ellos.

Además de permitirles amar a su otro padre abiertamente y sin reservas, haz lo mismo con todas las personas que los aman, incluso nuevas parejas. Los niños no deberían comprar tu dolor, ira y sentimientos de traición. No los enredes en juegos de lealtades porque ellos salen perdiendo. Tu capacidad para aceptar a los nuevos adultos en su vida demuestra respeto y amor enormes por ellos y los ayuda a tener una vida emocional saludable. Permite que los niños tengan vínculos cariñosos diversos y protege su valiosa infancia de los problemas adultos:

- Esfuérzate por tener comunicación cordial y respetuosa sobre tu expareja, de manera verbal y no verbal.

- Habla con tus hijos de forma positiva de los atributos, aptitudes e intereses de su padre o madre. Tus hijos quieren ser como ustedes de muchas formas y quieres que ellos se sientan orgullosos de ambos a medida que maduran y se convierten en lo que quieren ser.
- Dale a tus hijos mensajes directos sobre disfrutar una relación maravillosa con el otro padre, y hazlo a menudo.
- Ayuda a tus hijos a prepararse para el cumpleaños de su padre o madre, el día de la madre, el día del padre y otros días festivos especiales.
- Fomenta que los niños mantengan relaciones saludables con sus familiares de ambas partes.
- Acepta la relación de tus hijos con la nueva pareja de tu ex (llegado el momento), pese a lo que sientas.
- Transmíteles a los niños que estás bien cuando no están contigo, con palabras y acciones. A los niños no debe preocuparles si uno de sus padres se siente solo, triste o mal cuando no está con él o ella.

• • •

Abigaile, cuatro años: "Mami, ¿me extrañas cuando estoy en casa de papi?"

Mamá: "Claro, cariño. Pero me encanta que estés con papi y aunque estés con él, me quedo contenta."

Abigaile: "Pues papi está triste cuando yo no estoy...me extraña."

Mamá: "Ay, cariño, claro que papi te extraña, pero no debes preocuparte por él. Él se sabe cuidar, ya es mayor."

• • •

Fomenta la apertura

Anima a los niños a disfrutar el tiempo que pasan con cada uno de sus padres y comparte experiencias. Los niños que forman parte de una familia de dos hogares pueden sentirse desconectados y ansiosos. Se les puede dificultar entender las reglas de las relaciones familiares. Los niños deben sentirse cómodos compartiendo información de su vida y sus experiencias con cada uno de sus padres. Cuanta mayor libertad tengan para hablar de sus actividades y relaciones en sus dos casas, más relajados pueden sentirse porque su vida es completa y sana, no tienen nada qué ocultar, de qué avergonzarse ni deben temer herirte a ti como padre o a otro adulto.

A los niños les viene bien cuando los animas a relacionarse con cada uno de sus padres y a disfrutar su estancia con ustedes:

- Cuando los niños compartan anécdotas positivas sobre su estancia con su otro padre responde con placer.
- Cuando compartan anécdotas negativas sobre su estancia con su otro padre, responde con una dosis saludable de escepticismo. Los niños son expertos en predicar a los conversos. Si sospechan que te gusta saber que mamá la está pasando mal, te van a contar historias de lo mal que está, así tengan que exagerar o de plano inventarlas. Si tu preocupación es genuina, abórdala con respeto con el otro padre y en ausencia del niño, con fines de satisfacer tu curiosidad. Para más información, consulta el capítulo 5, página 125.
- Por favor no le compartas secretos a los niños y no les pidas que no los cuenten a su otro padre. Los niños viven en una zona libre de secretos con los padres. Desde pequeños hay que enseñarles a hablar contigo, a que te cuenten lo que consideran importante, a compartir lo que más les preocupa y a reconocer sus errores sin temor; enseñarles que compartirlo contigo no empeorará las cosas, al contrario. La separación no cambia esas enseñanzas básicas.
- Asegúrale a los niños que cuando están con su otro padre, están seguros, que los ama y los cuida bien, aunque esos cuidados sean diferentes de los que tú les brindas.

Ayuda a los niños a sentir cercanía a sus dos padres, sin importar su calendario. Un calendario regular y consistente ayuda a los niños y los padres a funcionar bien y a sentirse conectados. Sin embargo, habrá ocasiones en las que seguir el calendario implicará que los niños se pierdan sucesos especiales con el otro padre. Desde la perspectiva del niño, los calendarios brindan la oportunidad de que cada padre los ame y los cuide; no el derecho de los padres de acapararlos. Los niños no son posesiones. Lo ideal es que compartas estos valores con tu compañero de crianza:

- Los dos son libres de asistir a los eventos públicos de los niños (deportes, eventos de la escuela, etcétera) sin importar con quién se estén quedando los niños (consulta el capítulo 9, página 213).
- Cada uno anima a los niños a interactuar con el otro cuando asiste a eventos especiales.
- Dentro de lo razonable y lo posible, te esfuerzas por ser flexible para permitir a los niños participar en eventos especiales con su padre o madre o con su familia extendida, o evitas que pase mucho tiempo sin ver a su padre.
- Le das a los niños acceso razonable al teléfono para hablar con su madre o padre cuando lo pidan o tu compañero de crianza lo pida.
- Animas a los niños a conservar fotos y recuerdos de su otro padre en su habitación o cerca de su cama, o conservar álbumes de fotos familiares. El hogar ha cambiado, pero no se ha borrado la historia familiar del niño.

TIEMPO ILIMITADO: LA CRIANZA INDEPENDIENTE

Respeten el tiempo de crianza de cada uno. Son responsables de cuidar a los niños durante su estancia con ellos. Cuando uno de ustedes hace planes para los niños durante su estancia con el otro, diseña reglas o medidas disciplinarias que deben acatarse durante su estancia con el otro o intenta cambiar el calendario doméstico sin consensuarlo, interfiere con la crianza compartida efectiva. Nueve de cada diez veces, el otro padre diferirá, se originará la decepción o el conflicto y los dos padres reincidirán en mayor desconfianza y conflicto. Los niños pierden otro paso hacia la estabilidad y tranquilidad en su vida en dos hogares.

Establecer límites saludables y respetar el calendario doméstico comienza con protocolos claros:

- Cuando contemples un suceso que altere el tiempo de crianza del otro padre, protege tu relación de crianza compartida preguntando primero, hablando de los planes y confirmando si está de acuerdo o respetando si no lo está. Tanto tú como tu compañero de crianza tienen derecho a decir no y el otro debe aceptar la respuesta con cortesía.

- Planea actividades exclusivamente para tu estancia con los niños y respeta la libertad del otro padre para planear actividades en la suya. Si hay actividades que se cruzan entre las estancias de ambos, deben llegar a un acuerdo antes de comunicárselo a los niños o inscribirlos en alguna actividad (consulta el capítulo 5, página 125).

- Ten en mente que la crianza compartida es una relación profesional entre iguales. Ninguno tiene el control y ninguno debería afectar negativamente el tiempo calendarizado del otro con los niños, esto incluye cuando están con los niños en espacios públicos o eventos (consulta el capítulo 9, página 213).

Respeta la independencia del otro en la crianza. Separados, los dos padres se acoplan a hogares independientes con reglas, prácticas y protocolos que cada uno considera apropiados para su hogar. Los niños necesitan el amor, la disciplina, la conexión y la estructura para cumplir las exigencias de la vida cotidiana en cada hogar. Los padres no necesitan estar de acuerdo en cada aspecto de la vida cotidiana de los niños, siempre y cuando los niños estén prosperando, progresando en sus etapas de desarrollo y sanos y salvos en cada hogar.

Los dos padres participan por completo en el trabajo y la diversión de cuidar a sus hijos. No hay crianza Disneylandia (cuando a un padre le toca toda la diversión y al otro la disciplina y la estructura); se acabó el "ahora que llegue tu papá/mamá hablamos". Los papás quizá tendrán que esforzarse y tener más "energía de mamá" cuando los niños están en casa de mamá o viceversa.

En términos prácticos, tal vez descubras que debes ser más educador, más suave o ponerle más atención a la seguridad. O canalizar a tu jefe interior con más facilidad, o esforzarte para ser más aventurero: aceptar los moretones y los golpes ocasionales de los niños que se originan cuando ponen a prueba los límites físicos apropiados. Es lo mejor para los niños.

La crianza compartida inteligente es una mezcla de autonomía y coordinación que acompaña a los niños en su crecimiento y desarrollo:

- Los dos padres crean un plan positivo para medidas disciplinarias y rutinas en cada hogar. No dependas del otro padre para imponer disciplina en tu casa.
- Los dos padres son responsables, cada uno por su cuenta, de obtener información de las actividades académicas, recreativas y sociales de sus hijos. Los dos deben estar en la lista de correos de la liga de basquetbol, los dos deben tener la contraseña de la página web en donde los maestros publican las calificaciones y las tareas y los dos deben tener una lista de teléfonos de los padres de los amigos de sus hijos para acordar citas para jugar y responder a invitaciones de cumpleaños durante su estancia con los niños.
- Los dos padres apoyan las relaciones de los niños manteniendo contacto y cercanía, si es posible y razonable, entre las dos casas.
- Los dos padres respetan las diferencias en el estilo y prácticas de crianza del otro padre. Pueden compartir sus preocupaciones, pero recuerda, es una conversación. Si no pueden ponerse de acuerdo, y les preocupa la seguridad de los niños, lo mejor será aceptar la diferencia. Una diferencia menor en el estilo de crianza afectará menos a los niños que un conflicto constante entre los dos. Elige tus batallas. (Si te preocupa su seguridad, tal vez necesites intervenir, y te recomendamos consultar al médico de tu hijo, tu abogado o a las autoridades, según el grado de preocupación.)

• • •

Con frecuencia, los padres brindan distintos grados de atención o nutrición, permisos para ver la tele, orden y rutinas para acostarse. Como una mamá me comentó hace poco: "A lo mejor es el papá del espagueti con crema, pero quiero que sea el mejor papá del espagueti con crema para nuestra hija". Ésa es aceptación.

• • •

Facilitar momentos individuales con uno de los padres

Apoyarse para tener momentos individuales con cada uno de sus hijos, sin sus hermanos, puede ser un regalo importante para ustedes dos y para los niños después de la separación. El calendario doméstico pone en marcha una serie de momentos de crianza individual consecutiva. Atrás quedaron los días en los que papá podía salir con uno de los niños mientras mamá hacía otra cosa con el otro, o un niño podía ir a hacer algún recado con uno de sus padres solo, mientras sus hermanos se quedaban. Puede ser un reto hacer tiempo para dedicarle tiempo a solas a cada uno de tus hijos para celebrar su relación, pero con creatividad y crianza compartida sólida, puede suceder de vez en cuando fácilmente y con mucho placer.

• • •

Lavonne y Dierdre eran madres de gemelas. Las gemelas eran mejores amigas y enemigas. Lavonne y Dierdre reconocieron su necesidad para disfrutar de tiempo a solas con cada una y encontraron el modo de organizar salidas con las niñas por separado durante las actividades semanales. Con un poco de planeación encontraron el modo de intercambiar para que cada mamá disfrutara de un rato especial con cada una de las gemelas de forma equilibrada y predecible, y las gemelas descansaron la una de la otra.

• • •

Compañeros de crianza con pareja

Presentar a nuevas parejas es una transición importante para todos. Esto puede intensificar la ansiedad y preocupación de un niño sobre qué pasará después, quién está a cargo y cómo le afecta la situación. Muy probablemente los niños y el otro padre necesitarán saber que la estabilidad que tanto les costó no sufrirá sin consideración. La nueva pareja en la vida de los niños tiene sus propias ansiedades e incertidumbres, tal vez hay otros niños en juego.

En la medida de lo posible, tu compañera de crianza y tú siguen siendo los padres principales de los niños. Por atractivo que sea permitir que tu nueva pareja asuma el papel de tu compañero de crianza o intentar crear un trío feliz (tu nueva pareja, tu compañero de crianza y tú), sin planificar respetuosamente ni contemplar si es el mejor momento, el resultado puede ser muy brusco. Para mayor información consulta el capítulo 10, página 229.

Los compañeros de crianza comparten información valiosa que afecta a los niños: de ser posible, informa a tu compañero de tu intención de presentar a una nueva pareja. Enterarse puede ser difícil para tu expareja, pero es útil saberlo, así podrán apoyar a los niños emocionalmente y asegurarles que todo estará bien cuando regresen de casa de su otro padre.

Los compañeros de crianza siguen siendo el equipo ejecutivo: los padres siguen siendo los líderes en todo lo que respecta a los niños y siguen tomando las decisiones importantes relacionadas con los niños, incluso si las nuevas parejas se vuelven parte de la familia. Hasta que haya transcurrido el tiempo adecuado para valorar cómo se pondrán de acuerdo los adultos, se cultiven nuevas relaciones y hasta que se creen acuerdos con respeto, confianza y buena voluntad, los acuerdos relacionados con la crianza de los niños entre sus padres, siguen siendo clave para la seguridad y la vida familiar de los niños.

Los compañeros de crianza orientan a las nuevas parejas para asumir papeles respetuosos en la familia de dos hogares: los padres deben ayudar a sus nuevas parejas a familiarizarse con los acuerdos y arreglos relativos a la crianza de sus hijos y apoyarlos para que encuentren un papel en la familia que respete su lugar en la casa y las relaciones existentes entre la familia de dos hogares.

AYUDAR A LOS ABUELOS Y A LA FAMILIA EXTENDIDA A SER PARTE DEL EQUIPO

La separación exige que todos se adapten, incluidos los abuelos, la familia extendida y tus amigos cercanos. Es probable que algunos miembros de la familia extendida necesiten orientación para adaptarse a la nueva forma de colaborar y cooperar, para evitar excluir a uno de los padres en los eventos importantes centrados en los niños, así como evitar ventilar expresiones de ira irresueltas que se aceptaban en un momento cuando la separación se juzgaba con severidad y uno de los involucrados culpaba al otro por destruir a la familia.

Instruyendo con cariño y poniendo como ejemplo tus propias expectativas de las relaciones de tu familia reestructurada, tus amigos y familiares aprenderán a apoyar a los niños con ajustes saludables:

- Comparte con tus aliados más cercanos y la familia extendida de tus hijos que esperas una actitud de respeto y tranquilidad entre los adultos, que necesitas que te apoyen con comprensión y manteniendo la civilidad. Compárteles cómo pueden apoyarte y ser parte de un equipo constructivo posterior a la separación.
- Cuida las conversaciones que puedan oír tus hijos. Aunque un ser querido pueda querer apoyarte expresando sentimientos de ira, decepción y traición, sin querer podrían estar confundiendo a tus hijos. Ayuda a otros a reconocer que insultar o criticar a tu expareja por lealtad, es duro para los niños que aman a sus dos padres.
- Permite que cada padre sea la entrada natural a su familia extendida. A menos que se acuerde lo contrario, permite que la familia ponga límites útiles y respetuosos cuando surja la duda de si tú o tu pareja deben contactar a los miembros de su familia.
- Guía con el ejemplo y con suerte los abuelos, familiares importantes y amigos seguirán los mismos lineamientos de respeto y cordialidad que valoras cuando interactúas con los niños y tu expareja en eventos familiares o públicos.

¿QUÉ HACEMOS CON PELUSA Y FIDO?

Hay muchas estrategias para lidiar con las mascotas familiares en una familia con dos hogares. Debido a consideraciones prácticas y emocionales, por favor asegúrense de involucrar a los niños (según su edad) en sus decisiones. En algunas familias la amada mascota familiar también sigue el calendario doméstico. Para otras familias no es posible y la mascota no estaría bien bajo esas circunstancias. A veces, con tantos cambios, es mejor que las mascotas se muden a un lugar en donde puedan satisfacer sus necesidades de socializar, ejercitarse, etcétera. Tu sensibilidad y habilidad para lidiar con una mascota de la familia transmite mucho a los niños sobre si comprendes que los cambios afectan a todos los miembros de la familia.

UNA SELECCIÓN DE IDEAS

- Adaptarse toma su tiempo. Las rutinas familiares y la predictibilidad ayudan a crear una nueva normalidad.
- Muchos elementos afectan la adaptación de los niños. El conflicto y el estrés prolongarán de manera constante su adaptación a la familia de dos hogares.
- El calendario doméstico de tu Plan de crianza es la columna vertebral del ritmo cotidiano de los niños.
- Tú y tu compañero de crianza están a cargo del calendario doméstico.
- Lo mejor para los niños es que sus padres se apoyen para ser los mejores padres que comparten su crianza.
- Los padres que comparten la crianza de los niños y que sortean con habilidad los cambios importantes en las circunstancias familiares, como un padre que se muda con o sin los niños, encuentran el modo de brindarle oportunidades a los niños de conectar y tener una relación cercana con cada padre.
- Las transiciones son importantes para los niños, ellos esperan que sus padres mantengan la calma y les faciliten la transición en la medida de lo posible.
- Los límites saludables entre hogares y el respeto por el estilo de crianza del padre o madre de tus hijos son cruciales para cultivar una relación de crianza compartida constructiva.
- Tú y tu compañero de crianza siguen siendo las figuras centrales en la toma de decisiones en relación con tus hijos. Las parejas nuevas pueden mejorar y expandir el círculo de cariño, pero la mayoría de los padres que comparten la crianza tienen mejores resultados cuando se respetan y mantienen su papeles principales con los niños.

CAPÍTULO 5

Protocolos de comunicación que funcionan

En sentido estricto, cualquier acuerdo entre padres implica la crianza compartida, sin importar su denominación formal. Los padres comparten la crianza de sus hijos sin importar cómo está involucrado cada uno con su crianza. Los acuerdos de crianza compartida más efectivos incluyen las siguientes dinámicas entre los padres: cooperación, comunicación, compromiso y consistencia. Estas dinámicas se cultivan con el tiempo e implican varios años para evolucionar de manera eficaz.

MICHAEL SCOTT, mediador,
terapeuta conyugal y familiar

Toda comunicación sana nace y se forma del respeto y la civilidad. Vamos a repetirlo: toda comunicación sana nace y se forma del respeto y la civilidad. No obstante, es más fácil decirlo que hacerlo. Vamos a especificar a qué nos referimos con respeto y civilidad en la comunicación escrita y verbal:

- Recuerda que le estás escribiendo o hablando al otro padre de tus hijos, no a tu expareja.
- Emplea un tono agradable (el mismo que empleas con tu jefe).
- Abstente de decir groserías.
- Recurre a las MAYÚSCULAS para resaltar y facilitar la lectura, no para gritarle al receptor del mensaje.
- Sé breve, informativo y bien organizado.

- Aprovecha el espacio para el asunto en el correo para ser descriptivo.
- No envíes mensajes o correos repetitivos, son invasivos e inútiles.
- Responde a tiempo (en general, dentro de las primeras veinticuatro horas de haber recibido el mensaje), incluso si es sólo para confirmar: "Enterada, te escribo mañana" o cuando sea adecuado y posible. Tu labor es criar a tus hijos de manera eficaz con tu compañero de crianza, y esto se traduce en responder con la información pertinente. Lo denominamos "cerrar el círculo".
- Ignora mensajes, correos o mensajes de voz provocadores cuya intención sea crear conflictos en vez de intercambiar información o criar a los niños. Responder un mensaje negativo o improductivo es echarle leña al fuego que quieres apagar. No lo alimentes.

Cuando te sientas molesto o irritable, tranquilízate. Tus interacciones menos productivas sucederán cuando estés molesto o irritable, así que en la medida de lo posible, avisa que te retiras, haz una pausa y retírate de las interacciones. Sal a correr, medita, duerme una siesta, trabaja o ve una película divertida. Recupera el contacto cuando tengas la mente despejada, sin emociones difíciles, o cuando puedas seguir solucionando los problemas de manera productiva. Si estás en un ciclo arraigado de conversaciones conflictivas con tu compañero de crianza y tienes los recursos, contempla recurrir a un especialista familiar para facilitar la comunicación mientras los dos desarrollan aptitudes de comunicación y aprenden a sosegar sus emociones. Después de abordar algunos problemas con éxito, tendrás más confianza para hacerlo por tu cuenta.

Protege a los niños para que no presencien, escuchen y participen en conflictos adultos nocivos y extendidos. Los pleitos asustan a los niños. El conflicto mina la certeza de que sus padres pueden cuidarlos. Con frecuencia los hace sentir que necesitan cuidar a sus padres poniéndose de su lado, resolviendo problemas o protegiéndolos emocionalmente.

Tómate el tiempo para editar los correos y espera antes de mandarlos, espera que pase tiempo suficiente para asegurarte de que tu tono sea neutro. Guarda los mensajes en tu bandeja de borradores y reléelos para asegurarte de que cumplan las recomendaciones arriba mencionadas para una comunicación respetuosa y civilizada.

Respira antes de responder un mensaje de texto. ¡Es toda una habilidad! Practica para mejorar, no para perfeccionar. Cuando te equivoques, comienza de nuevo. Quizás esto implique mitigar tus sentimientos, aclarar información o tus intenciones, o bien, incluso disculparte por algún tropiezo. Con el tiempo, la comunicación fluirá mejor y mejorarán las interacciones difíciles.

Como cualquiera, entendemos el impulso de combatir el fuego con fuego. Nuestra misión es detenerte, ayudarte a resistir, respira y practica la civilidad.

Incluso cuando sólo una persona es capaz de mantener la civilidad, el camino hacia el respeto y la cooperación es más corto y menos arduo. Sin importar si tu compañero de crianza comparte estos valores, ideas o protocolos, te animamos a comunicarte con civilidad.

El poder de decir "no, gracias". Sin importar si te comunicas por escrito o de forma verbal, practica el arte de la claridad segura. Cuando digas "no, gracias" o "no, no me viene bien", detente antes de justificar o defender tu postura. En ocasiones, ofrecer una explicación amable o un poco más de información contextualiza tu respuesta, pero un "no, lo siento, no me viene bien", sencillo y amable tiene un poder constructivo. Del mismo modo recibe una negativa de tu compañera de crianza sin presionar ni asumir lo peor.

El valor de decir "sí, claro". Un "sí, claro, con mucho gusto" genera buena voluntad. Un simple acto de generosidad puede convertir una situación difícil en un recordatorio de que, cuando se trata de sus hijos, están en el mismo equipo. Practica la generosidad.

Tu estilo individual y tus preferencias para comunicarte definirán la comunicación eficaz entre tu compañero de crianza y tú. No obstante, recuerda que también están en el proceso de separación, están creando límites más amplios y saludables entre los dos al mismo tiempo que cultivan una relación de crianza compartida eficaz. Los medios de comunicación (teléfono, mensaje de texto, correo) y sus estilos (espontáneo, muy esquemático, breve, muy detallado) influyen en sus comunicaciones. Emplea y desarrolla las prácticas de comunicación que respaldan sus objetivos:

- Marcan límites saludables, respetan la privacidad y no son invasivas.
- Son eficaces, tienen en cuenta un resultado en común.
- Les funcionan a ambos.
- Son respetuosas, sosiegan, tienen en cuenta y gestionan sus emociones.

LAS CINCO C QUE GUÍAN UNA COMUNICACIÓN RESPETUOSA

La comunicación es una aptitud. Posiblemente nos sintamos con el derecho de decir lo que pensamos y creamos que merecemos ser escuchados... pero ninguno de estos enfoques resuelve conflictos ni problemas con eficacia. Expresar algo que nos molesta brinda alivio a corto plazo, pero cuando lo hemos sacado, haber hablado sin pensar o haber forzado algo resulta en un desperdicio de palabras y tiempo.

Éstas son las cinco claves ("las cinco C") para mejorar la comunicación durante la crianza compartida. Las C funcionan juntas en un círculo, cada una te prepara para la siguiente. Si pierdes el interés, retoma la C que te ayudará a encontrar estabilidad y empieza de nuevo.

1. *Calma*: recupera la compostura antes de comunicarte. Reduce el estrés (incluyendo elementos en tu entorno que causen estrés), gestiona tus emociones y comprométete a ser respetuoso y civilizado. Resiste las ganas de responder sin pensar si te sientes provocado. Por el contrario, tómate el tiempo que necesites para tranquilizarte antes de escribir una respuesta o pulsar enviar.
2. *Contención*: tu compañero de crianza y tú merecen sentirse seguros en el plano emocional y físico cuando estén en comunicación

y en todo momento. No debe haber sorpresas. Prepara tu día con anticipación para saber qué van a tratar y acuerden cuándo, en dónde o cómo van a comunicarse. Si limitan los temas que van a abordar y definen un calendario, crean predictibilidad y límites saludables. Cuando los dos cumplan los acuerdos, los dos podrán sentirse victoriosos. La seguridad y el éxito comportarán confianza con el tiempo. Otra forma de contener la comunicación es crear una dirección de correo sólo para los asuntos de la crianza compartida de los niños.

• • •

Leslie y Grant decidieron que a ninguno de los dos le gustaba intercambiar información relacionada con los niños por correo. Sabían que dedicar media hora a hablar por teléfono todos los lunes por la mañana era más eficiente y satisfactorio. La noche anterior intercambiaban por correo los puntos a tratar por teléfono. Durante la llamada, uno de ellos hacía una minuta con las decisiones y la enviaba al otro al concluir su reunión para la crianza compartida.

En cambio, Skip y CJ tenían una opinión opuesta sobre su comunicación. Ninguno de los dos quería hablar por teléfono. Diseñaron protocolos claros para escribirse por correo y mensaje de texto. Limitaron las llamadas telefónicas a casos de emergencia.

Bri y David optaron por una plataforma de comunicación en línea para reflexionar sobre su comunicación y mantener la civilidad. El objetivo de la plataforma era ayudarlos a reconocer palabras inadecuadas y gestionar la extensión de sus intercambios. Los dos tenían acceso a un registro sencillo y completo de sus comunicaciones.

• • •

3. *Claridad*: la comunicación requiere de dos pasos: (1) transmitir un mensaje claro y (2) recibir con precisión lo que se envió. En un diálogo, cada persona es responsable de cómo envía y recibe la información. Haz lo posible por escuchar para comprender el

mensaje de tu compañero de crianza: ¿Expresa preocupación?, ¿esta comunicación beneficiará a los niños? Habla o escribe con total conciencia de ti mismo. Pregúntate si eres respetuoso, si te estás comunicando para compartir información o de manera indirecta estás intentando demostrar algo, ganar una batalla, o peor, hacer daño. Si envías y recibes un mensaje con responsabilidad, creas una visión común con tu compañero de crianza. Así se resuelven los asuntos relacionados con los niños y se intercambia con eficacia la información sobre su crianza compartida.

4. *Creatividad*: los padres que comparten la crianza de sus hijos no siempre comparten opiniones sobre la crianza. Si su objetivo es compartir la crianza de manera saludable, deberán aprender a ser flexibles, reconocer que siempre hay distintas formas de cumplir un objetivo y permitir que el otro exprese con total libertad sus métodos de crianza sin intromisiones innecesarias. Cuanto más acepten las diferencias, menos tendrán la tendencia de hacer una montaña de un grano de arena. Llegar al mejor resultado no sirve de nada si el proceso de elegir entre dos opciones buenas genera conflicto. Ten cuidado de las luchas de poder que atrasan el progreso, a veces basta tirar una moneda para seguir adelante con dignidad y aceptación.

5. *El centro son los niños*: cuando surjan los conflictos, recuerda tus objetivos de la crianza compartida. El compromiso de compartir la crianza con responsabilidad implica resolver problemas, compartir información importante relacionada con los niños, tomar decisiones que permitan que la vida de los niños siga su curso sin conflicto y respetar las decisiones cotidianas mutuas.

• • •

A Mel y Frankie se les dificultó superar su matrimonio. Como consecuencia, los dos sufrían mucho y peleaban con regularidad. Los dos cruzaban las fronteras del otro, en especial durante los eventos públicos de su hijo: uno u otro intentaba entrometerse y tomar el control de forma perturbadora. Sydney, su hijo, no sabía cómo lidiar con sus padres, así que procuraba no llamar mucho la atención y esperaba que la tormenta pasara.

En una ocasión, cuando Sydney pasaba el fin de semana con Frankie, Mel llamó a la niñera para confirmar si estaría en la obra de Sydney. La niñera tenía una duda y en vez de pedirle que se comunicara con Frankie, Mel le dio instrucciones sobre cómo cuidar a Sydney en la obra. Frankie enfureció. Estaba harto de las intromisiones constantes de Mel, de su falta de límites, interrupciones y lo que percibía como desconfianza de sus capacidades como padre.

Empezaron a intercambiar correos a toda velocidad. En la siguiente hora, los padres defendieron sus acciones frente al otro y se negaron a ceder o a identificar el problema, mucho menos encontrar una solución. Frankie terminó diciendo que no llevaría a Syd a la obra, si a Mel se le ocurría asistir. Mel no era bienvenida en su tiempo con el niño. Pongamos esta situación a prueba de las cinco C:

• • •

- Ningún padre mantuvo la calma.
- Los correos que intercambiaron no eran de contenido resolutivo sino para agredirse.
- Ningún padre escuchaba para entender ni hablaba con plena conciencia de sus acciones. Ni el problema ni la solución eran claros.
- Bajo la presión de las emociones y la comunicación intimidatoria, ninguno era capaz de ser flexible, aceptar sus diferencias o ver la manera de recuperarse del tropiezo original. Perdieron toda creatividad.
- El resultado no se centraba en el niño, sino en ellos.

• • •

Mel y Frankie pudieron haber corregido este desastre en distintos momentos de la comunicación. Frankie pudo haber reconocido que enfurecer en un correo electrónico jamás solucionaría un problema. Una mejor solución hubiera sido comunicarse con responsabilidad, identificar el problema y pedir un cambio. En vez de escuchar la molestia de Frankie y comprender que su intromisión era ofensiva e indeseada, Mel avivó el fuego. Pudo haberse disculpado por pasarse de la raya, pudo haber expresado con claridad que ahora se daba cuenta de que debió haberle pedido a la niñera que se comunicara con Frankie para recibir instrucciones, y que de ahora en adelante lo haría. Los dos padres pudieron haber respirado y acordado darse una hora para tranquilizarse, para después volver a abordar la situación luego de identificar el problema para llegar a acuerdos sobre cómo proceder.

Ya que había pasado un poco de tiempo, Frankie envió un correo concluyente que decía: "Estoy demasiado molesto. Si puedes respetar mi tiempo de crianza, eres bienvenida. Syd estará en su obra". Mel respondió: "Seré una buena invitada. Gracias". Calma, contención, claridad, centrados en el niño.

• • •

CÍRCULO DE COMUNICACIÓN

Una progresión lógica no lineal

PROTOCOLOS DE COMUNICACIÓN

Los padres que comparten la crianza de sus hijos trabajan bien en equipo cuando tienen protocolos tanto para comunicación rutinaria como no rutinaria, documentan y dan seguimiento a acuerdos sobre responsabilidades de crianza y tienen la capacidad para comunicarse información importante de manera clara, concisa y profesional. A continuación, algunas sugerencias a propósito de estos componentes necesarios de la comunicación para que la crianza compartida de tus hijos fluya y sea más sencilla.

Reuniones profesionales entre los compañeros de crianza

La crianza compartida eficiente requiere coordinación y planeación. Intentar gestionar los innumerables detalles, las decisiones y las excepciones en el calendario mediante el contacto diario o incluso semanal exige mucha más comunicación entre los padres de la que éstos quisieran, además de la dificultad añadida de tener esos mensajes en orden. Recomendamos a los padres que comparten la crianza de los niños que se reúnan en persona o a través de videollamada tres veces al año: más o menos en agosto, enero y marzo para sostener una reunión profesional que les permita planear con eficiencia y limitar el intercambio de correos y mensajes de texto que con frecuencia suscitan confusión y conflicto. Y abordar en las reuniones puntos o temas específicos. Para mayor información, consulta la "Lista para las reuniones profesionales de los compañeros de crianza", en la página 301.

Agosto: planifica el año escolar desde septiembre hasta enero, aproximadamente. Esto incluye abordar las vacaciones, los días feriados, los requisitos académicos, las actividades extracurriculares del otoño y el invierno, las citas médicas y otras consideraciones domésticas, relacionadas con los niños o los padres, que sucedan en los siguientes cuatro meses.

Enero: siéntense a planificar el segundo semestre escolar. Debe incluir vacaciones de invierno y primavera, días feriados, eventos escolares, citas médicas y otras consideraciones relacionadas con los niños o los padres, que sucedan desde el segundo semestre hasta fin del curso.

Marzo: esta reunión es para planificar el verano. Podrán decidir el mejor momento según las necesidades del calendario; algunos padres prefieren antes, otros, después. En la medida de lo posible, planearán vacaciones, eventos durante el verano, campamentos y cuidado de los niños durante ese periodo. De esta forma los padres tienen oportunidad de discutir el rendimiento académico, los deportes y las actividades extracurriculares.

Las reuniones profesionales de la crianza compartida deben ser bien planeadas, centradas en calendarios y programas, y abordadas con una actitud cooperativa y con el fin de resolver problemas. Normalmente se organizan en una cafetería o en un entorno igual de neutro. Rotar la responsabilidad de planear la reunión (un padre los años impares, el otro los pares, por ejemplo) es útil para que los dos padres estén igual de comprometidos y sean igual de participativos. Compartan labores, si un padre planeó la reunión e hizo un borrador del orden del día, el otro podría tomar notas y distribuir labores. Revisen la minuta, hagan cambios y confirmen a tiempo. Guarden las notas sobre decisiones compartidas, labores repartidas y calendarios, y consúltenlos para respetar sus acuerdos y dar seguimiento a los compromisos.

Tu compañera de crianza y tú pueden ampliar este modelo según su estilo de vida, ritmo y las necesidades de sus hijos. También es posible que necesiten reunirse en persona más de tres veces al año. Los animamos a experimentar y descubrir qué les funciona mejor.

Actualizaciones durante las transiciones

Los niños también se benefician cuando te comunicas y coordinas con tu compañera de crianza y se actualizan durante las transiciones, normalmente por correo (o buzón de voz). El padre que descansa brinda información al padre que estará de guardia, para cubrir temas como:

- Cambios de salud (físicos y emocionales).
- Citas requeridas o agendadas.
- Problemas o información escolar o de servicios profesionales de cuidado.
- Sucesos familiares importantes que involucren a los niños.
- Cambios o preocupaciones sobre las relaciones sociales.
- Cambios en las actividades cotidianas: patrones de sueño, alimentación, etcétera.
- Cualquier otra cosa que sea relevante y que facilite una transición integral para el padre que empieza su turno.

Si no hay nada especial que reportar, basta con un correo: "Días tranquilos, nada en particular que reportar: todo bien". Para ayudar a tu compañera de crianza a encontrar esta información fácilmente, te recomendamos un asunto del tipo: "Actualización para la transición". Veamos este ejemplo de Kathy a Patty:

Asunto: domingo, 9/8, reporte de transición
Hola, Patty:
Salud: este fin de semana le di Tylenol a Chelsea cada cuatro horas, más o menos, después de que le apretaran los brackets el viernes. La última dosis fue hoy a las nueve de la mañana. Parece que ya está mejor.
Citas: agendé con el ortopedista en mi día —no importa— dentro de dos semanas (viernes, 9/19, a las 7:30 a.m.), eres bienvenida si nos quieres acompañar.
Escuela: a Max le toman las fotos el martes —simple recordatorio—, la información está en su mochila, va a necesitar un cheque tuyo. Pedí el grupo B, mi cheque está en el sobre.
Actividades cotidianas: los dos parecen despertar más temprano con alarmas sin problema. Ha sido difícil cambiar los hábitos del verano.
Por último, Chelsea llegó a casa después de ver a Mikaela y las dos decidieron ser veganas: ¡buena suerte!
Veo a los niños el miércoles después de la escuela.
Gracias. Kathy

Algunas familias necesitan una actualización más detallada. Por ejemplo, los niños con dificultades en el aprendizaje podrían necesitar más atención en la transición de las tareas entre las dos casas. De igual forma, un niño con un padecimiento médico exige que sus padres se comuniquen con eficiencia para abordar temas de su salud y administración de medicamentos. Cuando comiences a implementar el formato general para estas actualizaciones, se te facilitará elaborar reportes que satisfagan las necesidades de tu familia.

Actualizaciones durante la transición: tareas

Para estar al pendiente del rendimiento académico de los niños entre sus dos casas hay que adoptar rutinas, apoyarlos y transmitir información precisa. Aunque cada padre es responsable de crear e instrumentar las reglas y los calendarios de su hogar, la tarea es una categoría en la que tener rutinas similares en los dos hogares puede ser muy útil. Cultivar disciplina e independencia a la hora de hacer la tarea comienza con patrones y prácticas positivos. Éstos incluyen predictibilidad y hábitos (cómo, en dónde y cuándo se hace la tarea) y orientación y monitoreo parental según la edad de los niños, así como apoyo, interés y retroalimentación adecuados de los padres. Animamos a los padres a participar en las juntas para padres, las clases abiertas, las reuniones con maestros (incluso si por sus horarios, deben reunirse por separado con los maestros), y tener acceso a la información académica de los niños, como recursos en línea para verificar tareas y avances.

Si los dos padres tienen una rutina diaria, entienden los mecanismos para rastrear la tarea (muchas escuelas implementan una agenda diaria así como herramientas de rastreo en línea) y están al tanto de la vida escolar de los niños, la comunicación entre ambos respecto a las tareas será sencilla y puntual. Cuando hayan sentado las bases, los dos padres desarrollan competencias como monitores de tareas y los dos saben bien qué necesita su hijo para hacerlo bien. La comunicación es un aviso de cortesía en relación con tareas o eventos importantes para coordinar esfuerzos en un proyecto largo, o abordar problemas de conducta que afectan la tarea. Éste es un ejemplo de cómo Frank y Peg abordan las tareas:

Asunto: tareas

Hola, Frank:

Para avisarte que Amy tiene un examen importante de matemáticas el viernes y necesitará su calculadora. He estado trabajando con ella para asegurarme de que la vuelva a guardar en la mochila cuando termina la tarea, pero se le sigue olvidando en el escritorio (lo cual resulta en una llamada desesperada antes de medio día). Si también puedes dar seguimiento para que adopte este hábito, sería muy útil.

Sarah sigue intentando la estrategia de "terminé toda la

tarea en la escuela". Le recuerdo que esperamos que lea una hora si no tiene tarea, pero fuerza las cosas, y qué curioso, normalmente se "acuerda" de alguna tarea de ortografía, o algo así, que no había terminado. Todavía no estamos del otro lado con esta muchacha.

Gracias,

Peg

Solicitar cambios en el calendario doméstico

Cuando los padres encuentran una forma clara y sencilla de pedir cambios en el calendario doméstico, pueden planificar con mayor eficiencia y apoyarse durante las vicisitudes de la vida familiar. Escribe las peticiones de cambios en el calendario en correos independientes para ayudar a tu compañero de crianza a responder con eficiencia. Contempla un asunto sencillo y claro: "Solicitud de cambio en el calendario para el sábado, 10/6". En el cuerpo del correo expresa con claridad si pides un cambio o que te cubran. Tú decides qué tanto revelas sobre tu solicitud (no es necesario ni preciso), para algunos padres es más fácil solicitar cambios debido a obligaciones laborales que a compromisos personales. Ten en mente que una solicitud de horario es un favor. Tu compañero de crianza puede responder: "sí, con gusto" o "no puedo", o bien ofrecer una alternativa sin justificación ni explicación. Haz el esfuerzo por responder pronto a las solicitudes de cambios en el calendario. Éste es un ejemplo.

Asunto: solicitud de cambio en el calendario, fin de semana feb. 2-4

Matt:

Voy a salir de la ciudad del 2-4 de feb y es mi fin de semana acordado. ¿Puedes cambiar el fin de semana anterior o posterior? Dejaría a los niños en la escuela el viernes en la mañana y te pediría que empezaras tu turno ese día desde las 9 a.m. Como normalmente regresarían contigo el domingo a las 7 p.m., asumo que se quedarían contigo el domingo. Quedo atenta.

Agradezco tu consideración.

Brenda

Asunto: RE: solicitud de cambio en el calendario, fin de semana feb. 2-4

Hola, Brenda:

Con gusto te ayudo ese fin de semana, pero no quiero intercambiar ninguno de esos fines de semana. Ya tengo planes. Por favor avísame si quieres que me quede con los niños del 2-4 de feb y podemos intercambiar un fin de semana en marzo.

Matt

Asunto: RE: solicitud de cambio en el calendario, fin de semana feb. 2-4

Matt:

Perfecto. Está bien. Gracias. Me encantaría tener a los niños el fin de semana del 9 de marzo. Avísame. Ya cambié el calendario doméstico de feb 2-4.

Brenda

Matt y Brenda hicieron una labor excelente porque:

- Fueron claros y concisos: Matt entendió al instante lo que pedía Brenda.
- Emplearon un tono cordial, objetivo, sencillo.
- Se mostraron respetuosos: Brenda no presionó, simplemente hizo su petición.
- Se mostraron generosos: Matt propuso una solución alternativa que le venía bien y esperaba que le viniera bien a Brenda.
- Expresaron gratitud.

Detonar intercambios improductivos puede ser muy sencillo si permitimos que se antepongan las emociones difíciles al asunto en cuestión. Veamos otro ejemplo de una mamá, Kristi, que pide tiempo extra con los niños: este correo refleja emociones difíciles y dolor irresuelto.

Asunto: los niños

Sam:

Te habrás enterado que mi graduación es el próximo sábado. Es un día muy importante para mí y quiero que los niños lo celebren conmigo. Los niños me cuentan que has trabajado casi todos los fines de semana y los has dejado con niñeras. Es obvio que acompañarme sería mucho mejor para ellos. Espero que puedas ser sensato y no dificultes las cosas de manera innecesaria.

Kristi

Estudiemos los problemas con este correo:

- Kristi saca conclusiones sobre el tiempo que pasa Sam con los niños y da a entender que sabe que él conoce su vida personal.
- Kristi no plantea una solicitud clara y respetuosa que incluya detalles de lo que está pidiendo, más bien intenta presionar a Sam para que esté de acuerdo en algo sin compartir horarios, fechas ni transiciones.
- Kristi añade información adicional sobre el calendario laboral de Sam y su empleo de niñeras, lo cual da la impresión de ser provocador y crítico. Si a Kristi le preocupa el horario laboral de Sam, podría hablarlo con él directamente y en una conversación aparte.
- Kristi recurre a un tono irrespetuoso y concluye con la reprimenda de que si Sam no está de acuerdo con su propuesta, está siendo "difícil".

Después de recibir orientación, Kristi pudo enviar un correo en un tono más respetuoso:

Asunto: Solicitud para un cambio en el calendario del sábado

Hola, Sam:

Entiendo que lo hago con poca antelación, pero quiero pedirte un cambio en el calendario para el próximo sábado. Me confundí con las fechas de mi graduación y creí que era en mi fin de semana, dentro de dos semanas, pero es este fin de semana. Tenía muchas ganas de que los niños me acompañaran. Si no tienes planes especiales con ellos, quería proponerte si los puedo recoger a medio día, iríamos a cenar temprano con los abuelos (volveríamos más o menos a las seis). Por favor avísame si es posible. Si no puedes, entiendo, pero si cualquier cosa dentro de esos horarios te viene bien, sería maravilloso.

Kristi

Empleando la etiqueta constructiva a la hora de escribir correos, Kristi no daña involuntariamente la confianza y el respeto que está cultivando en su relación de crianza compartida. Es mucho más factible que con este correo reciba una respuesta positiva, incluso si Sam responde: "No, no puedo", es más probable que responda con mayor amabilidad y consideración.

Solicitudes delicadas o urgentes

En ocasiones, las necesidades y los calendarios de los niños requieren respuestas eficientes y expeditas. Recomendamos a los compañeros de crianza establecer acuerdos sobre cómo gestionar la comunicación apremiante. Si te estás comunicando por correo, tal vez podrías empezar el asunto con "Apremiante". Algunos padres prefieren reservar los mensajes de texto para información apremiante, otros prefieren recurrir a una llamada. Lo importante es que acuerden cómo gestionar estos asuntos, a veces urgentes, y responder como amerita la ocasión: pronto y con profesionalismo.

Accidentes: cómo comunicar emergencias

Si vas camino a urgencias con tu hijo, es prioritario avisar a tu compañero de crianza. En esta época de días laborales saturados, cuando nos urge comunicarnos con alguien, a veces la llamada nos manda al buzón. No hay peor momento para escuchar el buzón cuando tienes una emergencia con tu hijo. De todas formas deja un mensaje —sereno, objetivo— y explica dónde estás y por qué.

Podrías acordar con tu compañero de crianza que un mensaje de texto que diga "emergencia" significa "llama de inmediato". Así podrán responder a esta señal específica para las emergencias de los niños sin tardar escuchando el buzón.

Solicitar cambios en las prácticas de crianza

¿Qué sucede si tu hijo muestra malestar evidente por tu compañero de crianza o parece sentirse herido por él en el plano emocional? ¿Qué tal si se niega a pasar tiempo con el otro padre? ¿Qué pasa si su malestar es constante y empieza a preocuparte? No es una cuestión de seguridad, simplemente crees que refleja torpeza y tu compañero de crianza podría y debería tratar otra forma de hacer las cosas o de relacionarse con el niño. Estás seguro de estar del lado del niño en esta ocasión. ¿Cómo escucharlo y ayudarlo a sentir que lo escuchas? ¿Cómo lo apoyas para cambiar las cosas mientras sigues fomentando que tenga una relación cercana con su otro padre? Hay que tener en cuenta lo siguiente:

Haz lo posible por distinguir tus emociones de las del niño y escúchalo sin juzgar a tu compañero de crianza. Es un momento vulnerable como para cometer errores no tan involuntarios si no tienes cuidado; es decir, si permites que te acometan tus emociones. Comienza transmitiéndole a tu hijo que sus sentimientos son importantes:

• • •

"Cariño, pareces muy molesta con papá. ¿Qué pasa?"

• • •

Intenta entender el problema con claridad. Verifica la precisión de tus suposiciones:

• • •

"¿Entonces le dijiste que te incomoda cuando entra al baño mientras te bañas? ¿Ya le pediste que toque primero y de todas formas no te deja cerrar con seguro? Él dice que no es para tanto, que entra para agarrar algo y sale de inmediato. ¿Y no ha cambiado nada desde la última vez que hablaron sobre privacidad en el baño? ¿Es así?"

• • •

Asegúrale que a los dos les preocupa cómo se siente y valoran que comparta sus preocupaciones y sentimientos importantes. Asegúrale que los problemas tienen solución.

Si el niño tiene la edad suficiente para defenderse por sí mismo, podrías empezar sugiriendo que hable con el otro padre. En última instancia, queremos que los niños sepan que los adultos (¡y los niños!) pueden solucionar las cosas juntos, sin que los niños se sientan indefensos o vulnerables y se nieguen a cumplir su estancia con su otro padre.

• • •

"Veo que estás muy molesta, me alegra que me contaras. Creo que papá querría saber lo mucho que esto te molesta, porque parece que no sabe que esto es muy importante para ti. No estoy segura de la solución que te propondrá papá, pero ya lo resolveremos. Mientras lo hacemos, sé qué es importante pasar tiempo con tu papá. Hablaré con él y lo verás este jueves. ¿De acuerdo?"

• • •

Comunícate con tu compañero de crianza sin juzgar, sin asumir nada, sin interpretar nada: sólo transmítele los hechos. Reproduce las palabras del niño. Recuerda que para tu compañero de crianza puede ser difícil enterarse, sobre todo por ti. Considera cómo y cuándo lo comunicas. ¿Estos casos se comunican mejor por correo o por teléfono? (Si el asunto ha provocado mucho conflicto y sigue sin resolverse, puede ser buen momento para acudir a un especialista familiar o infantil.)

• • •

Mamá (a papá): "Hola, Dan, quiero comentarte algo que Jenny me contó anoche. Estaba muy molesta y cuando le pregunté por qué, y me contó que... ¿Te suena? ¿Sabes de qué habla? Sé que ya hemos hablado de que las dos niñas necesitan privacidad."

Papá: "Sé de qué habla. Le he pedido varias veces que use el baño de los niños cuando se quiera bañar, pero insiste en usar el mío. Es un problema porque no puedo entrar al cuarto ni a mi clóset. Si quiere usar mi regadera, va a tener que aguantarse si entro porque necesito algo."

. . .

Ofrece apoyo, propón resolver los problemas como un equipo. Después de compartir la información, dale tiempo al otro padre para contemplarla antes de proponer nada: confía en él y permítele actuar cuidadosamente. Aunque no recibas una respuesta inmediata o la respuesta que querías escuchar, es muy probable que con el tiempo, tu compañero de crianza haga los cambios necesarios para resolver la tensión o conflicto para tu hijo.

. . .

Mamá (a papá): "Ya veo. No sé por qué no está usando el otro baño. Se siente muy cohibida cuando entras mientras se está bañando y necesita privacidad. ¿Estarías dispuesto a sentarte con ella y proponer algo distinto, o sentarnos los tres? Creo que para ella es más importante de lo que crees."

. . .

A veces, ese "algo distinto" que suscita un cambio está en cómo tu hijo lidia con un problema con su otro padre. Como buen padre, habrá veces que consideraste prudente y necesario ponerte del lado de tu hijo para corregir algo mal. Muchas veces es lo correcto, salvo cuando pones en riesgo la relación de tu hijo con su otro padre, no se vulnera su seguridad y hay otras soluciones.

. . .

Papá (a mamá): "Mira, puede tener toda la privacidad que quiera en el otro baño. No debería usar mi baño. Es así de fácil."

Mamá (a Jenny): "Cariño, hablé con papá. Dice que el problema es que estás usando su regadera. Quiero sugerirte que uses el baño de los niños cuando estés en casa de papá. ¿Pasa algo con la regadera? ¿Tu hermano entra cuando te bañas? ¿Papá te deja cerrar con seguro?"

Jenny: "El baño es muy pequeño y siempre hay toallas tiradas en el piso. ¡Lo odio! ¿Por qué no me deja usar su baño y no entra?"

Mamá: "Pareces molesta por muchas cosas, como por el tiradero que deja tu hermano en el baño. Cariño, a veces debes resolver las cosas que consideras importantes. Recoge las toallas y disfruta de tu baño con la puerta cerrada. ¿De acuerdo?"

• • •

Los padres no son perfectos y la vida es como es. Por mucho que queramos proteger a nuestros hijos de las dificultades y queramos que tengan lo mejor de lo mejor, nos toca conformarnos con lo que hay, en nuestro caso y del otro padre. En las familias de dos hogares surgen muchas cosas. Nuestros compañeros de crianza tienen opiniones distintas sobre prácticas religiosas, finanzas, disciplina, televisión y comida chatarra. Reaccionamos ante la llegada de nuevas parejas a la vida de los niños. Tenemos menos control —y muchas más preocupaciones, más culpa, instintos más marcados de protección— del que nos gustaría. Tal vez desearíamos que el padre del niño fuera más empático, más considerado, más centrado, más consciente, más... más... más de lo que es. Hay que elegir nuestras batallas con cuidado, pedir con absoluto respeto cambios en las prácticas de crianza cuando creamos que es absolutamente necesario y comunicarnos con habilidad para tener buenos resultados en nuestra relación de crianza compartida y en los años de crecimiento de los niños.

MEDIOS DE COMUNICACIÓN

Las siguientes recomendaciones para comunicarse son para los compañeros de crianza. Muchas son pertinentes para comunicarse con los niños, tocaremos puntos específicos para estar en contacto con los niños en "Los niños y la comunicación" (véase página 148).

Correo electrónico

El correo electrónico es una herramienta efectiva para comunicar información, documentar acuerdos y planear calendarios. En cambio, no es útil para comunicar temas emotivos, la palabra escrita puede dejar mucho espacio para malentendidos emocionales. Lo importante es si te comunicas de manera efectiva con tu compañero de crianza por este medio. Si no, busca métodos alternativos que les funcionen mejor. Éstas son algunas de las formas de comunicación que se manejan bien por correo:

- Actualizaciones sobre los días de transición.
- Peticiones para cambios de horarios.
- Información financiera (consulta el capítulo 7, página 175).
- Apuntes de reuniones profesionales de crianza compartida.
- Documentar otros acuerdos.

Contempla crear una dirección de correo específica para comunicarte con tu compañero de crianza. Gestionar la comunicación con tu expareja puede ser estresante y ver sus correos en el trabajo puede ser distractor. Crear una dirección de correo independiente para la comunicación relacionada con la crianza de los niños te permite tomar las riendas y decidir cuándo, cómo y en dónde recibes esos mensajes. Revisa tu correo diario —elige la hora, prepara y gestiona tus emociones— y haz lo posible por responder de manera cordial y a tiempo.

Acordar lineamientos para la comunicación por correo ayuda a los padres a desarrollar prácticas respetuosas y bien gestionadas. Algunos padres acuerdan limitar los correos a los días de transición, una vez a la semana, o lo que convenga a ambos. Ten en cuenta que más o menos durante el primer año posterior a la separación, es un periodo de sanación y cuanto menos contacto se tenga, mejor. El objetivo es encontrar el equilibrio entre acotar el contacto innecesario para la recuperación de ambos cónyuges y mantener el contacto suficiente para compartir la crianza de los niños de forma efectiva.

Mensajes de texto

Los mensajes de texto son expeditos, inmediatos y efectivos para intercambios de información rápida. Respeta los límites de tu compañero de crianza en lo que respecta a los mensajes. Sin una práctica reflexiva, los mensajes pueden ser invasivos e inoportunos. Algunos padres prefieren enviarse mensajes en vez de correos y llamadas para acotar o gestionar el contacto directo. Algunos padres recurren a los mensajes para las siguientes situaciones:

- Retrasos mayores a quince minutos durante los días de transición.
- Acordar un punto de encuentro para intercambiarse a los niños, por ejemplo, un campo de futbol.
- Notificar la llegada, acordada previamente, para dejar un artículo que pidió el niño.
- Recordatorio de cortesía de que ya enviaste el correo que el otro padre esperaba.
- Notificación de emergencia, "llama de inmediato".

Teléfono

El teléfono le funciona bien a algunos padres que comparten la crianza, la clave es la naturaleza de tu relación y tus acuerdos compartidos. Hablar por teléfono implica tener un contacto más personal o directo con tu expareja. A medida que tu relación se hace más sólida y tiene menos conflictos, hablar por teléfono puede facilitar la resolución de los problemas, te permite compartir información sobre los niños de forma que la palabra escrita, no. Respetar tu disposición emocional (y la de tu expareja) ayuda a decidir cuándo el contacto telefónico se vuelve una incorporación útil a tu lista de medios de comunicación efectivos.

Conversación casual en persona

¿Cuándo podrían estar listos tu compañero de crianza y tú para sentarse y hablar en una reunión de gimnasia? Tal vez nunca. Cuando un matrimonio ha terminado de forma irremediable, tal vez no haya oportunidad de relacionarse de manera casual y en persona con tu expareja. Y está bien. De todas formas, para los niños es muy positivo cuando los padres pueden superar las heridas ocasionadas por la pérdida de su relación y el daño que con frecuencia se inflige durante la separación, y llegan al punto de disfrutar una conversación casual y compartir anécdotas sobre sus hijos en eventos familiares o públicos.

A muchos padres les sorprende la capacidad curativa del tiempo. Con frecuencia descubrimos que cuando las parejas se separan, fomentan la distancia adecuada, limitan el conflicto y se centran en su vida, con el tiempo, estar en compañía de su ahora compañero de crianza se vuelve más fácil e incluso digno de confianza.

• • •

Melissa y Jim se separaron cuando Brandi tenía diez años. Fue una separación familiar difícil, conflictiva y tumultuosa. Durante toda la adolescencia de Brandi, Melissa y Jim no se dirigieron más que un somero saludo en la puerta del gimnasio. Catorce años después, en la graduación de la universidad de Brandi, los dos padres asistieron y se sentaron separados, como siempre. Después, por primera vez desde su separación, cuando se reunieron para felicitar a su hija en el jardín, los orgullosos padres querían tomarse una foto con su hermosa hija recién graduada. El tiempo les había permitido curar las heridas, aunque fuera un poco, y con la adultez de Brandi por delante, no fue demasiado tarde.

• • •

La clave de todas las relaciones es conocerte y respetar al otro. Obligarte a hacer algo para lo cual no estás listo puede ser nocivo para tus emociones. Imponer tu opinión o tus creencias a otra persona puede ser nocivo para su relación. Dale a tus hijos el regalo de tener una relación cordial con su padre o madre. Tus hijos no necesitan que sean mejores amigos, pero sin duda se benefician de que los dos estén de su lado, sin estrés y siempre presentes, ¡incluso si están sentados en lados opuestos del auditorio!

Calendarios familiares en línea

Los calendarios familiares en línea ayudan a los padres a compartir los calendarios complicados de los niños que viven en dos casas. Los beneficios de un calendario compartido incluyen proporcionar a los padres acceso independiente a la información relacionada con los niños y facilidad para coordinar los horarios. Llegado el momento, a los niños les brindan una ventana a sus calendarios compartidos entre sus dos casas. En el caso de las familias en donde el conflicto sea un problema constante, los calendarios limitan el contacto entre los padres y les permiten comunicar de manera neutra y mediante una tercera parte una vista compartida de los calendarios domésticos, citas y ocasiones especiales. La vista compartida ayuda a reducir los malentendidos que se pueden generar cuando cada padre tiene un calendario separado. Las opciones varían entre calendarios mensuales sencillos a calendarios con herramientas como rastreo de correos y almacenamiento, anuncios, recordatorios automáticos y filtros para contenidos.

Te animamos a encontrar el servicio que se adapte mejor a tus necesidades. Éstos son algunos calendarios creados específicamente para la crianza compartida: Cozi.com, OurFamilyWizard.com, CoFamilies.com, CoParentCalendar.com, SplitSchedule.com, ShareKids.com, KidsonTime.com y CoParently.com

> La clave para la comunicación es llegar a acuerdos sobre las prácticas de comunicación que cada padre necesita, emplearlas respetuosamente y modificarlas con total disposición.

LOS NIÑOS Y LA COMUNICACIÓN

No hay mejor momento que el presente para asistir a tus hijos con protocolos de comunicación constructiva y saludable. Los padres establecen un modelo de comunicación cordial y respetuosa incluso sin querer. Cuando enseñan a los niños cómo expresar sus sentimientos de manera respetuosa, a resolver los problemas directamente con la persona implicada (tú, el otro padre o madre, sus hermanos, etcétera) y a dar información adecuada y precisa, ayudan a criar a niños estables, resilientes y muy capaces que serán comunicadores competentes.

Los niños se desempeñan mejor cuando saben que comunicarse con su padre o madre es natural, sano y prudente dentro de límites razonables. Según la edad del niño, la intervención de sus padres es más o menos importante. Para los niños pequeños, mamá o papá tendrán que planificar las llamadas y marcar el número o prender la computadora para una videollamada.

Los niños y los celulares pueden crear conflicto cuando los padres no están de acuerdo sobre su uso. Ten en cuenta que el hecho de comprarle a tu hijo el iPhone más reciente para que lo utilice durante su estancia contigo, no implica que tu compañero de crianza esté de acuerdo con el uso de celulares durante su estancia. En la estancia de tu compañero de crianza con los niños, el acceso telefónico no necesariamente implica celulares o planes. A menos que tu compañero esté de acuerdo con el uso de celular en su casa, es probable que tu hijo no tenga permiso de usarlo. Por favor respeta los límites en el hogar y el tiempo de tu compañero de crianza. Si no admiten celulares, no es no.

Si acordaron que un niño mayor puede tener un celular, marquen límites para el tiempo adecuado para enviar mensajes y hacer videollamadas en cada hogar. Respeta los lineamientos de tu compañero de crianza. Respeta la posible naturaleza invasiva de intercambiar mensajes con tu hijo si está con su padre o madre, puede distraer al niño de lo que está haciendo (o lo que debería atender), al igual que a tu compañero de crianza. Aunque tengas una relación maravillosa con tu hijo adolescente, intercambiar mensajes con él como si fueras su mejor amigo durante su estancia con tu compañero de crianza, no será constructivo y no será bienvenido si estás interrumpiendo algo.

El padre que no está de guardia puede crear rutinas con el niño para mantenerse en contacto de manera sencilla y predecible sin perjudicar el calendario, la vida familiar o la relación con el niño del padre en funciones. Esto es necesario y respetuoso. Traza reglas saludables sobre cómo y cuándo comunicarse en la noche y en la mañana a horas razonables. Respeta las horas de la comida y otras rutinas domésticas. Determina las necesidades de tu hijo a partir de su etapa de desarrollo, proceso de duelo, adaptación a la separación y temperamento.

Por lo demás, cuando lleguen a la edad, dale a los niños mayores la libertad de elegir cuándo y cómo se comunican con su otro padre y dales la misma libertad para comunicarse contigo. Los niños tienen un ritmo y un sentido de seguridad en su otro hogar que no te incluye. Siempre te llevan en el corazón, pero tal vez están disfrutando algo sin tenerte en mente. Obligar a los niños a llamar o mostrarte decepcionado, o peor, transmitirles sentimientos de rechazo, para hacerlos sentir culpables afecta su capacidad de relajarse y ser niños.

A veces los padres le permiten a los niños tener un celular o una línea de teléfono para hablar con su otro padre. Esto puede reducir la tensión de tener la línea ocupada y brindar la privacidad a los niños de hablar libremente con su otro padre. Esto no significa que no haya reglas de uso, pero puede facilitar una autonomía saludable.

Y por último, apoya activamente que los niños llamen a su otro padre para compartir información emocionante e importante. Es apropiado animarlos, no obligarlos.

• • •

"Mason, ¿es broma? ¡Felicidades! ¡Te dieron el papel que querías! Me da mucho gusto. ¿Sabes qué? A tu mamá le va a encantar enterarse. ¿Por qué no le llamas rápido para contarle? Sé que le va a gustar que se lo cuentes."

• • •

UNA SELECCIÓN DE IDEAS

- La comunicación familiar sana es parte de una relación de crianza compartida sólida y establece un modelo de aptitudes cruciales para las habilidades vitales de los niños.
- Durante el periodo posterior a la separación, con frecuencia los padres y los niños cultivan aptitudes por necesidad: adaptarse a una realidad entre dos hogares contribuye al desarrollo de aptitudes que durante el matrimonio no se necesitaron ni se desarrollaron.
- Cuando se cultivan aptitudes de comunicación efectivas, los padres brindan a sus hijos una plataforma más sólida que los preparará para una adultez positiva y competente.

CAPÍTULO 6

La toma de decisiones

La crianza compartida no es una competencia entre dos hogares. Es una colaboración entre los padres que hacen lo mejor para los niños.

HEATHER HETCHLER

Tu plan para la crianza puede explicar a detalle aspectos específicos de la toma de decisiones. Unos planes otorgan autoridad absoluta a un padre para que tome decisiones, otros otorgan responsabilidad en algunos rubros y compartida en otros. Un buen número de padres toman decisiones en conjunto sobre muchos aspectos de la vida de los niños, entre ellos médicos, educativos, sobre actividades o decisiones importantes. Sin importar cuál sea tu acuerdo contractual, cumple tus responsabilidades con integridad y respeto por tu compañero de crianza. En este capítulo, abordaremos cómo opera un equipo ejecutivo de la crianza compartida para tomar decisiones en conjunto. Plantearemos las decisiones cotidianas y las de emergencia y cómo informar de manera responsable, te orientaremos para tomar decisiones importantes sobre las actividades y la vida de tus hijos, sin importar si lo haces solo o junto con tu compañero de crianza.

CEO: DIRECTORES EJECUTIVOS DE LA CRIANZA COMPARTIDA

Al igual que una empresa exitosa, una familia de dos hogares depende de un equipo ejecutivo funcional y productivo.

Cuando los padres sufren, los hijos lo sienten. A diferencia de los empleados en una empresa malamente gestionada, los niños no pueden renunciar a su familia y crecer en otro lado. Por el bien de los niños, aprende a compartir su crianza de manera efectiva. Cuanto más difícil y conflictiva sea tu relación de crianza compartida, deberás adoptar una actitud mucho más profesional. Puedes limitar el conflicto y cultivar una relación funcional en donde se tomen decisiones y la vida de los niños siga adelante si:

- Gestionas tus emociones.
- Planificas con eficacia.
- Te centras en las decisiones que son esenciales y necesarias.
- Empleas estrategias que mantengan el decoro.
- Te centras en los niños.
- Respondes a las necesidades de los niños de forma oportuna.

Como directores ejecutivos de la crianza compartida que toman decisiones en equipo, comparten la responsabilidad de implementar las decisiones y pagar la cantidad acordada. Hay excepciones, un padre puede cubrir el gasto por algo que el otro padre apoya pero cuyo costo no puede o no quiere asumir, o bien, los padres pueden llegar al acuerdo de que uno de ellos llevará al niño a las prácticas de beisbol en el turno del otro padre. Pero en general, los padres comparten la responsabilidad por implementar y asumir el costo de las decisiones que toman en conjunto. Respetar cuando el otro padre dice: "No, no puedo" y ofrecer un: "Sí, desde luego, estoy de acuerdo", es pertinente para tomar decisiones en equipo, así como para todos los aspectos de la crianza compartida. Intentos por presionar, sonsacar, manipular, amenazar, actuar unilateralmente o hacer movidas ofensivas en un esfuerzo por salirte con la ruta socavan la crianza compartida efectiva.

Si los padres no se tienen respeto, la toma de decisiones en conjunto puede terminar en errores de juicio, peleas por el poder y callejones sin salida. La separación implica, inevitablemente, distanciarse del pasado. Lo comparamos con cortar una liga que había unido a dos individuos, las dos personas están libres y deben adaptarse con distintos grados de cambio personal. Llegar a un acuerdo para criar a los niños, aceptar los cambios en el estilo de vida del otro y fomentar la meta de hacer lo mejor para los niños facilitan un mejor futuro. De lo contrario, los padres siguen en conflicto por la separación, aferrándose al pasado, decepcionados por el futuro e incapaces de imaginar un futuro mejor.

. . .

Tras la separación, Sylvia compró un auto deportivo convertible que había querido desde siempre. Syd no podía creerlo.
Cada que ella ponía límites a los gastos en las actividades extracurriculares de los niños, Syd la acusaba de no tener las prioridades claras. Desde su punto de vista, ella optó por comprar un coche caro, pero no quería aportar para todas las actividades infantiles que él proponía. Mientras tanto, Sylvia percibía que Syd intentaba comprar el cariño de los niños, prometiéndoles todo, sin ponerles límites en los deportes, actividades y entretenimiento.
Vamos a analizar el conflicto: tanto a Syd como a Sylvia les está costando aceptar sus nuevas circunstancias y cómo ha cambiado cada uno. Critican y juzgan al otro (mente de cónyuge) en vez de resolver los problemas de forma productiva para llegar a acuerdos útiles sobre las actividades extracurriculares de los niños (mente de padre/madre).

. . .

Un enfoque profesional aporta estructura a la hora de tomar decisiones en conjunto. Como cualquier buen equipo ejecutivo, tú y tu compañero de crianza pueden confiar en las sólidas prácticas de las reuniones profesionales y en la toma de decisiones respetuosa:

- Aparten un horario razonable para una reunión.
- Creen una agenda y un calendario en conjunto para las cosas que deben debatir y decidir.
- Céntrense en los intereses y necesidades de los niños.
- Reúnanse en un lugar neutro.
- Acudan a la reunión descansados y alimentados (por favor, no consuman alcohol).

- Lideren el debate por turnos.
- Tomen notas (una persona accede a tomar notas y después distribuirlas).
- Establezcan presupuestos.
- Especifiquen cómo se realizarán los pagos.
- Resuelvan problemas de logística.
- Decidan cómo comunicarle las cosas a los niños.
- Agradezcan al otro por sus esfuerzos.

Puede que sean nuevas aptitudes —puede parecer un poco peculiar y formal para ti y tu expareja—, pero la estructura, la concentración, el enfoque profesional y la mente de padre/madre reducen el conflicto y permiten a los padres tomar decisiones efectivas.

DECISIONES TOMADAS EN EQUIPO

Incluso si los padres tuvieron una relación igualitaria y comprometida en una familia de un hogar, la mayoría de los padres no están acostumbrados a tomar decisiones verdaderamente en conjunto. En el comienzo de tu relación de crianza compartida, es probable que te des cuenta de todas las formas, pequeñas o importantes, en las que tomas decisiones sobre los niños sin pensar en consultarlas con su padre o madre. Ya has tomado este tipo de decisiones antes, no es para tanto. Ahora que estás a cargo de tu propio hogar con los niños, parece que no es de la incumbencia del otro. Sin embargo, el resultado desafortunado de tu respuesta automática o eficiente puede ser pasar por alto a tu compañero de crianza y suscitar hostilidad y confusión en aspectos en los que sería mejor para los niños si se lo tomaran con calma, lo meditaran y resolvieran juntos.

Ser consciente de las decisiones que acordaron deberían planificar y tomar en equipo no sólo es saludable y constructivo para su relación de padres que comparten la crianza de sus hijos y para ellos, también lo exige la ley.

• • •

Martha y Bill estaban intercambiando información sobre los horarios de clases de William, cuando Martha mencionó que había inscrito a William a un programa de lectura intensiva y un taller de integración sensorial que duraría tres meses. A Bill lo tomó por sorpresa.

"¡Creí que discutiríamos estas cosas antes de concretarlas! Dos cosas: ¿cómo sabes que voy a poder llevarlo a esos compromisos cuando se quede conmigo y cuánto cuestan? Martha no tardó en responder: "Bill: ¡es exactamente lo mismo que hizo el año pasado!".

Bill respiró profundo y con toda calma, le ayudó a entender a Martha que ahora que estaban separados, las cosas habían cambiado. Quería ser parte de las decisiones sobre la educación y atención médica de William, quería poder cumplir las necesidades de William cuando se quedara con él. Para él era igual de importante que planificaran juntos y quedara claro qué podía costear cada cual como familia de dos hogares. Martha le dio la razón y se disculpó, se había adelantando inscribiendo a William y había olvidado incluir a Bill en la decisión.

• • •

Una reunión profesional trianual brinda a los padres un calendario y proceso predecible para tomar decisiones como equipo: anticipan necesidades, identifican los eventos escolares, planean las actividades extracurriculares, resuelven los problemas de salud o de conducta y anticipan el calendario doméstico o los cambios durante las vacaciones (consulta el capítulo 5, página 125). Con práctica y planeación, los padres salen de su reunión profesional preparados para la próxima temporada de la vida con los niños. Y los niños se sienten muy apoyados pues sus padres se esfuerzan por brindarles una vida familiar en dos hogares coordinada e integrada. No se puede anticipar toda decisión compartida, así que otro mecanismo como el protocolo de correos, servirá para resolver esos asuntos que sucedan en medio. La próxima historia familiar sirve de ejemplo.

• • •

Durante la reunión profesional para la crianza compartida, Alice estuvo de acuerdo en llevar a Shoshana al pediatra para atender la preocupación de su maestra sobre un posible déficit de atención. Después de la cita, Alice le escribió un correo a Emma para comunicarle que el pediatra había convenido darle un tratamiento de prueba a Shosh. Emma le contestó de inmediato, diciendo que no estaba de acuerdo con medicarla hasta probar otras estrategias que no implicaran medicamentos. Alice se sentía frustrada e impotente, quería hacer lo que el doctor le había recomendado por el bien de Shoshana.

• • •

Vamos a evaluar los pasos que Ema y Alice podrían dar para resolver este conflicto:

1. Alice y Emma hablan del conflicto, empiezan con sus objetivos para Shosh y los pasos que creen es necesario dar para cumplirlos.
2. Alice le pide a Emma que las acompañe al pediatra. Emma acuerda pedir una cita de seguimiento. Alice también le pide a Emma que anote sus dudas sobre el medicamento y enfoques que no implican medicamento y que los comparta con el pediatra.
3. Después de que Emma y Alice se reúnen con el pediatra y al debatirlo más a fondo, Alice sugiere un enfoque de dos pasos: primero, intentar las estrategias de Emma dos meses y pedir la opinión de la maestra; y si el desempeño de Shosh no mejora, probar el medicamento recomendado. Emma está de acuerdo, Alice se siente aliviada y el plan ayuda a Shoshana a progresar.

¿Qué hubiera pasado si Ema no hubiera respondido al correo original de Alice? Alice recordó que ella y Emma habían incluido en su Plan de crianza la estipulación de que si ninguna de las dos respondía a una solicitud por correo dentro de setenta y dos horas (a menos que estuvieran de viaje o no pudieran localizarlas), el padre que hacía la petición pasaría a la acción. Pasaron setenta y dos horas. Alice compró el medicamento y Shosh empezó a tomarlo. En un tono claro y neutro Alice notificó a Emma de los pasos que había dado y en qué tiempo. ¿Qué pasa si no pueden resolver el conflicto? El primer paso es hablarlo, de ser posible, intentar resolverlo. El siguiente paso es alertar a tu compañero de crianza que tu intención es iniciar el proceso de resolución de conflictos que detallaron en su Plan de crianza compartida. Se trata de un proceso que incluye a tres personas e implica contratar a un profesional (un coach de separación o crianza compartida o mediador) para ayudarlos a resolver el conflicto. Si no funciona, el siguiente paso podría ser acudir a tus abogados colaborativos para pedir su consejo y dirección. Y por último, tal vez, acudir a los tribunales.

"TU PAPÁ Y YO", "TU MAMÁ Y YO"

En un mundo ideal, los hijos escucharán a sus padres decir "tu papá y yo" o "tu mamá y yo" con mucha frecuencia. Cuanto más sientan que sus padres se comunican de forma constante, están en el mismo equipo en lo que se refiere a sus asuntos y están de acuerdo en lo relativo a su crecimiento, mejor. La capacidad para decir "tu papá y yo" o "tu mamá y yo" también ayuda a los niños a saber que hay muchos aspectos de sus vidas de los que sus padres siguen ocupándose por igual, como directores ejecutivos de su crianza. Los niños se sienten seguros cuando, después de la separación, en el nivel ejecutivo de la familia se siguen discutiendo sanamente asuntos importantes para ellos.

• • •

Yolanda, catorce años: "Mamá, ¿puedo ir al partido de la escuela y a la fiesta?"

Mamá: "Buena pregunta. Papá y yo lo hablamos en nuestra reunión de planeación del otoño. Decidimos que este año puedes ir con un grupo, no sola con tu cita. ¿Qué te parece?"

Yolanda: "Me encanta. ¿Me van a dar dinero?"

Mamá: "Como siempre, papá y yo creemos que deberías implicarte. Queremos que contribuyas con cincuenta dólares de tu sueldo de niñera, nosotros pondremos lo demás."

Yolanda: "Okey... ¿qué presupuesto tengo?"

Mamá: "Mmm, eso no lo decidimos aún. Vamos a tener que confirmártelo después."

· · ·

Los papás de Yolanda acertaron al anticipar un paso normal en su desarrollo. Gracias a su planeación, su mamá pudo responder sus preguntas con soltura. Yolanda pudo sentir la presencia de sus dos padres en la respuesta de su madre: sabía que su papá estaba al pendiente de sus eventos importantes. ¿Pero qué tal si los padres todavía no han hablado de algo importante y Jeffrey quiere una respuesta?

· · ·

Jeffrey, seis años: "Papi, la mamá de Eli me dijo que me puedo quedar a dormir en su casa este fin de semana, ¿me dejas?"

Papá: "¿Quieres quedarte a dormir en casa de Eli? ¿Y su mamá está de acuerdo?"

Jeffrey: "Sip, ¿puedo ir?"

Papá: "Campeón, mamá y yo no hemos hablado de empezar con las pijamadas. Antes que nada quiero hablarlo con mami."

Jeffrey: "¡No, papi! Dile que me diste permiso, ¿qué tal si mami dice que no?"

Papá: "Mira, campeón, no he dicho que sí y tu mamá y yo hablamos primero de estas cosas, juntos decidimos si o no. Espera un poco. Voy a ver si mamá está disponible y te aviso en cuanto lo hayamos hablado."

· · ·

En el ejemplo anterior, el papá de Jeffrey muestra respeto en su crianza compartida. Aunque se trata de una decisión puntual que se presenta en su estancia con el niño, reconoce que también tiene que ver con su desarrollo —algo completamente nuevo— y, por lo tanto, quiere incluir a su compañera de crianza en la decisión. Le aseguró a Jeffrey que las decisiones de crianza como ésta contemplan a los dos padres, no dejó a su mamá como la mala diciendo algo así: "Por mí está bien, pero tenemos que preguntarle a mami". A nadie se le echa la culpa.

Esperar para dar el permiso —o no expresar tu opinión personal— para tomar una decisión en conjunto es una habilidad que se aprende. Le pedimos a los padres que tengan cuidado de no acordar nada con los niños antes de que el otro padre comparta su opinión en lo que respecta a la toma de decisiones conjuntas. Cuanto más cómodo te sientas con decir "tu papá y yo" o "tu mamá y yo" a la hora de tomar decisiones juntos, será mejor para los niños. ¿Llegará el día en el que puedas decirle a los niños: "Si fuera por mí..."? Sí, siempre y cuando, te sientas igual de cómodo con terminar la frase así: "...y ya sabes que tu papá/mamá y yo tomamos estas decisiones juntos, así son las cosas".

LAS DECISIONES DIARIAS

El padre en residencia mantiene la autonomía de las decisiones diarias: organizar su casa, cuidar, alimentar y disciplinar a los niños. Esto puede ser liberador, sobre todo si estás cansado de los conflictos con tu expareja con respecto a la crianza de los niños. Tal vez llegaron a la paternidad sin darse cuenta de que sus contextos familiares y estilo personales podían crear tanta tensión a la hora de criar a los niños. Y ahora te toca hacerlo a tu manera. Éste es un ejemplo clásico:

• • •

Mamá cree que los niños deben tender sus camas, guardar su ropa, organizar sus juguetes, etcétera, y que a medida que crecen deben hacerse más responsables de tener su cuarto en orden.

Papá cree que a los niños debe permitírseles tener su cuarto como quieran: es su espacio y, mientras no tengan ratas, a él no le importa.

• • •

Los dos padres podrían encontrar apoyo para las perspectivas individuales de cada cual. Podrían discutir sobre quién está en lo correcto, quién es el mejor padre y quién no lo es. Sería improductivo, nunca se resolvería y no ayudaría a los niños. Resulta que los niños que se crían en familias que les exigen cierto nivel de organización en casa aprenden ciertas aptitudes, y los niños que se crían en familias que les dan la libertad de organizarse en su espacio personal, aprenden otras. Algunos niños prosperan en uno de estos sistemas y padecen en el otro.

El objetivo de la crianza compartida es combinar las expectativas diarias en los dos hogares para brindar a los niños lo necesario para su desarrollo y crecimiento. Olvídate de "mi estilo" y "tu estilo", juntos estudien qué ayuda a los niños a aprender lo que necesitan y qué les brinda experiencias integrales y les permite desarrollar aptitudes.

¿Qué pasa si no pueden coincidir en las necesidades de los niños o en cómo satisfacerlas? Los niños quedan justo en el centro de sus estilos de crianza. La capacidad para adaptarse a los dos y cambiar entre uno y otro depende del temperamento y edad del niño, así como en la integración y cercanía en sus dos hogares. Cuanto mayor sea el niño, será más capaz de negociar las diferencias en sus dos hogares, hasta cierto punto. Tu compromiso es adoptar enfoques, lineamientos y calendarios elementales. Esto no implica tener que ceder a los caprichos de tu expareja, tampoco invalidar sus opiniones para salirte con la tuya. Su compromiso es proveer a los niños con los mejores entornos posibles. Queremos que los niños empleen su energía siendo niños, que sean resilientes, felices y se sientan seguros. De lo contrario, se ven obligados a malgastar su energía resolviendo cómo lidiar con los cambios, las diferencias y las reglas, oponiéndose a la estructura con problemas ante la falta de estructura.

Veamos otro ejemplo:

• • •

Gabe se mudó a una casa nueva y adornó la cama corrediza de Lucy con sábanas de princesa, peluches y colocó un monitor nocturno en el tocador. Le quedó muy bien. Lucy se quedaba con él cada quince días, de miércoles a domingo (y también lo visitaba en su semana libre). Ella quería quedarse con él: en la "cama grande, contigo, papi" y Gabe detestaba hacerla llorar en el poco tiempo que pasaban juntos. No le importaba dormir mal un par de días mientras ella daba vueltas toda la noche, a fin de cuentas, era sobre todo los fines de semana. Gabe sabía que Jesse, mamá de Lucy, quería que la niña durmiera en su propia cama, pero... pero...

Lucy regresaba con mamá después de compartir con su papá y comenzaba la batalla. Como cualquier niña de cuatro años, Lucy ya tenía su argumento y estaba lista para insistir en dormir con mamá. Pero Jessie empezaba su semana laboral y no podía dormir mal y desempeñarse bien en su trabajo. Por no mencionar que para todos era difícil que la mamá de una niña de cuatro años no estuviera durmiendo bien. Debían tomar medidas.

Gabe y Jessie necesitaban ayuda para llegar a un acuerdo respecto a los hábitos de sueño de Lucy. Aunque ya no estaban casados, Gabe se dio cuenta de que le importaba el bienestar de Jesse, era la madre de Lucy. Y cuando entendió que dormir bien en su propia cama le daba un empujoncito a Lucy para adaptarse a sus dos casas (y a Jessie le brindaba su merecido descanso), se dispuso a trabajar con Lucy para que pudiera dormir en su cama "de niña grande". Y así a todos les iría bien.

· · ·

Aprovechar en el presente lo que funcionó en el pasado y sentar las bases para que se propicien los cambios en el futuro ayuda a todos los miembros de la familia a adaptarse. Como tomes las decisiones cotidianas en tu casa, afecta el contexto más amplio de la vida de tus hijos, y esto incluye su otro hogar. Lo mejor para los niños es que los padres repliquen las rutinas diarias, las estructuras y los enfoques en los dos hogares.

Una regla de oro es empezar con lo que los niños ya conocen. Convertirse en una familia de dos hogares implica muchos cambios, de modo que si conservas algunos aspectos de la vida cotidiana como eran en la familia de un hogar, los niños asumirán los cambios por partes digeribles. Considéralo desde una perspectiva que todos conocemos: en preescolar, los refrigerios son a las 10, el tiempo de reflexión a las 10:30 y la convivencia a las 11. Los niños descansan con esta rutina, les permite aprovechar su energía en las labores pertinentes a su desarrollo y adquirir habilidades para tolerar y aprovechar la estructura. Estas aptitudes se siguen profundizando cuando los niños cursan la primaria. En torno a los doce años, cambia la estructura de la escuela: ahora los niños pasan los días yendo y viniendo entre salones para tomar distintas materias con maestros diferentes. Ahora los niños pueden dominar esos cambios. Se conservan muchas expectativas sin importar si estás en la clase de inglés del profesor Stafford o en la de matemáticas de la profesora Brown. Pero también muchas cosas son diferentes. A medida que los alumnos progresan, aumenta su autonomía y se desarrolla su capacidad para prosperar con el cambio de expectativas. El mismo modelo es pertinente para los niños en familias de dos hogares.

Conservar los valores, la estructura y los ritmos básicos en las dos casas, dentro de lo razonable, es bueno para los niños. No siempre podemos lograr lo que quisiéramos para nuestros hijos, a veces debemos ceder para reducir las discrepancias y el estrés.

· · ·

Cuando eran una familia que vivía en una casa, Louis y Preti discutían constantemente sobre cuánto tiempo permanecía prendida la televisión. A Louis le gustaba tener la TV prendida en el fondo, mientras hacía las labores domésticas los sábados; escuchaba los deportes, las noticias, o cualquier cosa que le parecía interesante. Preti lo detestaba, quería salir corriendo de la casa. No le gustaba el ruido y le molestaba que los niños "se aplatanaran" en el sillón en vez de salir a andar en bici, leer o ayudar con las labores. Le parecía que era culpa de Louis por permitirlo.

Ahora que son una familia que vive en dos casas, Preti sabía que Louis siempre tendría la TV prendida en su casa, como siempre. Decidió ser más permisiva sobre los horarios para ver la TV en su casa siempre y cuando los niños también jugaran afuera y leyeran. Descubrió que esto disminuyó el conflicto y permitió que los niños se relajaran con una película de vez en cuando o un partido de Xbox, así todos se adaptaron mejor a las nuevas circunstancias.

· · ·

A veces se nos olvida que el conflicto y el estrés constantes son muy nocivos para el cuerpo, nos dificultan concentrarnos, aprender, crear, jugar, descansar y amar abiertamente: hacer todo tipo de cosas.

Hay muy pocas actividades, alimentos o hábitos —en moderación, con excepción de las cosas que supongan un peligro para la salud— que son más nocivos para los niños que el conflicto constante. Las peleas y el malestar prolongados influirán en la desconfianza de los niños y en sus habilidades para relacionarse de adultos. En el peor de los casos, pueden ocasionar síntomas de estrés postraumático a largo plazo. Protege a tus hijos del conflicto destructivo. Sentirse seguros, amados y satisfechos en una relación con sus seres queridos es saludable para su cuerpo y alma.

Ponerte de acuerdo con tu compañero de crianza para criar a los niños y minimizar el estrés innecesario y el conflicto nocivo es un principio fundamental de la crianza compartida. Sí, pueden cometer errores involuntarios, pero esfuércense conscientemente para eludir los que no son tan involuntarios.

INFORMAR CON RESPONSABILIDAD

Informar con responsabilidad evita que sorprendas a tu compañero de crianza cuando actúas de forma unilateral en nombre de tu hijo o viceversa. Es mejor comunicarse más sobre temas educativos, médicos y otros asuntos importantes relacionados con los niños, que comunicarse muy poco. En circunstancias importantes, actuar sin informar con responsabilidad puede crear mala voluntad, sentimientos de competencia o un sentimiento doloroso de exclusión.

· · ·

A Jada y Malik les preocupaba su hija de trece años, Destiny, porque se mostraba enojada por la separación y amenazaba con cortarse. Los dos estuvieron de acuerdo en que era prioritario llevar a Destiny a terapia. Malik propuso contactar a su terapeuta para pedirle recomendaciones y Jada estuvo de acuerdo. Un par de días después, Jada le avisó que el pediatra le había recomendado terapeutas y que había hecho cita en la clínica de salud mental para adolescentes de la comunidad.

Malik se sintió excluido. Cuando hablaron con su coach de crianza compartida, Jada explicó que hizo lo que siempre había hecho para Destiny. Reconoció que no había informado a Malik sobre su plan y su decisión de ver al pediatra, tampoco le había informado ni consultado las recomendaciones del pediatra antes de sacar la cita. Se dio cuenta de que había ignorado por completo sus esfuerzos y ganas de ayudar y ser parte del proceso.

Malik tuvo oportunidad de expresar su frustración, pedir que la próxima vez las cosas fueran distintas y obtener la información que necesitaba para sentirse cómodo con la decisión que afectaría la salud de Destiny. Ahora, con más experiencia y nuevas aptitudes, los dos padres entendían el valor de mantenerse informados antes de actuar.

• • •

Los compañeros de crianza que se tienen confianza pueden delegar aspectos de la toma de decisiones en conjunto en pos de la eficiencia y la división de labores. Un buen ejemplo es hacer citas dentales y dar seguimiento a las citas de rutina. Uno de los padres podría proponerse para organizar las citas y darles seguimiento. Los dos padres se benefician de un protocolo para mantenerse informados en caso de que se susciten cambios, se sugieran nuevos tratamientos o se requiera una revisión posterior. Éste es un ejemplo:

Asunto: terapia de Brayden: solicitud de sesión con padres Elisabetta:

Hoy Brayden acudió a la cita con Martha. Cuando terminaron, Martha sugirió que agendáramos una sesión de crianza compartida antes de la próxima sesión individual de Brayden en dos semanas. Me anoté para el viernes a las 8 a.m., pero le dije que necesitaba confirmar contigo. Por favor dime si puedes y yo confirmo con ella. Si no te queda,

¿podrías por favor llamarla, pedirle un par de opciones y avisarme?

Gracias, Bryan

Cuando se distribuyan las decisiones, reconocer el valor de la confianza que esto implica es un logro importante en su relación de crianza compartida. Dar seguimiento informando de manera responsable, refleja este valor y fortalece la confianza. Al contar con información, tu compañero de crianza tiene la oportunidad de involucrarse en caso de que quiera sugerir algo o aclarar algo. Cuando tu compañero de crianza se encargue de ciertas labores y te mantenga informada, valora sus esfuerzos y disposición.

Informar con responsabilidad puede incluir compartir información útil sobre tu hogar, vida familiar o los niños, que ayude emocionalmente a tu compañero a criar a los niños. Según la edad de los niños, ellos también pueden compartir esta información, en muchos casos es completamente normal: "Papá, vamos a tener un cachorro en casa de mamá". Pero contemplemos la decisión de presentarle a los niños a la persona con la que llevas seis meses saliendo. ¿A tu compañero de crianza le gustaría que le contaras tú o los niños? ¿Sería más fácil para todos si, cuando los niños regresen de su estancia con su papá anuncian: "Mamá tiene novio"? En ese caso, papá puede responder: "Ya me enteré, hablé con mamá. ¿Entiendo que lo vas a conocer este fin de semana?" Para mayor información, consulta el capítulo 10, página 229.

A veces tenemos información sobre la familia extendida que podría ser del interés de nuestra expareja, en su calidad de antiguo familiar político y como padre de los niños. A veces habrá noticias delicadas sobre la salud de un miembro de la familia o la muerte de un abuelo que tendrá repercusiones. Informar a tu compañero de crianza sobre cambios de esta magnitud lo ayuda a prepararse para apoyar a los niños.

DECISIONES DE EMERGENCIA

En caso de emergencia, llama al 911. A veces la llamada puede proceder de la escuela: tu hija de trece años salió disparada a las bancas mientras jugaba basquetbol y quedó inconsciente momentáneamente. Ya despertó, pero el entrenador sugiere llevarla a urgencias. Una vez en urgencias, cuando hayas contactado a tu compañero de crianza, los médicos de urgencias te pedirán permiso para realizar ciertos procedimientos. Es preciso anticipar qué decisiones podrás tomar como padre *in situ*, y para qué decisiones necesitas esperar a tu compañero. Por favor contempla consultarlo con tu equipo legal antes de que ocurra un accidente, para que puedas tomar las decisiones urgentes con velocidad.

LOS NIÑOS Y LAS DECISIONES DE LA CRIANZA COMPARTIDA

Entre la infancia y la adolescencia, a los padres les toca colaborar para confrontar y resolver un sinnúmero de decisiones. Muchas no encajan en las categorías de educación y salud, pero hemos descubierto que cuando los compañeros de crianza se adelantan a las situaciones practican para aprender a tomar decisiones conjuntas: entrenan para pensar en términos de: "tu papá y yo", "tu mamá y yo".

Los puntos de esta lista son oportunidades para tomar decisiones conjuntas. Anticipar etapas en el desarrollo de los niños y acordar previamente que decidirán juntos reduce el conflicto futuro y sienta expectativas saludables para la crianza compartida. Los niños resultarán beneficiados. No es preciso discutir la mayoría de estos puntos, los proponemos para tu consideración. Según tu relación actual con tu pareja de crianza compartida, puede ser o no posible hablar con él, pero ten en cuenta que tarde o temprano aflorarán estos temas. Los padres que aprenden a reunirse regularmente para tomar decisiones sobre actividades extracurriculares, coordinar horarios y organizarse financieramente para asegurar a los niños que su vida seguirá su curso al margen de los cambios en la vida de sus padres.

- *Clases de natación y seguridad en el agua*: ¿quieres establecer acuerdos para que los niños aprendan a nadar y tengan un concepto básico de la seguridad en el agua?
- *Actividades extracurriculares que impliquen tiempo, esfuerzo o gastos*: ten en cuenta las clases de música o baile, el gimnasio, los deportes, los pasatiempos y otros intereses infantiles. Analicen los deportes en donde se corra el riesgo de sufrir heridas serias.

- *Citas*: a medida que los niños se dirigen a la secundaria y la preparatoria, querrán contemplar cómo van a gestionar las citas y resguardar la seguridad de su hijo adolescente.
- *Educación sexual*: ¿quieres proponer asistir a clases de sexualidad en la escuela, hospital o la iglesia? ¿Ambos quieren participar con el niño? ¿Ambos iniciarán la conversación sobre sexualidad y madurez?
- *Clases de manejo*: ¿cuándo querrías que tu hijo tome clases de manejo? ¿Uno de ustedes le enseñará? (Cuanto más tiempo un adolescente pueda manejar en compañía de alguno de sus padres, antes de obtener la licencia, mejor.)
- *Coche*: ¿tu hijo tendrá permiso de tener un coche propio? ¿Cómo se organizará con el coche entre las dos casas? ¿Quién será el propietario, quién lo asegurará y financiará? ¿Qué gastos compartirán?
- *Perforaciones, tatuajes, alteración corporal o adorno extremo antes de los 18*: ¿qué hay de las perforaciones en las orejas? ¿Nariz y ombligo? ¿Acordarán consultarlo entre ustedes y firmar un permiso si los dos están de acuerdo? ¿Cómo gestionarán los cortes de pelo o coloraciones extremas? ¿Qué tal las modas que les incomoden: jeans holgados o prendas góticas?
- *Servicio militar*: permiso para unirse al ejército antes de los 18.
- *Matrimonio*: permiso para casarse antes de los 18.
- *Posesión de celular*: ¿te interesaría discutir a qué edad y bajo qué circunstancias darían un celular a su hijo? ¿Te gustaría implementar algunas reglas básicas en las dos casas, como por ejemplo, depositarlo en la mesa de la cocina a las 10 p.m.? ¿Tiene sentido decidir si compartirán el costo?
- *Presencia en internet*: ¿se pondrán de acuerdo para mantener estándares para la presencia de su hijo en redes sociales, monitorearán las páginas de Facebook, cuentas de Instagram o el medio popular entre sus hijos? ¿Compartirán entre ustedes protocolos de seguridad, contraseñas, etcéteras, de las páginas de los niños?
- *Pasaportes*: el trámite de pasaporte exige la presencia de los dos padres.

- *Viajes fuera del país con o sin uno de los padres*: ¿qué hacer en el caso de un viaje de primavera a México con la familia de su mejor amiga en segundo de secundaria? ¿Están los dos preparados para dar a otro padre un permiso por escrito para que salga del país con su hijo? Si tienes dudas, por favor consulta con tu equipo legal.
- *Empleo de armas de fuego*: ¿los dos apoyan que su hijo tenga acceso a armas de fuego, aprenda a disparar, acuda a un campo de tiro? ¿Esto incluye armas de aire comprimido? ¿Te gustaría compartir la decisión?
- *Armas en casa*: ¿te gustaría saber si hay un arma en la casa donde está viviendo tu hijo? ¿Te gustaría llegar a acuerdos claros sobre protocolos de seguridad? ¿Te interesa ponerte de acuerdo con tu compañero de crianza para asegurarse de que los padres de los amigos de sus hijos tengan prácticas seguras?
- *Cuidado de los niños y niñeras*: ¿los dos tendrán una única lista de opciones de cuidado infantil y niñeras?
- *Planes para la universidad y financiamiento*: ¿tu hijo recorrerá las universidades antes de tomar una decisión? ¿Quién lo ayudará a organizar los trámites, las solicitudes de financiamiento y a editar sus ensayos? ¿Quién costeará las solicitudes y la universidad? Algunos niños tienen un orientador universitario o toman cursos de preparación, ¿están de acuerdo con estos servicios? ¿Compartirán los gastos?
- *Ámbitos adicionales*: contempla las decisiones más importantes que enfrentarás con tu compañero de crianza en los próximos años. Podrían incluir permitir a tu hija manejar una moto o cuatrimoto, ciertos tipos de embarcaciones o aeronave no comercial. Lleva tu lista a la próxima reunión profesional para la crianza compartida. Tal vez acuerden actuar en ciertos casos, y esperar en otros.

CUIDADO INFANTIL: NIÑERAS Y DEJAR A LOS NIÑOS MAYORES SOLOS EN CASA

Las guarderías pueden brindar una oportunidad a los niños de crear relaciones positivas, experimentar nuevas situaciones sociales y desarrollar aptitudes de autonomía. Sin embargo, las guarderías pueden ser una fuente de ansiedad o conflicto entre los compañeros de crianza. Seguir algunos lineamientos ayuda a diseñar protocolos para tener prácticas seguras en lo relativo al cuidado de los niños en la familia con dos hogares.

Ten cuidado con los cambios importantes en las rutinas diarias. Si tus hijos nunca han estado en una guardería o han tenido pocas niñeras, contempla cómo facilitarles la transición al ceder su cuidado a adultos que no conoce. En ocasiones, los padres encuentran soluciones creativas en beneficio de los niños cuando se ponen de acuerdo.

• • •

Karen siempre había sido mamá de tiempo completo, y no se sentía cómoda dejando a su hijo de dos años, Nathan, en una guardería, pero debía volver a trabajar. Aunque el papá de Nathan no compartía su preocupación, estaba dispuesto a ser flexible y creativo. Karen y Tom inscribieron a Nathan en preescolar durante tres días. Después de unos meses, se dieron cuenta de que Nathan se adaptaba bien a su nueva rutina y con seguridad, agregaron más días de escuela en su agenda.

• • •

Crea consistencia, de ser posible, apoyándote en familiares y amigos para cuidar a los niños. A los niños les gusta ver a sus abuelos y pasar tiempo con familiares, amigos y sus niñeras favoritas. Además de implicar seguridad, que otros adultos cuiden a los niños, fortalece relaciones saludables, lo cual es un apoyo para los niños en su comunidad. Si tienes el lujo de limitar el número de cuidadores nuevos en la vida de los niños durante el periodo de adaptación posterior a la separación, es bueno para los niños.

Comparte a los cuidadores en las dos casas. Cuando comparten una niñera o una lista de niñeras aprobadas por los dos, se pueden sentir cómodos con quién está cuidando a los niños y ellos están en manos de conocidos. Recurrir a niñeras que conocen a los niños en las dos casas brinda estabilidad e integración.

Lleguen a acuerdos respecto a los cuidadores. Los cuidadores saludables aportan energía, perspectiva y formas de hacer las cosas que enriquecen y expanden el mundo de los niños. Limitar los cambios en los cuidadores principales ofrece la oportunidad de aprender a partir de relaciones consistentes, positivas y duraderas. Juntos, pueden decidir qué requisitos (edad, género, si ha tomado cursos en algún hospital, tiene certificado de primeros auxilios, tiene buenas referencias, etcétera) y personalidad buscan en los candidatos. No obstante, sin que exista un acuerdo explícito, cada uno es responsable de los niños cuando estén bajo su cuidado. Si no están de acuerdo en la lista de profesionales o requisitos, por favor céntrense en que los niños estén seguros y monitoreados adecuadamente. Tendrán que ser flexibles con lo demás.

Ten en cuenta la edad y las capacidades de cada niño cuando los dejes solos. Tal vez en tu estado existan restricciones legales sobre la edad en la que un niño puede quedarse solo sin supervisión. Te sugerimos contactar a las autoridades de tu localidad para confirmar los requisitos en tu estado. Lo principal es la seguridad. Dedica tiempo a enseñarle a los niños cómo lidiar con una serie de escenarios de riesgo, como quedarse fuera sin llaves, qué hacer con los desconocidos que tocan a la puerta, cómo resolver accidentes y emergencias, como un incendio (¿saben que deben salir de inmediato de la casa?). Deben saber utilizar todos los aparatos. Deben tener un contacto de emergencia adulto (un vecino o familiar cercano) que pueda responder de inmediato. Y siempre deben poder contactarte o a su otro padre.

Ponte de acuerdo con los niños mayores para asegurarte de que pueden con la independencia y la libertad y puedes confiar en ellos. Durante épocas de grandes cambios como la separación, los niños pueden correr el riesgo de tener comportamientos impulsivos y arriesgados o estar más vulnerables frente a la presión social negativa. Llega a acuerdos con los niños mayores sobre cómo estructurarán su tiempo libre cuando se queden sin supervisión, pon reglas sobre sus actividades, visitas y libertad para salir de casa, qué tan lejos pueden ir. Los padres siempre deben supervisar a los adolescentes para asegurarse de que están viviendo su independencia con responsabilidad.

Ten cuidado a la hora de valorar si un niño tiene las aptitudes, el juicio y la atención para supervisar a sus hermanos menores. Esto suma complejidad, ya que gestionar los conflictos y resolver los problemas exige madurez. Dale a tus hijos responsabilidades adecuadas a su edad, no les pidas que sean responsables de situaciones en las que un error o un juicio erróneo sean demasiado costosos.

La independencia y la responsabilidad, de acuerdo con la edad, exigen nuevas aptitudes y competencias. Sin embargo, cuando a los niños se les pide que asuman demasiada responsabilidad, la independencia se convierte en un lastre. Al margen de la edad, los niños necesitan la atención de sus padres y orientación de manera rutinaria. Las exigencias de la separación no deberían interferir con la oportunidad de un niño de seguir haciendo actividades propias para su edad. Para los adolescentes puede ser duro sentir que los extraen de su desarrollo normal para tener que cuidar a sus hermanos con frecuencia o asumir responsabilidades domésticas que anulan su vida adolescente normal. En la medida en que puedas protegerlos de cargar con pesos que no les corresponden, encontrarás el equilibrio entre la cooperación de toda la familia y la posibilidad de que todos mantengan su vida normal. Cuando los niños dejan de ser niños, se pierden experiencias importantes para su desarrollo.

Éstos son dos ejemplos de niños que se quedan solos en casa:

· · ·

Sarah, de quince años, ya tiene su rutina: entra a su casa, se hace un bocadillo y ve la TV un rato. Sabe que su mamá revisa su tarea antes de que le permita usar la computadora más tarde, así que la empieza a hacer hasta las cinco cuando su mamá llega. A Sarah le gusta tener la casa para ella sola: se siente "bien que nadie me diga lo que tengo que hacer, ya sé lo que tengo que hacer".

A las dos y media, Jared, de dieciséis años, entra a su casa; sus hermanas (de siete y diez años) llegan media hora después. Prepara bocadillos para las niñas y algo para él. Como siempre, surgen las peleas por la tele y la computadora. Jared debe ayudar a las niñas, pero tiene tarea y no se puede concentrar con tanto ruido. Las tres horas y media antes de que llegue su papá a las seis, le parecen eternas. A Jared le choca disciplinar a sus hermanas. Le gustaría que las cosas fueran como antes de la separación, se quedaba en la escuela a la salida, practicaba deportes o iba a casa de sus amigos. Extraña la diversión.

· · ·

Los niños necesitan que sus padres tengan un papel crucial en su vida. A veces la separación afecta la disponibilidad de tiempo tan importante de los padres. Los niños con familias de dos hogares suelen desarrollar aptitudes como la autonomía, la responsabilidad, la organización, el trabajo en equipo, etcétera, por necesidad. No es malo. Sin embargo, es esencial que como padre pongas mucha atención a las exigencias que les tocan a los niños y cómo las manejan. Quieres que los niños sigan disfrutando su vida mientras tú creas nuevas formas de organizar una casa como un equipo renovado, dirigido por un adulto, no por dos.

Ten en cuenta que los niños mayores también necesitan supervisión, incluso si afirman lo contrario. Sin importar lo maduros que sean, los adolescentes necesitan hacer actividades de acuerdo con su edad, construir relaciones sociales sólidas y dedicarse a la escuela con la participación adulta.

Durante la adolescencia, los padres dejan de ser "un padre educador" y se convierten en "un padre que confía", permiten a los adolescentes saludables demostrar sus capacidades para tomar decisiones, su confianza y compás moral. Los padres deben preparar a estos aguiluchos para ser águilas y emprender el vuelo en la adultez.

UNA SELECCIÓN DE IDEAS

- La separación saludable coloca los cimientos para un equipo ejecutivo de crianza compartida efectivo. Sin importar los sentimientos mutuos de los excónyuges, los padres aman a sus hijos. Recurran a ese sentido común para fortalecer la toma de decisiones constructiva e integrada por el bien de los niños.
- La toma de decisiones conjunta es una aptitud. Utiliza tu mente de padre/madre y recurre a prácticas profesionales para establecer protocolos que respeten a los dos padres y funcionen a los niños.

- Define tus expectativas y las de tu compañera de crianza sobre los temas en la vida de los niños que quieres consultar, mantenerse mutuamente informados y decidir juntos.

- Reconoce que tus hijos viven entre las discrepancias en sus estilos como padres y la estructura de la vida familiar. En la medida de lo posible, concéntrense en qué funciona mejor para los niños y aprovechen los ritmos del pasado para que se adapten a sus dos hogares. Con el tiempo, los niños se vuelven más capaces y abordan la transición con seguridad y confianza.

- En una familia de dos hogares, los niños suelen tener responsabilidades adicionales para trabajar en conjunto con sus hermanos y desempeñar ciertas labores. La autonomía y el desarrollo de aptitudes son positivos. Sin embargo, un padre no puede depender excesivamente de un niño, genera estrés y perturba su desarrollo normal.

- Los niños siempre necesitarán la presencia y supervisión de sus padres, incluso si ahora dividen su tiempo con ellos. Sigue siendo prioritario encontrar la forma de permanecer involucrados y conectados, sobre todo a medida que los niños afirman su propia independencia.

CAPÍTULO 7

Gestionar las finanzas

Ahora, más que nunca, es hora de esmerarse para encontrar el sistema de administración financiero que funcione, sin importar lo desalentador que sea el panorama.

T. HARV EKER

Gestionar el pago por las decisiones tomadas en equipo, cumplir los acuerdos establecidos en los documentos oficiales de la pensión alimenticia, significa que no sólo son directores ejecutivos de la crianza compartida, también directores financieros. Los intercambios sobre temas monetarios pueden ser estresantes y conflictivos. Por desgracia, los documentos legales —que pueden ser excelentes para describir el qué— no siempre son útiles a la hora de detallar:

- ¿Cómo sabemos qué debe uno al otro?
- ¿Cómo nos organizamos si los dos queremos comprarle ropa a los niños cuando uno de nosotros está recibiendo la pensión?
- ¿Quién paga los regalos de cumpleaños?
- ¿Qué hay de las mesadas?

En general, los padres tienen muchísimas preguntas sobre la gestión de las finanzas incluso cuando el dinero sobra. Las preocupaciones financieras, los presupuestos apretados y las definiciones poco claras son una receta para el conflicto y la aflicción financiera.

CFO: DIRECTORES FINANCIEROS DE LA CRIANZA COMPARTIDA

Los niños necesitan que los adultos los protejan de los asuntos financieros hasta que lleguen a una edad en la que se les pueda compartir la información adecuada en beneficio de su desarrollo saludable y sus habilidades. Compartir tus tensiones financieras con los niños, incluso sin querer, los hace sentir indefensos y preguntarse si son una carga. El sentimiento que surge cuando los niños desearían no necesitar algo de sus padres es vergüenza. La vergüenza lastima. La vergüenza nos hace tener ganas de desaparecer. Los niños sienten vergüenza a partir de la angustia financiera de sus padres. Protege a los niños transmitiéndoles confianza al gestionar tu estrés. Es saludable esclarecerles qué puedes costear y qué no, si les transmites confianza en que los cuidarás. En las próximas páginas abordaremos con mayor detalle la participación adecuada de los niños en temas monetarios.

Los padres cuidan bien de los niños cuando gestionan adecuadamente los asuntos financieros que su crianza supone, y los libran de la ansiedad, el conflicto y el estrés que les genera saber cómo los mantendrán. Pelear por las finanzas es lo mismo que pelear por los niños por cualquier otro motivo. Las peleas generan estrés. Los padres cometen errores no necesariamente involuntarios cuando comparten con sus hijos que su padre o madre no quiere asumir los costos de lo que los niños quieren, cuando utilizan el dinero como mensaje de amor o cuando intentan poner a los niños de su lado con dinero o regalos. El dinero es un recurso maravilloso, utilízalo sabiamente, educa a los niños e implementa la postura de "tu papá y yo" o "tu mamá y yo" cuando tengas que tomar decisiones financieras que se basen en acuerdos conjuntos, sin importar quién firme el cheque.

• • •

We-lynh y Chad sabían que a Kim le encantaba la danza. Cuando hicieron la transición a una familia de dos hogares, We-lynh no estaba segura de si con su presupuesto podía financiar las clases de baile tres veces a la semana que Kim tomaba desde los cuatro años. Chad propuso pagar la colegiatura el primer año, lo cual le quitó un enorme peso de encima a We-lynh. Al hablar con Kim, Chad tuvo la prudencia de decirle: "Tu mamá y yo queremos que sigas con el baile, nos aseguramos que puedas reinscribirte". En parte quería darse el crédito por su generosidad —quería decirle a Kim que él estaría pagando sus clases— pero sabía que alardear sería un acto egoísta, no amoroso.

• • •

La separación afecta los recursos familiares, pero al igual que otros cambios: los niños que crecen en las familias de un hogar en donde uno de los padres se queda desempleado, alguien enferma, un padre decide cambiar de carrera y volver a estudiar, etcétera. Todos estos cambios alteran los recursos familiares. Ayudar a los niños a adaptarse a los cambios en el presupuesto con una actitud positiva, constructiva y optimista, los prepara y los hace ser fuertes cuando enfrentan adversidades o cambios en la adultez.

INFÓRMATE: DISEÑA UN PLAN EN EQUIPO Y PONLO EN PRÁCTICA CON INTEGRIDAD

Infórmate. Si estás pagando o recibiendo pensión alimenticia, infórmate sobre qué aspectos cubre de las necesidades de los niños en tu estado. Esto puede diferir de lo que crees que debería cubrir, de lo que tu compañero de crianza cree que debería cubrir o de lo que la pensión de tu hermana cubre en otro estado. Para minimizar el conflicto, empieza por informarte sobre qué cubre la pensión alimenticia y qué constituyen gastos compartidos.

La pensión alimenticia varía según el estado. En general, la pensión alimenticia es un intercambio de fondos que le permite a un padre cubrir las necesidades básicas de los niños cuando viven en su residencia, y de algún modo equipara las condiciones en los recursos financieros disponibles para cada padre. Esto puede incluir una contribución para la renta o la hipoteca, recibos de servicios y otros costos indirectos de criar o vivir con los niños, así como costos directos de ropa, comida, etcétera.

La pensión no cubre todo, a menos que así se especifique en sus acuerdos. Normalmente, la pensión alimenticia no cubre gastos médicos que no cubre el seguro, costos educativos y actividades extracurriculares, o bien, gastos extraordinarios. De nuevo, infórmate sobre la pensión alimenticia en tu estado así cómo que reflejan tus acuerdos legales particulares.

Incluso cuando la pensión alimenticia se transfiere de un padre al otro, los dos padres suelen contribuir con dinero adicional para mantener a los niños. La pensión se calcula con una fórmula a partir de los ingresos, el tiempo que los niños pasan en cada casa y estimaciones de lo que necesitan los niños en diferentes edades. Es un intento aproximado por distribuir equitativamente los recursos para el cuidado de los niños en una familia con dos hogares. Cuando somos conscientes de que la pensión le permite a los niños beneficiarse de que sus dos padres los mantengan en cada hogar, cada padre contribuye con recursos financieros adicionales cuando cuida de los niños en su casa.

Decidir qué pertenece a la lista de gastos compartidos permite a los compañeros de crianza manifestar las expectativas y reducir las sorpresas. Algunos de estos gastos compartidos pueden estar incluidos en tu documentación legal. Tómense el tiempo para detallar qué significan esas categorías para cada uno. Si acordaron que los gastos educativos se comparten, plantéense: "¿Esto quiere decir incluso cada plumón para un proyecto escolar o nos referimos a compartir los gastos de la lista de materiales que entrega la escuela al iniciar el año escolar? ¿Qué hay de los paseos escolares? ¿Los almuerzos? ¿Y si Elsa pierde su calculadora TI-84?"

Algunos padres acuerdan renunciar a la pensión y comparten todos los gastos extraordinarios según una fórmula (normalmente según sus ingresos), mientras cada uno cubre todos los demás gastos necesarios y básicos en cada uno de sus hogares. Para los padres que llegaron a este acuerdo, diseñar una lista exhaustiva de los gastos compartidos los prepara para el siguiente paso: diseñar un plan en equipo.

LISTA:

☐ Entiendo qué debe cumplir la pensión alimenticia.

☐ Tengo una lista de sugerencias de lo que cada padre puede cubrir en su casa.

☐ Empecé una lista detallada de los gastos compartidos y extraordinarios.

Diseñen un plan en equipo

Ya hiciste tu tarea preliminar y te reuniste con tu compañera de crianza para discutir las listas en este capítulo. Trabajan en equipo para llegar a acuerdos. Estás listo para empezar a diseñar un plan para gestionar los gastos entre los dos.

Los gastos que cada uno cubre: tal vez acordaron que cada uno cubrirá todos los artículos personales necesarios para los niños en su casa. Identifícalos: tal vez los dos tengan acondicionador, multivitaminas masticables y Tylenol infantil.

Los gastos que cubre la pensión: si tienen pensión, ésta es una categoría importante. Los dos quieren comunicarle a los niños, con confianza y sin estrés, que van a cuidarlos. O si acuerdan con anticipación, alguno de ustedes puede hacerse cargo de una necesidad especial y después pedir que el padre responsable lo reembolse. Un tema particularmente complejo para muchos padres es la compra de ropa. Lo abordaremos en la página 190.

Los gastos que compartimos: ten en mente lo importante que es llegar a un acuerdo sobre los gastos compartidos. Por ejemplo, revisen su lista de qué implican los "gastos médicos que no cubre el seguro" para cada uno. La siguiente historia familiar ilustra este punto:

• • •

Blake habló con Daniel sobre realizarle unas pruebas de alergia a su hija, Myriah. Los dos estuvieron de acuerdo en hacer algo.

Blake le dijo a Daniel que no consideraba que el pediatra supiera tratar las alergias. Daniel se encogió de hombros y respondió: "Está bien, llévala a un alergólogo". Blake decidió llevar a Myriah a un naturópata aunque esos servicios no los cubría el seguro. Prefería un enfoque natural que un alergólogo tradicional. Cuando Blake le entregó la factura del naturópata a Daniel para pedirle su parte, Daniel enfureció. Había esperado pagar su parte de un copago de quince dólares en el alergólogo. Esto se pudo haber evitado si los dos papás hubieran compartido qué significaba para cada cual compartir los gastos médicos que no cubre el seguro, si hubieran compartido una lista de médicos fuera de la cobertura del seguro y si Blake le hubiera informado a Daniel con anticipación su intención de consultar un naturópata.

. . .

LISTA:

☐ Acordamos qué cubrirá cada quien en su propia casa. Acordamos qué cubrirá la pensión.

☐ Reunimos una lista detallada de gastos compartidos y comparamos la definición de cada uno de categorías como gastos médicos que no cubre el seguro, costos educativos y actividades extracurriculares, para anticipar áreas problemáticas antes de que surjan. Llegamos a un acuerdo en la medida de lo posible.

Desarrolla un sistema de control de gastos

Al principio peca de brindar demasiada información sobre los gastos y asegúrate de que tu compañero de crianza confíe en tu control y proceso de conciliación de gastos. Sugerimos a los padres que guarden recibos y saquen fotocopias para adjuntar a los reportes de presupuesto que se entreguen. Algunos compañeros de crianza se burlan, pues les parece innecesario. Si es el caso, maravilloso. A la mayoría de los padres les favorece crear un protocolo de negocios con suficiente detalle, esto les permite tener la confianza para intercambiar fondos. No tiene nada de malo abordar este aspecto de tu relación de crianza compartida con detalle preciso. Este nuevo hábito puede ser latoso, pero es parte de ser directores ejecutivos confiables de la crianza compartida de los niños.

Considera tener una "tarjeta de crédito infantil" para los gastos compartidos de los niños. Esto facilita reunir los gastos de los niños en un solo lugar, es fácil clasificarla y dársela a tu compañero de crianza. Sí, esto quiere decir que de vez en cuando pagarás con dos transacciones en el súper (una para cosas del hogar o personales y otra para gastos compartidos de los niños), pero no es para tanto, sólo requiere práctica.

Guarda un fólder o sobre en tu escritorio para los recibos y otra información relacionada con los gastos. Es importante encontrar un sistema que te funcione. Tal vez te acomodes con una libreta para registrar los gastos sobre la marcha, tal vez eres hábil con las hojas de cálculo, los dos funcionan igual de bien. Tu labor es aprender a registrar los gastos compartidos y tener los recibos. Utilizarás esta información cuando cuadres los gastos con tu compañero de crianza.

Los compañeros de crianza que se tienen mucha confianza y cuya relación profesional es sólida, pueden compartir una tarjeta de crédito o cuenta bancaria para los gastos compartidos de los niños.

LISTA:

☐ Ya decidí si quiero una tarjeta de crédito para los gastos compartidos o si utilizaré efectivo o cheque.

☐ Tengo un archivo, fólder o sobre para guardar documentos y recibos.

☐ Ya decidí cómo llevar el registro de los gastos para calcular los totales de cada periodo.

Cuadra los gastos

Cuando hayas encontrado un sistema para rastrear tus gastos, podrás crear un protocolo con tu compañero de crianza para decidir cuándo y cómo cuadrar los gastos (a menos que ya lo hayan acordado en los documentos legales). Has gastado dinero extra, él o ella también, y ahora tienen que hacer cuentas. ¿Cómo comparten información y cuadran los gastos respetuosamente?

Revisa tus documentos: ¿ya contemplaron un protocolo? Si es el caso, entonces están listos para seguir. Si el protocolo funciona, ¡qué bien! Es más fácil de lo que habías pensado. Si el protocolo no les funciona a ninguno de los dos, encuentren uno que sí. Tengan en cuenta que si nada resulta, se imponen sus documentos.

Decidan con qué frecuencia harán cuentas: es importante el flujo de efectivo y la flexibilidad en tu presupuesto. Pueden cuadrar gastos al mes o bien, al año. Cuando empieces este proceso, las cuentas mensuales te ayudarán a tomar el ritmo de cómo reunir recibos y meter información en una bitácora. Cuando te familiarices con el proceso, tu compañero de crianza y tú podrían dejar pasar más tiempo, por ejemplo, hacerlo trimestral.

Saldar las deudas: ya discutimos cómo reunir recibos cuando pagues en efectivo y cómo hacer cuentas intercambiando información dentro de un periodo acordado, así como cómo compartir una tarjeta de crédito o una cuenta bancaria para los gastos de los niños. El último paso tiene que ver con la distribución de los fondos.

- Si el método de pago es efectivo, a fin de mes, cada uno prepara una lista de gastos y la respalda con la documentación adecuada para entregarla al otro. Comparten información el cinco de cada mes. Revisa los documentos. Pregunta y exige respuestas. Quien salga debiendo paga el 20 de cada mes.
- Si están compartiendo una tarjeta de crédito para los gastos compartidos de los niños, paga tu parte proporcional de la cuenta y así evitan hacer cuentas. Si la tarjeta ofrece millas o puntos, podrían acumularlos para viajes de los niños.
- Si están compartiendo una cuenta de banco para los gastos compartidos de los niños, ingresa tu parte proporcional en la frecuencia acordada para mantener fondos suficientes para cubrir los gastos. Si un padre paga todos los gastos compartidos de la crianza con fondos de la cuenta, no hace falta hacer cuentas, sólo entregar los recibos a tu compañero de crianza.

Aprovecha tus reuniones profesionales trianuales, el momento natural para hacer cuentas y planificar quién cubrirá qué gastos el próximo periodo. Sin importar si hacen cuentas mensualmente o con menos frecuencia, en estas reuniones también harán su planificación financiera.

> ## LISTA:
>
> ☐ Revisamos nuestros documentos y decidimos que sí contemplan un protocolo.
> ☐ O bien, creamos un protocolo que seguimos para hacer cuentas.

Instrumenta con integridad

Cuando cualquiera de los dos asuma que tiene derecho a hacer algo que tiene implicaciones financieras para su compañero de crianza, sin comunicárselo ni acordarlo, provocará un conflicto. Esto retoma la idea de las decisiones conjuntas tomadas en equipo. Cuando eluden la comunicación directa, los acuerdos, y a la otra persona en general, propician el conflicto, el estrés y los malentendidos. Recuerda preguntar primero, hablarlo todo lo posible y confirmar que están de acuerdo (por escrito, de ser necesario); si no llegan a un acuerdo, sé consciente de que si procedes, lo haces por tu cuenta.

Si incluyes artículos que quieres te reembolsen, sin previo acuerdo, aclara a qué presupuesto corresponden y presenta los recibos. Se trata de un convenio de negocios, muestra respeto. Nada de misterios ni sorpresas. Esto no quiere decir que tu compañero de crianza no vaya a estar de acuerdo y te reembolse con gusto, pero puede hacerlo si no hubo un acuerdo previo, a menos que se especifique en sus documentos legales.

Respeta el calendario que decidieron para hacer cuentas. Mantén buen crédito con tu compañero de crianza. No seas inconsistente ni controlador. Si por algún motivo no puedes cumplir tu parte del trato, sé directo con tu compañero de crianza y asegúrale que podrás saldarlo. Estar al día con las deudas es muy importante para la salud y bienestar del entorno en el que crecen tus hijos. ¿Hay estrés? ¿Desconfianza? ¿Decepción? ¿O acaso el negocio de criar a los niños fluye? ¿Se pagan los recibos a tiempo, las actividades de los niños siguen el curso acordado y los recursos se procuran sin ansiedad ni vergüenza?

Respeta el derecho del otro a decidir qué puede costear y qué no: es parte de una relación saludable. Si durante su matrimonio tuvieron conflictos por temas financieros, es probable que los sigan teniendo cuando se separen. Hacer todo lo posible por eliminar estos conflictos que surgen por financiar las actividades, las necesidades y la vida cotidiana de los niños es parte de su esfuerzo por separarse y seguir adelante de manera positiva después de la separación. Si no pueden encontrar el ritmo, considera buscar la asistencia de un mediador, coach de la crianza compartida o profesional similar para encontrar prácticas y protocolos que funcionen.

ANTICIPAR LOS GASTOS

Cuando las actividades extracurriculares son gastos compartidos, prepárate para las complejidades a medida que los niños crecen y se consagran más a sus actividades. Los padres que hablan de cómo financiar las actividades en el presente y el futuro ayudan a los niños a sentirse seguros mientras exploran sus opciones, desarrollan intereses, se dedican a sus actividades y desarrollan sus capacidades. Pregúntense: "¿Qué valoras y qué puedes costear?" ¿Alcanza para clases de música? ¿De baile? ¿Se pueden permitir pagar equitación? ¿Valoran que los niños exploren los deportes en equipo? ¿Quieren que aprendan a nadar? (La natación es una habilidad que les salva la vida.) ¿Les permitirán elegir un deporte o actividad cada temporada o múltiples deportes y actividades? ¿Practicarán deportes en la escuela o pueden hacer pruebas para equipos de élite? ¿Cómo asumirán los gastos de transporte, equipo, clases y todo lo relacionado con la actividad? Los acuerdos y la claridad entre los compañeros de crianza reduce la frustración y la decepción de los niños y los padres.

Los padres suelen compartir los gastos de las necesidades o los eventos extraordinarios en la vida de los niños. Anticipar cómo compartir los gastos desde ortodoncia hasta bar mitzvá, ayuda a los padres a planear y ponerse de acuerdo con la eficiencia para abordar las necesidades y eventos importantes de sus hijos. Cuando los compañeros de crianza son proactivos y responsables, los niños tienen la seguridad de que sus padres anticipan, apoyan y se encargan de las cosas importantes. Desarrollar un formato con anticipación puede guiarlos para trabajar en equipo a medida que se presenten los eventos importantes, incluso para los hijos adultos, como las bodas.

• • •

Ezra y Rachel se separaron antes de que Hanna cumpliera diez. Hannah había empezado la escuela hebrea en preparación para su bat mitzvá a los trece años. Rachel le sugirió a Ezra que los dos acordaran un presupuesto para evitar competir por temas financieros después. Ezra estuvo de acuerdo, definirlo con anticipación reduciría mucho su ansiedad sobre un gasto cuantioso que los dos compartirían gustosos.

• • •

Cuando los padres no pueden financiar eventos u oportunidades importantes para los niños, es igual de importante dejar muy claro qué pueden costear y que no (o qué quieren costear y qué no). Esto le permite a los niños ser responsables de aspectos de su vida que pueden gestionar en beneficio propio.

Puede ser que la pensión alimenticia ya destine fondos para pagar la educación superior de sus hijos, que los padres lo planifiquen a medida que se acerque el momento o bien, que sus hijos necesiten de su orientación para obtenerlos por su cuenta. La investigación orientada en la educación indica que cuando ayudamos a que los niños visualicen un futuro que contemple estudios universitarios o técnicos, desde que cursan la primaria, tiene un efecto muy positivo en el éxito como estudiantes. Sin importar si tu compañero de crianza y tú podrán financiar la universidad por completo o en parte, es importante tener un plan. Cuando los niños empiecen la secundaria, puedes ayudarles a pensar en opciones para sus estudios superiores. Si sabes que tu hijo necesitará alguna beca o financiamiento, cuanto más pronto se lo comuniques, mejor. Si le revelas a tu hijo que no cuenta con financiamiento para la universidad cuando está en su último año de preparatoria, lo pones en una posición de desventaja. Comparte la información con tus hijos y apóyalos con antelación para que tomen decisiones, comiencen a ahorrar, se esmeren por obtener buenas calificaciones, logros adicionales y becas con las que puedan asistir a la universidad. A veces la crianza sólida supone preparar el camino para que tus hijos tengan éxito, incluso si no lo puedes financiar, puedes ayudarles a encontrar opciones.

. . .

Malie y Bud se separaron cuando Alea tenía dos años. Bud padecía algunas adicciones, pero hizo lo posible por ser parte de la vida de Alea.

Ni Malie ni Bud habían ido a la universidad, así que Bud no lo contemplaba para Alea, por no mencionar que estaba seguro de que nunca le alcanzaría el dinero para financiarlo. Por su parte, de niña, Malie había deseado que hubiera la forma de asistir a la universidad, pero no la hubo. Estaba decidida a que su hija tuviera la oportunidad que ella no había tenido. Cuando Alea entró a primero de secundaria, Malie le compró una sudadera con el logo de la universidad local. Alea estaba emocionada. Malie le ayudó a soñar e imaginar asistir a la universidad. Vinculó ese sueño con rendimiento académico, habilidades de liderazgo y servicio comunitario. Aunque sabía que nunca podría financiar la universidad por su cuenta, estaba segura de que podía ayudar a Alea de la mejor manera posible a tener opciones de becas y préstamos para cumplir con su sueño de ir a la universidad.

. . .

Los compañeros de crianza operan en un continuo de cooperación y planificación: algunos padres limitan su interacción al mínimo y otros se coordinan mucho. Muchos factores influirán en tu situación particular. Las prácticas y los protocolos que hemos brindando se pueden modificar y adaptar. Recuerda las claves:

- Planifica y prevé en la medida de lo posible.
- Según tus documentos legales, eres responsable financiero de tus hijos.
- Gestiona tu salud financiera: conoce qué puedes costear con tus ingresos excedentes y qué no.
- Protege a los niños del estrés innecesario que generan las conversaciones adultas sobre dinero.
- Llega a acuerdos claros sobre los gastos compartidos.
- A la hora de saldar deudas, sigue los protocolos con integridad.

• • •

Jorge invitó a Brianna a la graduación. Él había practicado deportes en su último año y había enviado solicitudes a varias universidades, de modo que su situación financiera personal era limitada. Sabía que sus papás rara vez hablaban de esas cosas, así que decidió acercarse a cada uno por separado para pedirles dinero para la fiesta. Papá sabía qué podía costear y accedió a darle a Jorge una cifra. Por su parte, mamá le dijo que aportaría lo mismo que él ganaba. Los padres de Jorge le dieron información financiera clara, comprensible y predecible. Aunque entre ellos no estaban coordinados, sí compartían su crianza de forma efectiva y lo ayudaban a desarrollar aptitudes importantes propias de su edad.

• • •

LOS NIÑOS Y LOS ASUNTOS DE DINERO

Los niños aprenden lecciones valiosas en cada hogar, y esto incluye aprender cómo se emplea, comparte y ahorra el dinero. Cada uno llegamos a la paternidad con nuestra propia historia y experiencia con el dinero que aprendimos en nuestra crianza. Desde los seis años, sabía que mi papá trabajaba por turnos y tiempo extra, qué significaba un despido y tener dos trabajos. Mis padres anticipaban temporadas laborales de abundancia y escasez. Sabía que había que juntar cupones de descuento y puntos para cambiarlos por premios y promociones. Conocía el significado de mesada, tareas en casa, reparto de periódicos y dar limosna en la iglesia. Mi mamá fue la primera y única mamá en nuestra calle que trabajó. Éstas fueron muchas de las lecciones valiosas sobre el dinero y llevar una casa que fueron parte de mi cotidianidad al criarme en un pequeño pueblo industrial en el Medio Oeste estadunidense. Para cuando llegué a la edad de entrar a la universidad, mis padres habían ahorrado lo necesario y cuando mis hijos llegaron a la misma edad, mi mamá contribuyó con lo necesario. Tú también tienes tu historia. Tienes anécdotas sobre lo que aprendiste, ya sea en la adversidad o la fortuna. Ahora, tu compañero de crianza y tú le legarán estas lecciones a sus hijos. Piensa qué valores y legado relacionados con el dinero quieres transmitirles.

En los primeros años tras la separación, cada padre se adapta a una nueva realidad financiera. En el proceso de sortear infinidad de emociones y desarrollar nuevas aptitudes, a los padres les puede agobiar el cambio y la adaptación que supone la separación y las exigencias de la paternidad en soltería. Algunas cosas de la vida cotidiana quedarán fuera, otras que antes eran importantes, ya no lo son. Poco a poco recuperarás el equilibrio. La supervivencia se convierte en prosperidad. El arreglárselas se convierte en seguir adelante con lo importante. Esto incluye encontrar tu equilibrio financiero y hacer sentir a los niños seguros en su nueva normalidad.

Comparte a los niños con franqueza y confianza qué puedes costear, ayúdales a habituarse a las nuevas expectativas. No te sientas culpable por no poder solventar todo lo que quieren los niños (o a lo que estaban acostumbrados), no estés resentido por tus circunstancias, mejor siéntete seguro por tu capacidad de salir adelante. Tus hijos no necesitan que te sientas culpable o resentido, necesitan mensajes consistentes y un camino que tenga sentido. De acuerdo con su edad, puedes empezar a enseñarles a tomar decisiones sensatas, a comprar con inteligencia y a hacer rendir su dinero.

Cómo gestionar mesadas y pagas por labores

Los padres deciden si en uno o los dos hogares los niños recibirán mesada. La mesada es una herramienta de aprendizaje. Es el dinero que un padre le da a su hijo por su capacidad para gestionar el dinero. ¿Ahorrarán una parte, gastarán otra y donarán el resto a una beneficencia? Todos éstos son aspectos valiosos a la hora de gestionar su mesada. En general, la mesada no es el resultado de ningún trabajo. Asimismo, los niños no reciben ninguna recompensa por las labores que les corresponden en casa según su edad. Todos contribuyen. No recibes un sueldo por ser miembro de una familia, haces lo que te corresponde para mantener la casa.

Cada padre le puede ofrecer labores extra a los niños como oportunidad para ganar un poco de dinero. Animar a los niños a que tengan iniciativa y desarrollen el interés por trabajar y ganar su propio dinero son lecciones relevantes que contribuyen a la madurez de los niños. Pagar a los niños cifras razonables les ayuda a desarrollar expectativas adecuadas sobre el trabajo y el dinero. Si bien la escuela, las actividades extracurriculares y las relaciones sanas son su entorno son de vital importancia para el desarrollo de los niños, aprender sobre ganar y gestionar dinero también puede ser una lección valiosa de la vida cotidiana.

La colaboración de los niños

A medida que los niños maduran, van adquiriendo la capacidad para sentirse empoderados en torno de la toma de decisiones y la gestión del dinero. ¿Cuántos de nosotros crecimos escuchando cosas como "nada en la vida es gratis" o "el dinero no crece en los árboles"? La relación entre el esfuerzo y la recompensa no sólo se aprenden en los logros escolares, también al esforzarse hasta obtener resultados como un par de jeans especiales, un viaje con la familia de un amigo, un videojuego nuevo, un coche de segunda mano: las posibilidades son infinitas. Sin importar si tenemos mucho dinero o no, la necesidad siempre será la madre del ingenio. Ayuda a tus hijos a ser ingeniosos, creativos y a sentirse empoderados. Bríndales oportunidades para experimentar la autonomía, para conseguir algo relevante porque se esforzaron. Hay lecciones que se transmiten mediante la participación financiera saludable y la gestión del dinero.

• • •

La pasión de Gracie por entrenar perros cada vez era más grande. Desde que Phil y Susan se separaron, la perra había ido y venido con los niños a petición de Gracie. A los niños les daba gusto estar con la perra, pero Gracie estaba comprometida con entrenar a la pastora australiana de seis años todos los días, su objetivo era llevarla a una competencia estatal.

Gracie le presentó a sus papás un presupuesto que incluía las clases que ella quería tomar y dos competencias en las que quería participar antes de la estatal, el presupuesto incluía equipo, tarifas de inscripción y más. Phil y Susan hablaron de la petición de Gracie en su reunión profesional dedicada a la crianza de los niños y acordaron que cada cual le daría una oportunidad a Gracie de ganar no más de diez dólares por semana en cada casa. Le dirían que cuando hubiera ganado la mitad de la cantidad necesaria para cumplir con su presupuesto, ellos pondrían el resto. Tenía tiempo de sobra para juntarlo, pero tendría que esforzarse para conseguirlo. A Phil y Susan les enorgulleció la iniciativa, confianza y ganas de Gracie. Con la planificación y apoyo de sus papás, Gracie tuvo la oportunidad de cumplir un logro maravilloso con su iniciativa.

• • •

Tarjetas de crédito y límites

En vez de efectivo, algunos padres prefieren darle a sus hijos adolescentes una tarjeta de crédito o débito para sus gastos, entre ellos, botanas, gasolina y emergencias. La deuda de las tarjetas de crédito sigue siendo un problema entre los estudiantes universitarios que carecen de las habilidades básicas para gestionar su dinero. Si prefieres que tu hijo adolescente utilice una tarjeta de crédito o débito, asegúrate de que aprenda a llevar una bitácora de sus compras o revisar sus estados de cuenta en línea con regularidad, así aprenderá a gestionar sus entradas y gastos desde su cuenta. Si llegaron a acuerdos claros sobre para qué puede utilizar la tarjeta y para qué no, ¿tu hijo adolescente los respeta? Si no, ¿cuáles son las consecuencias? Si los niños no cuentan con habilidades elementales para gestionar el dinero, las tarjetas de débito o crédito con saldo ilimitado contribuyen a la idea de que el dinero es mágico: "Siempre tengo fondos". Y sabemos que no es así. Es muy difícil aprenderlo de adulto.

Enséñale a tus hijos el ABC de la gestión del dinero: cuentas, presupuestos y crédito. Enséñales cómo abrir una cuenta de ahorros o de cheques, cómo depositar dinero y gestionarla. Trabaja con ellos para que desarrollen competencia para rastrear disposiciones de efectivo (ya sea desde una cuenta de cheques o débito) y depósitos, así como a ajustar su saldo mensualmente. El siguiente paso es presupuestar. Dales la oportunidad de planificar compras, presupuestar su propio dinero y experimentar las consecuencias de sus errores. Cuando los adolescentes sepan gestionar efectivo y una cuenta de cheques o débito, tal vez estarán listos para aprender a gestionar una tarjeta de crédito o un crédito.

ROPA Y PRESUPUESTOS

Es frecuente que la ropa suscite conflictos en las familias de dos hogares por varios motivos: está incluida en la pensión alimentaria, a los dos padres les gusta comprar ropa con y para los niños, los niños necesitan ropa en las casas de sus dos padres y a veces llegan a casa de uno de ellos sin chamarras y botas cuando empieza a llover tres días seguidos. Vamos a desglosarlo por partes.

¿Qué prendas cubre la pensión alimenticia? ¿Te puedes poner de acuerdo con tu compañero de crianza para decidir qué prendas cubrirá la pensión, hacer esas compras con regularidad y distribuir las prendas básicas (ropa interior, calcetines, etcétera) entre las dos casas? Cuando los niños son pequeños es sencillo dividir las pijamas, los shorts y las playeras. De vez en cuando se requerirá una redistribución (¿cómo terminaste con seis pijamas?), pero en general, cada uno gestiona sus reservas de básicos. A medida que se van haciendo mayores, asumen la gestión de su ropa durante la transición entre dos casas, ayudan a lavar la ropa y a responsabilizarse de sus cosas.

Trabaja con los niños para que aprendan a responsabilizarse de su ropa entre sus casas. Respeta a tu compañera de crianza asegurándote de que las necesidades estacionales, como chamarras, botas, etcétera, estén listas durante las transiciones. No es asequible ni práctico comprar todo por duplicado. La consideración que se tengan el uno con el otro facilitará la crianza de sus hijos. Retener la ropa o poner a los niños en una situación en la que el otro padre tiene que comprarles más ropa para su casa es tramposo y no es una práctica de crianza conjunta saludable.

Tal vez deciden comprar ciertas prendas por separado. Esto puede ser útil para que los niños tengan un par de tenis o una chamarra extra. Recuerda que las prendas de los niños son de los niños, no es una oportunidad para que los padres se pongan territoriales. Si compraste un atuendo especial que te gustaría se quedara en tu casa, está bien, pero que sea la excepción, no la regla.

Pueden compartir el costo de la ropa para actividades extracurriculares y prendas costosas. A veces los padres deciden compartir los gastos de una chamarra de plumas, por ejemplo. Si el niño nada, pueden compartir el gasto de trajes de baño adicionales.

Los niños que viven entre dos casas van a seguir perdiendo cosas. Los niños dejan chamarras en la escuela, guantes en casa de un amigo y trajes de baño en los casilleros, vivan o no entre dos casas. Es frustrante, pero normal. Es necesario resolver cómo reemplazar los objetos olvidados o perdidos. Los niños son una obra en proceso, y no queremos que los errores que cometen en su aprendizaje se vuelvan fuentes innecesarias de tensión entre los padres. A medida que se van haciendo mayores, los niños pueden ayudar con algunas tareas domésticas para sustituir el traje de baño que perdieron. Es formativo para los niños aprender sobre las consecuencias razonables de sus actos, no así, ver a sus padres pelear y culparse.

FESTIVIDADES, CUMPLEAÑOS Y REGALOS

Los padres deciden hasta qué punto se ponen de acuerdo para dar regalos a los niños en las ocasiones especiales: ¿combinan fondos, fijan presupuestos individuales similares o cada uno toma su decisión individual? Para cada una de estas opciones hay pros y contras.

- *Ventajas de combinar fondos*: cuando un adolescente necesita una nueva laptop al ingresar a los últimos años de la prepa, los padres se pueden poner de acuerdo para juntar sus recursos y comprarle una mucho más bonita de la que hubieran podido solventar de manera individual, y regalársela para su cumpleaños. El adolescente sale ganando: recibe una señal clara de que sus padres se ponen de acuerdo para decidir qué es mejor para él o ella.
- *Ventajas de fijar presupuestos individuale*s: cuando los padres establecen un presupuesto individual para los regalos de cumpleaños y festividades, cada uno se queda tranquilo pues el otro no gastará más que él ni competirá en temas de dinero o regalos. Así los niños reciben regalos similares de sus dos padres.
- *Ventajas de decidir por separado, sin coordinación*: si los padres gestionan mejor los conflictos y el estrés manteniendo total autonomía en dichos aspectos, es mejor para los niños.

A veces los padres se preguntan a quién le toca comprar los regalos que los niños llevan a fiestas de cumpleaños de amigos y compras similares. Como muchos de los temas que hemos abordado, es fundamental ponerse de acuerdo. Los padres podrían acordar que esos gastos se cubran con la pensión. Otros, que el padre en residencia se responsabilice del regalo. Sin importar lo que decidas, permitir que los niños vivan las fiestas de sus amigos sin dificultades y sin preocuparse por quién pagó un regalo que recibe.

UNA SELECCIÓN DE IDEAS

- Como director ejecutivo de la crianza compartida tienes dos objetivos fundamentales: 1) gestionar los aspectos financieros de la vida de los niños sin contratiempos y con integridad, y 2) enseñarles cómo gestionar su dinero, valores y a tener expectativas realistas. Coordínate con tu compañero de crianza lo mejor posible. Evita que a los niños les avergüence tener necesidades.
- Los compañeros de crianza cumplen sus objetivos recurriendo a distintos métodos, pero lo ideal es que ambos los aborden con claridad y consistencia.
- Los compañeros de crianza se toman el tiempo de asegurarse de que están de acuerdo con el objetivo de la pensión alimenticia, qué artículos serán responsables de solventar y qué gastos compartirán.
- Desarrolla un protocolo claro para hacer cuentas y cúmplelo con integridad.
- Cuanto más formal y preciso sea el proceso, más pronto se construye confianza.

CAPÍTULO 8

La crianza compartida en las festividades y los acontecimientos del ciclo de la vida

Por desafiante que pueda ser para ellos la separación, las festividades y los eventos especiales pueden ayudarles a adoptar su papel de padres y así centrarse en los niños. Esto puede incluir apartarse y dejar que los niños disfruten las celebraciones con un padre o bien convivir brevemente como padres de los niños.

La capacidad de los compañeros de crianza para convivir en periodos bien definidos para estar con los niños se relaciona directamente con el proceso de separación, el de duelo, tanto de adulto como niños, y en su capacidad para confiar en el otro y respetarse.

LOS RITUALES FAMILIARES NUEVOS EVOLUCIONAN CON EL TIEMPO

Los compañeros de crianza adoptan nuevas tradiciones y eventos familiares centrados en los niños a partir de su historia familiar, estado de sanación después de la separación y logística de las relaciones entre los dos hogares. Cuando planifican festejos, tienen en cuenta la etapa de desarrollo de los niños, la participación de la familia extendida y sus valores. Animamos a los padres a tener en mente la adaptación de los niños a la separación cuando diseñen celebraciones por las festividades durante el proceso de la separación y en los primeros dos años posteriores. Los niños se benefician cuando los padres tienen la flexibilidad para contemplarlos.

Durante el proceso de separación

Le pedimos a los padres que primero piensen a qué están habituados los niños, qué esperan de las festividades: ¿Quién los acompaña, en dónde celebran y qué hacen? Es común que los padres mantengan las tradiciones en la primera temporada de festividades después de la separación.

Si uno de los padres permanece en la casa familiar, las primeras festividades posteriores a la separación pueden parecer más normales y familiares si los niños las celebran en casa. A partir de cómo se estén adaptando los niños a su familia de dos hogares, los padres pueden estructurar las festividades para satisfacer las necesidades de los niños en la medida de los posible. Es un enfoque muy distinto —un enfoque que se centra en los niños— del de preocuparse por que a cada padre le toque "tiempo suficiente" con los niños.

Cuando invites al padre que no está en residencia a formar parte de las celebraciones centradas en los niños, mantén límites saludables y adopta papeles apropiados como anfitrión y visita, respectivamente. Esto facilita la oportunidad de que los dos padres disfruten los momentos especiales de los niños. Por ejemplo, podrían acordar que el padre que no está en residencia vaya a la otra casa a las siete de la mañana de Navidad para que los niños despierten y abran los regalos de Santa. Ese padre debe estar de acuerdo en quedarse a abrir los regalos, tomarse un jugo y despedirse de los niños con besos y apapachos. Esta visita acotada ayuda a los compañeros de crianza a mantener la mente de padre/madre por un periodo delineado, tal vez una hora y media o dos horas. Los padres y los niños saben qué esperar y se podrá relajar en la medida de lo posible. Los límites saludables ayudan a los niños a no tener expectativas de que sus padres van a reconciliarse, y también los apoyan en los primeros pasos para adaptarse a la separación.

> **Nota especial:** antes de contarle a los niños, asegúrate de hablar con tu compañero de crianza y decidir si comparten una festividad o celebración. Es importante respetar las emociones de tu compañero, así como su decisión, porque es posible que decline la invitación. Estar de acuerdo, primero, protege a los niños de posibles sentimientos de rechazo y decepción en caso de que su madre o padre decline la invitación o la propuesta. Antes de contarle a los niños, confirma con tu compañero si asistirá o no al evento.

Para que las festividades fluyan, tal vez sea necesario asesorar a los abuelos, parientes, amigos de la familia y quizás, a una nueva pareja sentimental. Es importante que te apoyen para celebrar con los niños y tu expareja. Gestionar esta logística es normal mientras se adaptan a la separación. Tal vez es frustrante, estresante y típico. Todos se están adaptando. Animamos a los compañeros de crianza a que no descarten esta posibilidad. Hay formas de que los dos padres participen en los eventos especiales de los niños para facilitar su adaptación. Si hace falta, acude con un coach o mediador de la crianza compartida.

- Ayuda a los abuelos, parientes y amigos de la familia a entender que hacer a un lado sentimientos adultos por el bien de los niños es saludable y solidario y les permite a los niños evitar el conflicto adulto durante momentos especiales.
- Ayuda a una nueva pareja sentimental a sentirse segura de que tu participación en un evento familiar es estrictamente en calidad de compañero de crianza, no expareja. Transmítele que te encargarás de que se sienta incluido en todo momento. En esta primera fase, a los niños les viene bien celebrar las festividades con rostros familiares. Más adelante, cuando los niños y los padres se hayan adaptado, habrá oportunidad de incluir nuevos rostros.

A veces los compañeros de crianza saben que no hay forma de compartir espacio ni de invitarse a sus respectivos hogares. Como consecuencia, encuentran el modo de compartir a los niños en las festividades, uno después del otro, nunca juntos. En la medida de lo posible, fomenta una atmósfera más relajada en esta división de las festividades durante el proceso de separación. Si le permites a los niños celebrar las festividades con cada uno de sus padres, el sentido de pérdida familiar es menos abrupto y temeroso. Así los niños no se preocuparán por sus padres, no se sentirán culpables porque uno de sus padres esté solo o esté bien.

El primer año o los primeros dos después de la separación
Según las tradiciones familiares y la edad de los niños, los padres pueden hacer planes para los primeros dos años posteriores a la separación distintos del plan para la crianza y los calendarios durante las festividades

a largo plazo. Con los niños pequeños, los padres acostumbran planear las festividades de modo que los dos estén muy presentes, ya sea en un espacio compartido o en espacios separados.

• • •

Tiffany y Craig acordaron que las próximas dos Navidades mantendrían el ritmo y las actividades que acostumbraban como familia de un hogar.

Este año, el 24 de diciembre, Tiffany llevaría a los niños de compras al centro de la ciudad. Verían la exposición de casas de pan de jengibre, se tomarían las fotos con Santa y caminarían por el pasillo de luces como habían hecho desde pequeños. Craig no quería pasar todo el día con Tiffany —era demasiado para él—, pero decidió que se reuniría con ellos para cenar en Nochebuena. Después se llevaría a los niños a su casa. Tiffany llegaría temprano, a las ocho de la mañana, para abrir los regalos de Santa. Después de un par de horas, ella se iría y regresaría por los niños a las tres para llevarlos a cenar con la abuela. Los dos padres estaban convencidos de que conservar estas tradiciones por el bien de los niños, de ocho y diez años respectivamente, ayudaría a todos el primer par de años. Planearon que en el segundo año, revertirían el patrón, Craig llevaría a los niños al centro el 24 y luego se quedarían en casa de Tiffany en Nochebuena y la mañana de Navidad.

Su calendario doméstico a largo plazo para las festividades era muy distinto, daba a los dos padres más autonomía, separación y opciones para adoptar nuevas tradiciones, nuevas formas de entender a la familia, viajes, etcétera. Su calendario a largo plazo dividía las vacaciones de invierno por la mitad, y alternaba qué padre tendría a los niños la primera mitad y la segunda.

Los dos aceptaron que, a largo plazo, cualquiera de ellos podría invitar al otro a participar en las celebraciones, siempre y cuando se sintieran cómodos y a todos les funcionara. El tiempo lo diría.

• • •

Tal vez te cueste trabajo imaginar unas festividades sin los niños y sientas la necesidad de diseñar calendarios domésticos para ellas en que los dos padres quieran participar, pero cada uno por separado. Te pedimos que recapacites y contemples lo que implica para los niños dividirse en cada festividad: trasladarse, cambiarse, adaptarse, hacer muchas cosas para mamá y luego de nuevo para papá. Este esquema no favorece a las necesidades de los niños, sólo satisface las necesidades de los adultos. La solución positiva de la separación implica adaptarse a los cambios y a la pérdida y recalibrar tus expectativas en tu propio beneficio y de los niños.

• • •

Karen y Frank valoraban su tradición familiar para el Día de Acción de Gracias: las dos familias estaban invitadas y catorce personas se sentaban a la mesa para muchas risas, payasadas y comida fabulosa. Tras la separación, conservar la festividad no era alternativa, dada la dificultad de gestionar el conflicto en su relación adulta. Aunque este año a Frank le tocaba pasar el Día de Acción de Gracias con las niñas, quería plantearle a Karen dividirse el día. Quería recoger a las niñas a las cinco, eso les permitiría asistir al festín que retrasaría por ellas. Frank respondió que eso apresuraría sus planes para ese día con su familia extendida, aunque la tradición dictaba almorzar a las dos de la tarde, protestó que este plan era estresante para las niñas, no les permitiría disfrutar. Karen subrayó que las niñas merecían celebrar la festividad con sus dos padres y con sus dos familias.

Después de mucho discutir, consideraron el asunto desde la perspectiva de las niñas. Guau, les abrió los ojos. Se dieron cuenta de que disfrutar de un Día de Acción de Gracias festivo y relajado con la familia era más importante para las niñas que trasladarse de una casa a la otra sólo para celebrar con sus dos padres. Se dieron cuenta de que habían estado discutiendo en busca de una solución con la esperanza de evitar su propio sufrimiento y pena por extrañar a las niñas, en vez de proteger los sentimientos de sus hijas.

Frank se cuestionó si debían preguntar a las niñas cómo querían celebrar el día. Karen valoró su flexibilidad, pero se dio cuenta de que hacerlo las pondría en una posición difícil, no estarían de acuerdo —alguna querría hacer las dos cosas y la otra querría quedarse en un solo lugar— o bien tendrían que elegir lo que creían que sus padres querían, en vez de lo que ellas querían. "No, esta decisión debemos tomarla nosotros, deben tener la seguridad de que no son responsables de nuestros sentimientos", respondió ella.

Karen y Frank diseñaron una estrategia para que cada uno tuviera una experiencia especial con las niñas en las vacaciones del Día de Acción de Gracias, sin perturbar la festividad ni añadir estrés. Acordaron que a quien le tocara pasar el día con las niñas, celebrara el día completo con la familia, el otro padre recogería a las niñas el viernes por la mañana para inaugurar la tradición de ir a cortar el árbol para Navidad. A los dos compañeros de crianza les encantó la idea de que sus hijas tuvieran dos tradiciones diferentes, aunque especiales, durante las vacaciones, una con cada padre. El fin de semana regresarían a su calendario doméstico regular.

• • •

Aunque los padres diseñen calendarios por fases o adopten un patrón residencial predecible y bien definido a largo plazo para las festividades suele reflejar la propia flexibilidad del proceso de separación. Ten en cuenta que cuando tu compañero de crianza y tú crean acuerdos mutuos, gestionan el conflicto, reducen el estrés y se centran en los niños, ellos se benefician. No se trata de estar bien o mal, ser mejor o peor, se trata de lo que le funcione a tu familia, en esta ocasión especial, y a partir de sus circunstancias únicas.

• • •

Sam y Becca tuvieron una separación difícil. Se las arreglaron para seguir apoyando a su hijo Zack en sus actividades y superar la disolución desagradable de su matrimonio. Sin embargo, en las festividades, los dos necesitaban descansar el uno del otro.

200

Diseñaron un plan según el cual cada año alternarían el Rosh Hashaná y el Yom Kipur, un año a un padre le tocaría el Rosh Hashaná y al siguiente el Yom Kipur. Zack se sentía aliviado, sus padres estaban más relajados cuando no se obligaban a estar juntos. Además, Zack sentía que "si no vamos a ser una familia, no hay que actuar como familia". Zack pasaba las festividades con sus dos padres y, en esas circunstancias, funcionaba mientras se iba adaptando a la separación, lo mismo que para gestionar mejor el conflicto.

• • •

A largo plazo

Cuando los padres diseñan un calendario a largo plazo, contemplan cuántos aspectos de su vida familiar previa conservarán para los niños (y ellos mismos) conforme van evolucionando en la separación y la autonomía, y la vida en casa se asienta y sigue su curso. Cuando tu familia de dos hogares adquiera experiencia celebrando las fiestas y los niños se hayan adaptado a la nueva estructura familiar, las vacaciones y las fiestas pueden ir adoptando formas y ritmos distintos, más a largo plazo. Cuando los padres están viviendo el proceso de separación, tal vez no puedan imaginar un viaje a Utah con los niños en Navidad. Pero después de que alguno vuelve a hacer vida en pareja y la familia extendida de su pareja vive en Utah, para allá van. El plan para la crianza está estructurado con esto en mente.

La intensidad y la preocupación acompañan a los padres recién separados que viven tantas pérdidas, pero esto cambia radicalmente cuando todos se adaptan a sus nuevos ritmos, seguridad y a la estabilidad de sus hogares.

Cuando hablas de manera abierta y honesta con tu compañero de crianza sobre cómo celebrar las festividades —qué tradiciones quieres conservar o crear—, los niños se crían a partir de objetivos compartidos y respeto mutuo por sus hogares. Hablar sobre sus expectativas y ayudarse a anticipar cambios en la forma en que su familia de dos hogares celebra las fiestas, les brinda la oportunidad de apoyar a sus hijos, sobre todo cuando presentan una pareja sentimental en estas celebraciones. Si han compartido la cena de Día de Acción de Gracias, ¿es bienvenida la nueva pareja sentimental de tu compañera de crianza? Si es así, maravilloso, pon otro servicio en la mesa. Si no, a lo mejor tienes que cambiar la celebración de Acción de Gracias. Cuando hablan y deciden cómo dar cabida a nuevos acontecimientos o cambiar tradiciones, le ahorran a los niños los cambios abruptos y la tensión que se puede suscitar cuando uno de los padres toma una decisión unilateral sin consultarla con el otro ni buscar llegar a un acuerdo.

Crear un calendario para las vacaciones que respete a la familia y las relaciones existentes mientras le ofrezca independencia a uno o los dos padres, o bien, contemple a las nuevas parejas sentimentales, es parte de gestionar la adaptación a largo plazo de una familia de dos hogares. La intersección de todas estas consideraciones puede ser compleja. Cuanto más competentes sean los compañeros de crianza para comunicarse y cuanto más tolerantes sean en el proceso de separación, más positivas serán las negociaciones cuando se requieran cambios.

· · ·

James se sentía aliviado de que le estuviera yendo tan bien con Shelly y sus tres hijos un año y medio después de la separación. Había menos tensiones entre él y Shelly y habían compartido casi todas las fiestas en armonía durante el primer año, por el bien de los niños. En octubre, Shelly llamó para hablar de Acción de Gracias. Le dejó un mensaje de voz en el que afirmaba que era "su" año y que saldría de la ciudad con los niños. James no lo podía creer, estaba muy molesto. No entendía por qué cambiaría algo que había funcionado tan bien el año pasado. Estaba seguro de que celebrar juntos era lo mejor para los niños.

Después de un par de días, James le devolvió la llamada a Shelly. Le confesó estar decepcionado con su decisión y temer que peligraba la confianza y la cooperación que tanto les había costado construir. Shelly respiró profundo y reconoció que había temido ser directa sobre su necesidad de mayor autonomía, de distanciarse más de él. Llevaba tiempo con su pareja, Kaiden, y quería incluirlo y ayudarlo a sentirse más cómodo. No estaba segura de que fuera prudente hablar de estos temas con James.

Aunque efectivamente para James fue difícil enterarse, la franqueza de Shelly le dio la certeza de que a ella le importaba que su relación siguiera siendo amistosa y honesta. Así que se sintió más cómodo al saber por qué quería cambiar la celebración de las próximas festividades. Hablaron de la Navidad. Los dos reconocieron que disfrutaban compartir la celebración matutina de Navidad con los niños y que seguirían invitándose para abrir los regalos, pero que celebrarían las otras fiestas por separado. Shelly le dijo a James que también estaba contemplando incluir a Kaiden, para que lo tuviera en cuenta.

James reconoció el sentimiento demasiado familiar del dolor en su corazón y se preguntó si sería capaz de ver a Shelly y a sus niños con Kaiden la mañana de Navidad. El tiempo lo diría. No tenía que saberlo ni decidirlo ahora. Mientras tanto, seguiría trabajando con su dolor y se concentraría en la separación y en seguir adelante.

• • •

Al final, algunos padres siguen manteniendo algunas tradiciones familiares originales durante la infancia de los niños, otros se separan por completo y crean sus propias tradiciones, sin que coincidan, mientras que algunas familias encuentran un punto medio. Encuentra lo que funciona y fomenta la adaptación y la prosperidad de los adultos y los niños. Reconoce tus sentimientos y abórdalos adecuadamente. Gestionar tu dolor y pena te ayuda a ver con claridad qué es mejor para los niños. Comparte con tu compañera de crianza lo que crees que funcionaría. Imagina soluciones para que tus hijos puedan celebrar sin tensiones y en paz. Cumple los acuerdos, respeta los límites y propón cambios con respeto para manejar las expectativas durante la etapa de adaptación posterior a la separación.

La flexibilidad y la creatividad son características necesarias de las familias con dos hogares que gozan de prosperidad. Súmale límites respetuosos y comunicación clara y tendrás la receta para una crianza compartida exitosa que, con el tiempo, ayuda a los niños a sortear los altibajos propios de la vida entre dos hogares.

• • •

Gwen y Daniel celebraban las fiestas cristianas y judías con sus tres hijos, Max, Leah y Danielle. Cuando contemplaban el plan para la crianza y la vida después de la separación, Gwen reconoció que prefería celebrar las fiestas cristianas y que Daniel se encargara de las judías, si quería celebrarlas.

Diseñaron un plan para la crianza en el que Gwen se quedaba con la parte del descanso de invierno que incluía la Navidad. Daniel sólo pidió tener a los niños la primera y la octava noches del Janucá, siempre y cuando no interfiriera con Nochebuena, Navidad o los viajes de las vacaciones de invierno. Gwen estuvo de acuerdo. Cuando estudiaban las vacaciones de primavera, se dieron cuenta de que para que Daniel viajara a Los Ángeles con los niños para visitar a su familia para la Pascua Judía, ella tendría que perderse una que otra Semana Santa. Del mismo modo, Si Gwen quería viajar con los niños en Semana Santa, Daniel no tendría a los niños para la Pascua. Pero si los dos estaban en la ciudad, harían lo posible por permitirse tener a los niños para sus respectivas fiestas.

• • •

¿Y LOS CUMPLEAÑOS?

A los niños les encanta tener un motivo para celebrar, comer cosas especiales o planear celebraciones. Rituales como escoger el sabor del pastel de cumpleaños son especiales y constituyen los recuerdos tiernos de la infancia. Ayudar a tu hija a reunir materiales de manualidades para hacerle una tarjeta de cumpleaños a su papá o mamá le enseña a celebrar a sus seres queridos. Los cumpleaños son importantes, son una forma de decir: "¡Qué alegría que hayas nacido!"

Los cumpleaños de los niños

El cumpleaños de un niño se celebra en dos niveles importantes: primero, es la celebración sin restricciones de tu hijo ahora que cumple un año más y, segundo, es la reflexión del nacimiento de tu hijo (¡ésta es para ti!). Para los padres separados hay muchas formas de honrar estos dos niveles. Reconoce que el cumpleaños de tu hijo es especial para los dos y acepta que la vida saludable y atareada del niño determinará exactamente cómo lo celebrarás. Veamos qué puede pasar con un poco de creatividad y flexibilidad.

Las fiestas de cumpleaños tienen significados distintos para los niños según su edad:

Para los niños pequeños, los cumpleaños suelen ser celebraciones para toda la familia, incluida la familia extendida y las familias de los amigos. Para los padres recién separados, reunir a los abuelos, tías, tíos y amigos cercanos en un solo lugar, como la casa familiar, puede ser incómodo y difícil para el padre que se ha mudado. Reuniones más fáciles y separadas pueden funcionar mejor si la adaptación ha sido difícil.

A medida que los niños crecen, empiezan a decidir cómo quieren celebrar su día especial y se centran más en sus amigos y en las fiestas con ellos en un día en el que todos puedan asistir (a diferencia del día de su cumpleaños). Los compañeros de crianza pueden ser anfitriones de los amigos de sus hijos y en equipo planear la fiesta, ser anfitriones y solventar los gastos. También pueden alternar año con año —que un padre sea el anfitrión y el otro el invitado— o compartir la responsabilidad todos los años. O bien, un padre puede ser el "organizador de las fiestas por excelencia", para alivio del otro. Lo ideal es que los dos estén presentes, por lo menos, para cortar el pastel y abrir los regalos. Los compañeros de crianza pueden acordar ser anfitriones de la fiesta en alguna ubicación neutra para comodidad de los dos. No recomendamos intentar organizar dos fiestas para los amigos —una cada padre— pues puede ser estresante y competitivo.

En el caso de los adolescentes es más común que quieran más independencia de sus padres cuando celebren con sus amigos. Los padres deciden dónde, cómo y cuándo; deben establecer presupuestos, transporte y supervisión. Algunos adolescentes sienten que ya están grandes como para hacer fiesta, lo cual permite tener celebraciones más sencillas entre la familia, ya sea con los dos padres y los hermanos (tal vez cenar en un restaurante que elija el adolescente) o en casa de cada uno de sus padres en su estancia con ellos.

Tener en cuenta las necesidades de los niños según sus edades, ayuda a los padres a diseñar celebraciones para festejar a los niños y considerar el deseo de cada uno para honrar la ocasión especial. Combinar estos esfuerzos y ser honestos sobre la tensión o la comodidad que les genera trabajar en equipo, estar en el mismo evento e invitar a la familia extendida es fundamental para tomar decisiones.

Éstos son tres consejos para que la planificación de una fiesta de cumpleaños fluya sin contratiempos:

- Elijan quién estará a cargo de la fiesta de cumpleaños con los amigos. Tal vez puedan alternar esta responsabilidad en los años pares o impares. En algunas familias, un padre puede tener un talento especial para organizar fiestas, así que los dos compañeros de crianza acuerdan que el "padre de las fiestas" se encargue todos los años.
- Cuando tienes varios hijos y los dos padres quieren planificar las fiestas de cumpleaños con los amigos, sugerimos que uno de ustedes organice todas las fiestas un año, y el otro el siguiente. Explícale a los niños: "Este año le toca a mamá planear las fiestas, el próximo año, a papá".
- Durante la fiesta, el papá organizador es el papá en funciones para la fiesta y el otro padre acude como invitado solidario. Concédele el respeto que merece y apóyalo para que tu hijo tenga una fiesta maravillosa.

El objetivo más importante es crear una fiesta de cumpleaños divertida, agradable y centrada en el cumpleañero. Si los compañeros de crianza participan en equipo en una fiesta de cumpleaños y les da gusto acompañar a su hijo, el niño lo percibirá. En cambio, los niños sienten cuando los padres están tensos, enojados o tristes. Si bien celebramos que los dos padres hagan el esfuerzo para gestionar sus sentimientos y compartir el día, también es válido que reconozcan sus necesidades y límites con total honestidad. Del mismo modo, es útil reconocer la capacidad de los familiares y amigos de participar sinceramente en la reunión. La mejor política es la honestidad y si crees que la tía Edie no se va a morder la lengua, a lo mejor puede celebrar con el niño en otra ocasión.

Cada padre puede planear una celebración familiar al margen de la fiesta de cumpleaños con los amigos de su hija. Generalmente, éstas se celebran dentro del calendario doméstico normal y constituyen una oportunidad adicional para los niños de celebrar, recibir regalos y el amor de la familia. ¿Qué niño se queja si tiene dos o incluso tres pasteles?

Lo delicado es la fecha del cumpleaños del niño. Uno de ustedes estará en funciones y el otro no. Depende de cómo te sientas, te puede bastar esperar a tu tiempo residencial para ver al niño. Mientras tanto, déjale una tarjeta o un regalo en la puerta (si a tu compañero de crianza le parece bien) o envíale un mensaje o llámale para felicitarlo. Tal vez quieras apapachar a tu hijo en su cumpleaños, sin importar que cumpla quince. Teniendo en cuenta la escuela y las actividades en su agenda, tal vez necesites ponerte creativo:

- ¿Tu plan para la crianza permite que el padre fuera de servicio visite al niño en su cumpleaños?
- ¿Es conveniente para tu compañero de crianza si recoges a la niña en la mañana y la llevas por un chocolate caliente de camino a la escuela?
- ¿Tiene un momento después de la escuela, o antes de entrenar, para pasar juntos una hora?
- Si esperas a que tu hijo termine las actividades después de la escuela, ¿le dará tiempo de verte y hacer la tarea? Ten en cuenta el estrés de tu hijo.
- ¿El padre en funciones tiene planeada una cena especial para celebrar el cumpleaños? Sin importar lo que hagas, sé respetuoso, no regreses a tu hijo sin hambre porque se comió un helado de chocolate triple.

Cuando los cumpleaños son el fin de semana o en el verano, hay incluso más opciones.

Anticipar y hacer espacio para que tu hijo asista a la fiesta de cumpleaños de su hermana cuando le toque quedarse en tu casa será parte de la vida familiar. Tal vez tu hijo tiene hermanos que no viven contigo. Contempla que tus hijos asistan a las fiestas de cumpleaños de sus hermanos para honrar a la familia sin complicarles la vida. Esto puede solucionarse mediante un intercambio de horarios o, simplemente, que se contemple como una actividad del niño durante tu tiempo residencial. Cualquiera de las formas está bien. Lo importante es reconocer a la familia.

Cumpleaños de los padres

Lamentamos decirte que tu cumpleaños puede no ser igual de importante para tus hijos que el suyo es para ti o para ellos mismos. Así las cosas. No quiere decir que los niños no te adoren, no se emocionen por hacerte una tarjeta o darte un regalo. Es natural que a los niños les interese más cuando ellos son el centro de atención. Lo mejor es que reconozcas qué quieres y necesitas en tu cumpleaños y gestiones cómo esperas que los niños reaccionen o se involucren en las celebraciones. De nuevo, tal vez los niños no estén contigo para tu cumpleaños, tal vez no tengas oportunidad de verlos en tu día. Cuídate y contempla estas ideas:

- Si los niños están contigo, planea algo especial, enséñales que la familia, los cumpleaños y las ocasiones especiales se celebran con diversión y naturalidad.
- Si los niños están con tu compañero de crianza, haz planes que te gusten, ya sea celebrar con amigos y familiares o una tarde especial para ti. Es probable que sientas más la ausencia de los niños en las fiestas y las ocasiones especiales; si planificas con tiempo, te ayudará a no extrañarlos tanto. Cuando regresen, podrán celebrar juntos.
- Si los niños están contigo en el cumpleaños de tu compañero de crianza, ayúdales a cumplir los acuerdos a los que hayan llegado para los cumpleaños. Como mínimo, apóyalos para que lo llamen para felicitarlo. Te animamos a ayudar a los niños a hacer una tarjeta y un regalo o bien, llevarlos a la tienda a comprar un detalle, lo que tu familia acostumbre. Recuerda que dependen

de ti para que los ayudes a celebrar el cumpleaños de su padre o madre. Si es apropiado, contempla ofrecer al cumpleañero tiempo extra con los niños.

MÁS OCASIONES ESPECIALES

La vida familiar en uno o dos hogares incluye ocasiones especiales que suponen alegría y emoción para los niños, ya que pueden hacer algo distinto de sus actividades cotidianas. A continuación presentamos ejemplos de celebraciones tradicionales; pero añade, también, ocasiones que sean únicas dentro de tus tradiciones familiares.

Día de la Madre y día del Padre

El día de la Madre y el día del Padre tienen distintos significados para cada quien, la mayoría de los planes para la crianza contemplan que los niños pasen ese día con el festejado. Piensa cómo han participado los niños en esta celebración:

- ¿Te llevaron el desayuno a la cama?
- ¿Te obsequiaron tarjetas y regalos hechos a mano que crearon con ayuda del otro padre?
- ¿La familia dio un paseo?
- ¿Saliste ese día para disfrutar un día sin los niños?

Al recordar lo que hiciste en el pasado o cómo lo hiciste se crea consistencia para el bien de los niños. Dicho esto, también puedes crear nuevas tradiciones y experimentar con ideas divertidas para celebrar la ocasión especial.

Cuando un compañero de crianza ayuda a los niños a celebrar al otro padre o la otra madre haciendo tarjetas, regalos o planeando actividades, los niños aprenden lecciones importantes sobre las relaciones y sienten el apoyo cariñoso que trasciende el dolor, la ira y la pérdida.

Tus eventos familiares únicos

Es muy probable que tu familia tenga otras ocasiones especiales y festividades que sortear, separar, integrar, honrar y para las cuales tiene que encontrar nuevos ritmos. Esperamos que hayas encontrado ideas sobre cómo celebran algunas familias de dos hogares distintos eventos familiares. La idea es experimentar y, con el paso del tiempo, tendrás aún más opciones. Éstas son algunas ocasiones familiares especiales que las familias de dos hogares han podido honrar y conservar:

- Día de gotcha (para celebrar la adopción).
- Campamento familiar (misma semana todos los veranos).
- Casa de vacaciones que se comparte con otras familias.
- Campamento el 4 de julio.
- Día de los Caídos.
- Distintas tradiciones religiosas en dos hogares.

Los niños que crecen entre dos hogares pueden gozar de todas las bondades de los rituales, tradiciones, familia extendida y celebración. Los compañeros de crianza que se ponen de acuerdo para facilitar lo mejor de la familia en cada hogar benefician a los niños.

UNA SELECCIÓN DE IDEAS

- En las primeras etapas del proceso de separación, es probable que los padres requieran distanciarse por completo para gestionar sus sentimientos o bien, permitir a los niños que tengan una experiencia lo más tradicional posible y decidan reunirse para algunos aspectos centrados en los niños durante las fiestas.
- En el primer año o los dos posteriores a la separación, los compañeros de crianza siguen observando su necesidad de distancia mientras contemplan qué tradiciones familiares desean conservar para alimentar el sentido de integración tranquilidad y familia de los niños.

- A largo plazo, a medida que los padres y los niños se adaptan a la estructura familiar de dos hogares, es común que las tradiciones de antaño se mezclen con las nuevas. A veces los compañeros de crianza eligen mayor autonomía para incluir a nuevas parejas, lo cual modifica en algunos aspectos la celebración de las festividades.
- La adaptación posterior a la separación progresa con el tiempo. La forma en que los compañeros de crianza celebren las festividades y las ocasiones especiales suele reflejar este proceso de desarrollo. Lo que era importante poco después de la separación, se sustituye con lo que parezca apropiado para el próximo par de años; lo cual, en última instancia, se sustituye con un patrón a largo plazo que fomenta la autonomía, el crecimiento y el cambio para los adultos mientras conserva la conexión y el sentido de familia para los niños.
- Mantener la alegría y optimismo en las festividades y ocasiones especiales puede ser un reto, incluso en las familias de un hogar. Dicho esto, es importante hacer lo posible por ser honesto sobre tu capacidad para estar juntos y celebrar con los niños. No es necesario forzar las cosas, permite que el tiempo cure las heridas y céntrate en el proceso de sanación.
- La flexibilidad y la creatividad ayudan a los compañeros de crianza a encontrar la forma de trabajar en equipo para aprovechar al máximo los rituales familiares y las tradiciones positivas para los niños.
- La fiesta de cumpleaños con los amigos de tus hijos es especial. Cuando los dos padres pueden estar presentes (incluso un momento), los niños se sienten amados, y nadie queda fuera.
- A veces los niños necesitan tu apoyo para prepararse para las ocasiones especiales de los otros padres. Haz lo posible por ayudar a los niños a experimentar la valiosa lección de prepararse para esos días y sorprender a sus seres queridos.
- Los compañeros de crianza tienen el control y deciden cómo, cuándo y en dónde conviven en espacios privados y eventos familiares. Cuando los padres gestionan bien estas ocasiones, los niños aceptan gustosos la estructura y la guía que ellos les brindan.

CAPÍTULO 9

La crianza compartida en espacios públicos

La porra incluye a la madre y sus amigos, al hermano, al padre y su pareja, a un hermanastro y una hermanastra y un abuelo. Es afortunado el niño que tiene tantos familiares para recibir gustoso un logro que es motivo de orgullo. Yo también estoy presente presenciado esta suerte familiar... y pienso: que alguien se atreva a llamar a ésta una familia disfuncional.

BARBARA KINGSOLVER,
"Stone Soup" de *High Tide in Tucson*

Los niños mantienen el vínculo de los padres de muchas formas, mediante su escuela, actividades extracurriculares, necesidades de asistencia médica, acontecimientos del ciclo de la vida. Todo esto se desarrolla en espacios públicos en los que los padres solían estar juntos y ya no. Estos escenarios comunes pueden estar repletos de recuerdos y patrones que ya no encajan. En este capítulo esperamos ayudarte a sortear la incomodidad para aprender a compartir el espacio público de forma más satisfactoria, con respeto mutuo y siempre, centrándose en los niños.

DISPOSICIÓN EMOCIONAL

Dar pasos para separarte, fortalecer la mente de padre/madre y aceptar las cosas como son, ayudan a gestionar las emociones cuando participas en eventos públicos de los niños. Algunas situaciones detonan emociones difíciles en mayor medida que otras. Desarrollar con antelación una mentalidad tranquila y estrategias logísticas para sortearlas te ayudarán a disfrutar los eventos y actividades públicos de tus hijos. Por difícil que sea asistir a eventos en los que estén presentes tu compañera de crianza y sus invitados, ten la seguridad de que con constancia y experiencia los dos aprenderán a sentirse cómodos para disfrutar de estos eventos.

PREPÁRATE: COMIENZA A ALISTARTE MENTALMENTE

- Lo primero, recuerda que tanto tú como tu compañero de crianza están involucrados en las actividades y eventos públicos de los niños.
- Lo segundo, ten en cuenta que es posible que asistan otras personas con las que preferirías no interactuar (también están en su derecho de asistir a eventos públicos).
- Y, por último, la única persona a la que puedes controlar es a ti misma. Cuando queremos imponer expectativas de lo que está bien y está mal en las acciones de los demás o queremos controlar quién merece asistir a eventos públicos y quién no, creamos nuestro propio sufrimiento. Prepararte no se trata de menospreciar lo que sientes, sino de crear una mentalidad constructiva y estrategias saludables para hacerle frente a la situación.

Recuerda que siempre eres padre al cien por ciento, pero no siempre estás en funciones. Los eventos públicos pueden suscitar ambigüedad e incertidumbre sobre tu papel y responsabilidades como padre. Para que los padres asistan teniendo claridad del papel que desempeñan, los animamos a recurrir al modelo de padre en funciones. Lo ideal es que los dos padres hayan hablado sobre los límites respetuosos y puedan ser civilizados. El modelo de padre en funciones sugiere que éste está a cargo de las responsabilidades de crianza en los eventos públicos, mientras el padre que no está en funciones asiste como invitado. Cuando los niños tengan peticiones que correspondan al padre en funciones, simplemente pídeles que lo consulten con él. Así también aprenderán sobre límites saludables.

Respeta el proceso de desarrollo posterior a la separación. La sanación y recuperación de la separación es un proceso. Entender el grado de adaptación de los adultos y los niños, respetar los sentimientos del otro dentro de lo razonable y permitir que la situación se estabilice le ayuda a los niños a relajarse y centrarse en sus actividades, también permite a los padres estar presentes para los niños y sentirse disponibles emocionalmente.

• • •

Louis y Serena llevaban tres meses de relación, desde que él se había separado de su esposa. El hijo de Louis, Brent jugaba futbol el domingo en la mañana cerca del departamento de Louis y él consideraba invitar a Serena al partido. Pensó: "Tengo muchas ganas de invitarla, sería una oportunidad maravillosa de conocer a Brenton sin que sea necesario presentarlos de manera formal u organizar una reunión forzada". Pero, por otra parte, pensó: "Caray, si la mamá de Brent va al partido, se desatará la guerra". Otra voz intervino: "Estoy harto de que controle mi vida", ante lo que otra voz dijo con serenidad: "Oye, no eres el centro de atención, sino Brent. ¿Cómo se sentiría si llevaras a Serena y esto sorprendiera a su mamá la próxima semana?" Louis decidió que esperaría a que transcurriera más tiempo antes de presentar a otra persona a una situación ya de por sí tensa y con dificultades emocionales. Por ahora, iría a apoyar a Brent en su partido y lo disfrutaría, sería cordial con su mamá si asistía.

• • •

Después de la separación, el tiempo dictará la adaptación, la aceptación y cierta tranquilidad si los dos compañeros de crianza están comprometidos con su esfuerzo para seguir adelante respetuosamente. Cuando se centran en los niños, el esfuerzo por moderar los cambios, respetar las emociones del otro y trabajar con su dolor personal habrán valido la pena.

DEPORTES Y ACTIVIDADES EXTRACURRICULARES
Disfruta a los niños cuando estén participando en actividades escolares o extracurriculares. Los eventos públicos centrados en los niños son un

puente entre los hogares de los niños. A veces los niños se sienten incómodos o no están seguros sobre las nuevas reglas de interacción tras la separación. Transmítele a tu hijo con claridad que tiene permiso para disfrutar a los dos padres, mientras respete al padre en funciones, y céntrate en su participación en la actividad.

Animamos a los compañeros de crianza a observar, alentar y estar en contacto con los niños que participen en actividades en el espacio público. Es una oportunidad para que el niño tenga un poco más de contacto con el padre que no está en funciones, y siempre es bueno para ellos. Por favor sigue los protocolos de la crianza compartida, su objetivo es hacer de la crianza compartida una experiencia positiva durante las actividades extracurriculares y eventos especiales de tus hijos.

- *Respeta la distancia física y emocional que tu compañera de crianza quiere o necesita.* Si tu presencia le genera incomodidad, por favor mantén una distancia saludable y respetuosa de tu compañera de crianza durante los eventos públicos, como un partido de futbol. Esto incluye centrar la mirada en el evento, y no en tu compañera de crianza o en sus invitados. Si la incomodidad persiste, contempla buscar terapia para ti, o mejor, con tu compañera de crianza.
- *Decide con gracia quién se sienta con cada uno de los padres.* Tu capacidad para guardar la compostura puede ayudarte a decidir en dónde te sientas o cuánto permanezcas en el evento. Esto nos recuerda que la única persona a la que puedes controlar es a ti misma. Las actividades y eventos de tus hijos no son la ocasión para una guerra de territorio a propósito de relaciones previas con los padres de los amigos de tus hijos. Con el tiempo, habrá espacio de sobra para que los dos se relajen. Con el tiempo, tal vez descubran que pueden compartir la misma banca o sección. Que tu objetivo sea participar sin quitarle la oportunidad a tu hijo de obtener el apoyo mediante la asistencia de sus dos padres.
- *Cuando seas el padre en funciones, anima a los niños* (sin importar si son parte del público o participantes) a saludar a su otro padre. Guíalos: "Allá está papá, ve a saludarlo, aquí te espero". Si sabes con antelación que al otro padre le gustaría convivir un rato con

los niños en algún punto del evento, muéstrate generoso y permite y alienta que los niños convivan con los dos por separado.

- *Cuando seas el padre que no está en funciones, acepta con gracia tu papel secundario* para ayudar a reducir la tensión y la ambigüedad por el bien de tu hijo. Cuando tu hijo te pida permiso para comprar un refrigerio o jugar en los columpios, dile que lo consulte con su otro padre o su otra madre, piensa cómo responderías frente al hijo de otro padre y lo harás bien. No interfieras con las funciones de tu compañera de crianza.

- *Cuando seas el padre que no está en funciones comunícate con tu hijo abiertamente* y con cariño, pero respeta los límites saludables de acuerdo con la situación. Dale un gran abrazo, felicítalo, o lo que la ocasión merezca, y después guíalo para que regrese con el padre en funciones, recuérdale que se verán pronto (a menos que hayan acordado que el niño puede convivir con los dos por separado).

- *Espera entre dos y cinco minutos al final del partido para que el padre que no está en funciones se despida* del niño y comenten los mejores momentos del partido. Sin embargo, no es momento para conversaciones largas, para hacer planes ni nada que exceda unos minutos de intercambio emocional positivo, sobre todo si el padre en funciones está esperando subir las cosas al coche para irse.

LA ESCUELA Y LOS EVENTOS ESCOLARES

A los compañeros de crianza les favorece cuando tienen estrategias para sortear las noches previas al regreso a clases, las ferias científicas, las reuniones entre padres y maestros, los banquetes al fin del curso y otros eventos escolares. Al igual que en el caso de los deportes, los dos son bienvenidos a los eventos escolares, sin importar el calendario doméstico. Tal vez decidan dividirse la labor: "Esta vez te toca, yo iré a la próxima". Pero al margen de eso, los dos pueden asistir.

Cuando los niños estén presentes, sigan los protocolos para las actividades deportivas o extracurriculares enlistadas en la página 216. En una feria de ciencias, anima a tu hija a convivir un rato con su padre o madre.

Dile cómo y déjalos convivir. Cuando planeas con antelación junto con tu compañero de crianza, pueden mitigar la confusión del niño.

. . .

Rick y Mitch planearon asistir a la feria de ciencias de Tyson. Rick estaba en funciones, así que le preguntó a Mitch qué media hora quería convivir con el niño, de 7 a 7:30 o de 7:30 a 8. Mitch le agradeció que lo contemplara. Aceptó con gusto el segundo horario, lo cual le permitió a Rick quedarse con el primer horario de Tyson. Cuando se acercó la hora, Rick le dijo a Tyson que se reuniera con él en la cafetería a las 8 cuando terminara de mostrarle a Mitch sus salones y proyectos. Tyson se reunió contento con Mitch cuando éste llegó a las 7:30, y lo recibió así: "Ahora te toca a ti, papá".

. . .

Pueden o no asistir juntos a *las reuniones entre padres y maestros.* La ventaja de reunirse juntos con el maestro es que los dos reciben la misma información de su parte, y escuchan las dudas que ambos planteen. Si se reúnen cada uno por separado, querrán tomar notas para confirmar que hayan entendido la información del maestro y compartirlas en los correos para la transición.

En los banquetes y otros eventos formales en los que los niños se sientan con sus padres, permite que el niño se siente con el padre en funciones. Dejar que el niño decida no es bueno y muchas veces es fuente de dudas y estrés. Cuando te muestras respetuoso, guías a los niños, respetas los límites saludables y estás de acuerdo con tu compañero de crianza en cómo apoyar a los niños en los espacios públicos, los niños salen ganando.

. . .

La vida individual de Walt y Barbara después de la separación resultaron muy distintas. Walt permaneció en el grupo de papás involucrados en las actividades de su hija Erica, mientras que Barbara se hizo a un lado. El día del banquete de la banda de Erica, a finales del segundo año de preparatoria, los dos padres quisieron asistir. Walt llegó primero y se sentó en la mesa con todos sus amigos. Cuando llegó Barbara, escogió la mesa de los papás de los miembros de la banda de primero. Fue duro sentirse excluida, pero fue persistente y aceptó que había sido ella quien tras la separación, se había distanciado del grupo de padres. En cuanto llegó, Erica fue a saludar a su mamá, le dio un gran abrazo y le dijo que le daba muchísimo gusto que hubiera ido. Erica regresó a sentarse con su papá para escuchar las presentaciones —esa semana le tocaba con su papá— y esta claridad le ayudó a Erica a sentir que estaba haciendo lo correcto.

• • •

Cuando te ofrezcas como voluntario o para proyectos escolares, evita modificar la relación diaria del padre en funciones con la niña. Cuando tu apoyo y participación en el salón de clases enriquece la experiencia de tu hijo en la escuela y no interfiere con el papel de tu compañero de crianza en el salón de clases ni altera las transiciones, entonces adelante. De lo contrario, sé respetuoso, no fomentes el espíritu de competencia ni excluyas al otro padre anotándote primero para ser voluntario. Si se suscitan conflictos, tal vez podrían alternar estas oportunidades de voluntariado en su reunión profesional trianual.

Los eventos especiales durante la preparatoria (bailes, graduación, premiaciones, etcétera) reúnen a los padres para fotos y reuniones. A los adolescentes les preocupa mucho sentirse diferentes o desencajar. Como compañeros de crianza en eventos centrados en los adolescentes, hagan su mejor esfuerzo por no generar estrés, permitan que su hijo vaya y venga con total libertad con sus amigos, se tome fotos y comparta el evento sin preocuparse por los sentimientos de sus padres.

• • •

Para cuando Geoffrey llegó a su último año en la preparatoria, sus padres llevaban ocho años separados. Los dos asistían prácticamente a todos los eventos deportivos en los que participaba, cada uno lo animaba desde extremos opuestos del gimnasio. El último partido al final de la temporada de basquetbol incluía un reconocimiento para todos los alumnos de último año. Cada jugador cuya madre estuviera presente le regalaba una rosa; los padres acompañaban a sus hijos al centro de la cancha, en donde les tomaban una fotografía profesional. Lisa y Matt dejaron que su hijo los tomara del brazo, él iba en el centro: los dos iban con mentalidad de padres, Geoffrey era el centro de atención.

Lilah necesitaba dos rosas para caminar con sus padres porque su mamá y su madrastra la acompañaban a celebrar su último partido como capitana de las porristas. Su madrastra iba a un lado de su papá mientras Lilah iba al centro, entre su papá y su mamá. Así le tomaron la foto a Lilah y su familia.

• • •

Las graduaciones desde el kínder a la universidad son clave para los niños y momentos de orgullo para los padres. Esperamos que los dos puedan reunirse para celebrar a su hija. Tómense fotos, si es apropiado, que alguien les tome una foto con su recién graduado para su álbum. Cuanto más se puedan relajar y concentrar en su hija, menos culpable se sentirá por la incomodidad de sus padres y por el hecho de que "tuvieran que reunirse por mi culpa".

Los acontecimientos en el ciclo de la vida de los niños, como las graduaciones, son oportunidades maravillosas para todos los familiares, cuando todos pueden honrarse y respetarse mutuamente. Sin embargo, no es momento para que los niños se preocupen por los sentimientos de los adultos.

Si los compañeros de crianza y las nuevas parejas todavía no se han adaptado ni aceptado su presencia, recomendamos que los compañeros de crianza se centren en el niño y que las nuevas parejas se aparten y permitan que los padres apoyen y celebren los logros de su hijo.

Esto puede ser complicado y es importante hablar con la pareja antes de tiempo para asegurarle que el objetivo no es ceder ante la expareja excluyéndola del evento central, sino celebrar y cuidar a su hijo.

COMUNIDAD Y PRÁCTICAS RELIGIOSAS

La religión y la celebración de la fe puede ser un aspecto de división y conflicto profundo si los padres olvidan respetar el derecho mutuo de decidir la práctica religiosa. Una preocupación frecuente sobre la práctica religiosa de los niños tras la separación se suscita cuando uno de los padres ya no valora ni comparte la disposición para asegurar la educación religiosa o la asistencia a los servicios religiosos de los niños. Como ya se detalló, la separación implica un rompimiento, y cuando este rompimiento afecta los valores religiosos o los acuerdos o las promesas previas sobre cómo criar a los hijos juntos, uno de los padres puede sentirse sumamente preocupado, ansioso y traicionado. Debido a que la libertad religiosa es una elección personal importante, no hay más remedio que aceptar que tu compañero de crianza tiene derecho de tomar sus propias decisiones en lo que se refiere a la práctica religiosa y las actividades diarias para sus hijos en su calendario doméstico. Dicho esto, con frecuencia los padres encuentran el modo de que los niños puedan continuar su práctica religiosa y asistir a los servicios cuando así lo estiman. Pueden hacerlo de distintas formas:

- El padre practicante acepta asumir la responsabilidad de transportar y gestionar toda la logística de la asistencia a los servicios religiosos, incluso en el horario del padre no practicante, si a los dos les funciona.
- El padre practicante puede acordar intercambiar horarios a cambio de la oportunidad de que el niño asista a servicios o actividades religiosas con él, si su compañero de crianza está de acuerdo.
- El padre no practicante acepta facilitar la asistencia del mismo modo en que los dos acuerdan asistir a cualquier otra actividad extracurricular, llevar al niño al catecismo los domingos al igual que lo llevan a clases de piano.
- El padre practicante participa con los niños durante su tiempo residencial y acepta que el padre no practicante gestionará las actividades del niño en su tiempo residencial.

Ciertos momentos clave en la práctica religiosa de los niños requieren educación, compromiso, práctica y ceremonia. Cuando los compañeros de crianza coinciden y deciden que ciertos momentos son importantes para su hijo al margen de la práctica religiosa adulta, el compromiso es con el niño. Si han acordado apoyar al niño a completar un momento religioso clave, su atención constante al niño se vuelve parte integral de sus otras prácticas de crianza fundacionales.

Su hijo dependerá de los dos para que lo ayuden a mantener el compromiso y perseverar mediante la práctica y los retos que supone un logro importante. Desde luego, esperará su asistencia a la ceremonia especial.

La importancia que muchas comunidades religiosas le dan a la familia puede hacer que la crianza compartida sea estresante en los primeros meses posteriores a la separación. Las comunidades religiosas otorgan mucho valor al matrimonio y la familia, por lo que a veces les cuesta aceptar a una pareja separada. El padre ahora soltero parece fuera de lugar. Tal vez se sienta juzgado y tenga que disipar rumores. Los padres que comparten la crianza de sus hijos pueden experimentar sentimientos de vergüenza, fracaso, culpa, indignidad, incomodidad e inseguridad. Lo que alguna vez fue un lugar acogedor, ahora se siente lleno de recuerdos, fracaso e incertidumbre.

Encuentra estrategias para continuar con tu vida religiosa que también apoyen a tus hijos en su comunidad religiosa. Cuando el santuario se convierta en un sitio más en el que debes sortear los sentimientos sobre cómo compartir espacio con tu compañero de crianza, puedes encontrar la forma de reducir las tensiones:

- Ten una conversación franca y constructiva con el líder religioso sobre cómo separarse y respetarse en el lugar de culto.
- Anticipa cómo compartir o dividir las actividades y el espacio religioso con tu compañero de crianza.
- Asistan a servicios distintos.

- Asistan a comunidades distintas si funciona mejor.
- Sigan el protocolo de las actividades deportivas y extracurriculares de la página 216.
- Ayuden a los niños a conservar su propia comunidad, al igual que sus relaciones en la escuela, pues van más allá de la práctica religiosa.

Llega un momento en el que los niños expresan sus propias ideas y sentimientos con respecto a la práctica religiosa. Como cualquier paso en la crianza de los niños, tendrás que decidir si los niños tienen voz y voto en este tema. Cuando los compañeros de crianza están de acuerdo, es más fácil conservar los límites y la tradición familiar. Cuando no lo están, el niño utilizará la separación a su favor. Te animamos a reconocer que el conflicto constante entre los padres nunca les hace bien a los niños. Confía en que los niños madurarán y se convertirán en los mejores individuos posibles, sin importar si participan en actividades religiosas cuando están contigo o en su otra casa.

ATENCIÓN MÉDICA PRIMARIA Y CITAS CON EL DENTISTA

Hablar sobre la salud de los niños con un profesional brinda información importante y necesaria sobre el bienestar general de tus hijos. Actualizar a tu médico sobre su estado de salud puede ser un poco más complicado cuando los niños viven en una familia de dos hogares. Los compañeros de crianza que transmiten eficazmente información sobre la salud de los niños a través de correos electrónicos durante la transición, apoyan al padre responsable de llevar a los niños al médico. La mayoría de las citas médicas son oportunidades para enseñar a los niños cómo comunicarse de forma constructiva y aprender a compartir con un médico sus inquietudes sanitarias. Cuando compartas información sobre el niño o su vida con su otro padre, recuerda que tu hijo te escucha.

La información que compartas frente al niño debe centrarse en él y compartirse con el fin de que, más adelante, tu hijo aprenda a brindar esa información por su cuenta. Sé claro y mantén una actitud positiva sobre la vida de tu hijo en sus dos casas (tu hijo construye su historia de vida familiar a partir de experiencias como ésta). Ten en cuenta su etapa de desarrollo, a medida que los niños crecen, cada vez se van haciendo más responsables de su salud.

Pide una consulta entre adultos cuando necesites expresar información delicada sobre el otro padre que tu hijo pueda malinterpretar. Tener información precisa no es un pretexto para criticar abiertamente las prácticas de crianza de tu compañero de crianza frente a tu hijo, pide un momento a solas con el médico si necesitas compartir información delicada.

· · ·

Miyako llevó a Cole a su revisión médica regular con Celia, la enfermera pediatra. A los cuatro años, Cole había sido diagnosticado con hipertensión pediátrica. Miyako y Rob, padre de Cole, estaban separados, y ahora Cole iba y venía a casa de su papá cada dos fines de semana. Miyako le explicó los cambios a Celia y animó a Cole a que le contara, desde su perspectiva, su vida en su familia de dos hogares. Al examinarlo, la presión sanguínea de Cole era más elevada que en ocasiones previas. A medida que Celia empezó a evaluar qué podría haber contribuido a esta elevación en la presión sanguínea, Miyako se dio cuenta de que necesitaba hablar con ella en privado. Le dijo a Celia que necesitaba unos minutos a solas.

Cuando Cole estuvo listo, se sentó en una silla en el pasillo. Miyako le contó a Celia que Rob había estado llevando a Cole a comer fuera con mucha más frecuencia que antes, debido a que ahora vivía solo y tenía más tiempo. Ir por una hamburguesa y unas papas fritas era una especie de "vínculo masculino" y ella se sentía como una completa gruñona porque Rob ignoraba sus preocupaciones. Celia le recetó una lista de alimentos bajos en sal. Volvió a llamar a Cole al consultorio y revisó con él la lista de alimentos que podía ordenar cuando comiera fuera, con mamá o papá. Imprimió dos copias, Miyako le entregaría una a Rob en la próxima transición. Tal vez esto ayudaría, y si no, Miyako le pediría a Rob que trajera a Cole a su siguiente cita.

Cole no estuvo expuesto a una conversación adulta que le pudo haber causado incomodidad y culpa por lo mucho que se divertía con su papá, la tensión que sentía su mamá porque su papá no le hacía caso, ni su preocupación por la presión sanguínea elevada. Y así se puso en marcha el plan que debían seguir los dos padres.

· · ·

La crianza compartida constructiva en las citas médicas y dentales exige decoro, confianza y comprender que el niño es el centro de atención. Lleguen a acuerdos para sacar citas. Si es necesario, intercambien las citas para equilibrar el efecto que tienen en el tiempo residencial y repártanse la responsabilidad, permitan que los dos participen y estén informados. Si discuten constantemente, contemplen alternar la responsabilidad anualmente, para evitar llevar las cuentas pero compartir la responsabilidad y el efecto. Acuerden cómo cubrir el costo de los servicios.

FIESTAS DE CUMPLEAÑOS DE LOS COMPAÑEROS

Las responsabilidades del padre en funciones con respecto a las fiestas de cumpleaños de los amigos de los niños pueden delegarse, compartirse o gestionarse en soledad. Contribuir a que los niños mantengan la relación con sus amigos durante el tiempo residencial de cada padre es bueno para ellos.

Sin importar lo inoportunas e inconvenientes que sean, las fiestas de cumpleaños se reparten en distintos fines de semana en los años de la primaria. Para el padre que tiene el tiempo limitado con sus hijos, puede tener mayor efecto que para el padre con más tiempo. Cuando el padre que tiene más tiempo se ofrece (y la oferta se acepta) a comprar y envolver un regalo y preparar al niño para la fiesta con direcciones e información, el compañero de crianza estará menos estresado y el niño podrá disfrutar de la fiesta. Ésta puede ser otra forma de ser generoso cuando tu asistencia es bienvenida.

Cuando los dos padres están invitados, las fiestas de cumpleaños de los amigos son como cualquier otro evento público centrado en los niños. Si los dos asisten, sigan sus protocolos para la crianza compartida. A veces, para decidir quién asistirá, los padres recurren al calendario doméstico, en otras palabras, el padre en funciones acompaña al niño a la fiesta. Si un padre tiene una relación muy cercana con la familia anfi-triona, es comprensible que los padres intercambien.

Cuando se trata de resolver la tensión y el conflicto en los even-tos centrados en los niños, el principio rector es resolver los pro-blemas con creatividad y enfocándose en los niños.

Los niños no siempre pueden asistir a todas las fiestas, respalda la toma de decisiones en cada casa. Por mucho que seamos partidarias de que los niños estén en contacto con sus amigos cuando van y vienen entre casa de sus padres, habrá ocasiones y situaciones en las que no es práctico ni po-sible. Cuando los dos padres se apoyan mutuamente a la hora de tomar decisiones cotidianas, los niños aceptan mejor los límites. Si papá dice "Esta vez no" y mamá lo apoya, entonces los niños no quedan en medio.

AMIGOS Y SUS FAMILIAS

En general, los compañeros de crianza llegan a acuerdos sobre cómo compartir información de contacto de cada casa con las familias de los amigos de los niños. Lleguen a un acuerdo para proporcionar los co-rreos y otra información de contacto a estas familias. Compartan toda información relevante, intercambien invitaciones físicas. Los niños de-penden de ustedes para coordinar y contribuir a que su vida fluya lo mejor posible.

Cuando tengas permiso de compartir información de contacto, re-cuerda remitir a otros padres con tu compañero de crianza en funciones cuando inviten a tu hijo. Es parte de la crianza compartida respetuosa. El padre en funciones debe ser responsable de agendar las actividades y citas de juegos de los niños. Cuando implicas a tu hijo en este proceso o le pides que transmita la información a su otro padre, puedes fomentar la presión y la decepción. La información y las decisiones responsabilidad de los padres deben quedar entre los padres.

• • •

El mejor amigo de Chris era su primo Ben. Cuando sus papás se separaron, se volvió un poco incómodo que Chris jugara con Ben mientras estaba con su mamá, Beth. Jim, papá de Chris, habló con su hermano y cuñada y les explicó lo importante que era para él que Chris y Ben conservaran su amistad incluso cuando Chris estuviera en casa de su mamá. Beth se sintió aliviada de que sus excuñados pudieran llamar e invitar a Chris los fines de semana que se quedaba con ella, y ellos también aceptaron las invitaciones para que Ben fuera a jugar con Chris a casa de Beth.

• • •

OTROS EVENTOS FAMILIARES EN ESPACIOS PÚBLICOS

Las familias de dos hogares encuentran formas creativas y alentadoras de lidiar con los eventos familiares importantes, como la graduación de mamá de la universidad, la entrega de un premio a papá por su servicio prestado a la comunidad, el noventa cumpleaños de la bisabuela, la boda de una tía, sin importar el calendario doméstico. Cuando los compañeros de crianza diseñan estrategias para que los niños asistan a estos eventos en las dos familias, los niños tienen una vida familiar próspera e integrada en sus dos hogares. Esto incluye eventos importantes para las nuevas parejas cuando esas relaciones sean parte de la familia.

• • •

Felicity se graduaba de la universidad, un evento especial al que esperaba asistieran sus hijos. Mik estuvo de acuerdo en acompañar a los niños mientras ella participaba en la ceremonia. Él comprendió que aunque era su tiempo residencial con los niños, era el momento especial de la madre de sus hijos. Permitir que los niños celebraran con su madre no fue fácil, debido a su resentimiento aún irresuelto con motivo de la separación.

Sin embargo, verlos disfrutar los logros de su mamá sin reservas y sin tener que preocuparse por sus sentimientos le aseguró que haber tenido ese gesto había sido lo correcto.

• • •

UNA SELECCIÓN DE IDEAS

- Asistir a las actividades de tus hijos en espacios públicos supone una dimensión emocional que exige preparación y gracia.
- Los compañeros de crianza y los invitados tienen todo el derecho de asistir a actividades centradas en los niños siempre y cuando sean respetuosos y sigan límites saludables.
- Los protocolos para la crianza compartida inspirados en el papel del padre en funciones brindan a los padres y los niños lineamientos básicos para decidir quién está a cargo cuando los dos padres comparten un espacio público.
- La escuela es un puente importante entre hogares, la capacidad de los padres para sortear las experiencias compartidas en la escuela contribuye a que los niños se sientan seguros en su mundo lejos de casa.
- Las comunidades religiosas pueden suponer un reto particular en virtud de la importancia que le otorgan a la familia. Los padres deben ver más allá de sus prácticas religiosas y centrarse en cómo apoyar a los niños.
- Las citas médicas son el espacio para compartir información constructiva. Representa a tu compañero de crianza con entusiasmo frente a tu hijo.
- Al compartir la información de contacto de los amigos de los niños y fomentar las actividades entre su grupo social, los padres le facilitan la vida a los niños mientras van y vienen entre sus casas.
- A medida que la familia madura, contemplar a nuevos miembros de la familia es otra oportunidad de que los niños experimenten el amor y los eventos especiales de su familia extendida.

CAPÍTULO 10

Adultos nuevos en la vida de tus hijos

Terminar una relación sentimental es una tarea sumamente difícil en sí misma. La profundidad del vínculo y el cariño, la importancia y el respeto que merece el proceso de separación y el efecto que producen los cambios en los niños influye en cómo se separa una pareja, fácilmente o con mucho estrés. Hay circunstancias en las que el proceso de separación es aún más desafiante porque llega un adulto a la vida de uno de los compañeros de crianza. El momento en que esto sucede a veces afecta las expectativas, los sentimientos y la capacidad del otro compañero de crianza y de los niños de aceptar o darle la bienvenida a la nueva persona. Como muchos aspectos del proceso de separación, esto también se puede entender mejor según la etapa de la separación.

RELACIONES ADULTAS 101

Las relaciones sentimentales adultas tienen un desarrollo. Para algunos, salir puede ser un idioma extranjero, una cosa del pasado remoto y sin duda, algo que no creían hacer en esta etapa de la vida.

Como eres totalmente nuevo en esto (otra vez), contempla tener lo siguiente en mente:

Lo ideal es que deberías terminar una relación antes de comenzar otra. Atención al "deberías", deberías, pero la vida no siempre es así. El valor de terminar una relación antes de salir o pasar página radica en recuperar tu estabilidad para que no te enamores demasiado rápido, con asuntos irresueltos, y termines hiriendo a los demás y a ti mismo. Otro aspecto de concluir tu relación antes de aceptar a otra persona en tu vida es el respeto por tu relación actual y los sentimientos de esa persona.

Las relaciones prematuras: apresurarte a ser "nosotros", obstaculiza y restringe la alquimia de una nueva relación. Al salir de un matrimonio tal vez necesites sustituir la calidez, la seguridad, la predictibilidad y las comodidades de la vida conyugal.

Cuando los adultos se apresuran a la fase de la relación en la que son "nosotros", con frecuencia llevan mucho bagaje de su matrimonio anterior (o matrimonios), que después tienen que resolver con su nueva pareja.

Recomendamos evitarse la tediosa labor de resolver bagaje de una relación previa y tomarse el tiempo de descubrir formas novedosas de conocer a alguien, salir, divertirse e intimar, sin saltarse ningún paso. Tómate el tiempo de que tu relación evolucione cuando hayas descubierto todos los aspectos de estar en una relación con una persona nueva.

Las relaciones por despecho no suelen funcionar. Cuando los adultos pasan de una relación adulta a otra demasiado rápido, tal vez huyen del duelo, el dolor, el miedo a la soledad, el pasado, de ellos mismos. Correr a los brazos de alguien más es como usar a una persona como terminal de conexión con la esperanza de que los sentimientos malos pasen mientras estás "enganchado". En algún punto pega la realidad y la relación suele disolverse. Y después sales corriendo de nuevo, causando dolor y confusión a tu paso.

Enamorarse es intoxicante. Se ha escrito mucho sobre la química cerebral del deseo y el enamoramiento, basta decir que nuestras hormonas salvajes nos hacen idealizar, soñar despiertos, hacer el amor insaciablemente. Nos sentimos golpeados por el amor, más cercanos, interesados, más especiales de lo que alguna vez soñamos (¡gracias, química cerebral y hormonas!). Tal vez no sea la mejor fase para tomar decisiones vitales. ¿Cuánto tiempo nos ponemos esos lentes de color rosa? Entre tres y cuatro meses. Si tomamos decisiones importantes en este periodo, anularlas puede ser duro.

Siempre que haya idealización, hay decepción. Algunas personas se refieren a la primera etapa del enamoramiento como "bailar bajo la luz", todo parece perfecto, los defectos están ocultos. Durante la segunda etapa de la relación, las sombras bailan: la decepción sale a la luz, se exponen los defectos. Comienza el trabajo real de una relación. Si todo marcha bien, empezarán a tener los primeros desacuerdos y a aprender cómo resolver el conflicto inevitable de ser dos seres humanos distintos y empoderados. Para quienes prefieren la emoción e intoxicación del enamoramiento, esta fase podrá resultarles muy laboriosa y querrán volver a buscar pastos más verdes. ¿Cuánto tiempo dura esta etapa de realidad? Otros tres o cuatro meses.

Emerge con un vínculo sólido y una perspectiva equilibrada del otro o date cuenta de que no son el uno para el otro. Después de unos nueve meses de relación, una pareja ya sabe bien cómo es su relación. En este punto, las parejas suelen decidir si siguen adelante o terminan. En el siguiente año, más o menos, la mayoría de las parejas decidirá si la relación tiene un sitio permanente en sus vidas.

No todas las citas tienen potencial de convertirse en relaciones. Salir no es apto para cardiacos. Alguna vez un amigo me dijo: "Se requieren cien batazos antes de conocer a alguien con quien puedes ir a la primera base". Si mides tu valía y autoestima a partir de las citas, es muy probable que termines poniendo a tu terapeuta en el marcado rápido. Sé amable contigo mismo, espera a la persona adecuada, alguien con quien sea seguro explorar una relación, y aprende todo lo que se requiere aprender sobre amar profundamente y ser amado, y recuerda amarte a ti mismo.

Entenderte, respetar a tu compañero de crianza y reconocer las etapas del desarrollo de una relación te indicarán cuando estés listo para mezclar tu vida amorosa con la vida de tus hijos. Los padres son imperfectos. El amor no sigue horarios. Y los lineamientos son útiles cuando se emplean como lineamientos, no como oportunidades para culpar o juzgar. Nuestro objetivo es ayudarte a identificar los errores más frecuentes y a proteger a los niños de esos errores. Presentar a parejas sentimentales demasiado pronto o con mucha frecuencia no es bueno para los niños. Tu trabajo es examinar tus relaciones antes de involucrar las esperanzas y el corazón de los niños.

CÓMO PRESENTAR A NUEVAS PAREJAS SENTIMENTALES

La pregunta más frecuente de los padres a propósito de una nueva pareja sentimental es: "¿Cuándo es el mejor momento para presentarle a alguien a los niños?". Nuestra respuesta general: "Cuando sepas que esta relación es sólida e importante para involucrar a tus hijos". Otras preguntas relevantes de los padres: ¿Cómo saber que tus hijos están 1) listos para compartir tu atención con otro adulto, y 2) listos para aceptar a otro adulto en su vida? Desearíamos poder sugerir un número mágico de semanas, meses o el momento perfecto, pero es difícil. La mayoría de las veces, el padre que plantea esa pregunta está pensando: "Me gustaría presentarlo a mis hijos ahora mismo". Antes de involucrar a los niños con una nueva pareja sentimental, quizá sea buena idea consultarlo con tu equipo legal, si te preocupa cómo pueda afectar tu proceso de separación.

Primero, ¿a tu compañero de crianza le gustaría saber antes que a los niños sobre tu nueva pareja sentimental? A algunos sí, y a otros no, es una decisión muy personal. Esta pregunta no tiene una respuesta correcta o incorrecta, es cuestión de qué consideran más respetuoso: recibir un correo para avisarte con antelación o enterarte por los niños que "alguien nuevo" estuvo en casa de tu compañero de crianza el fin de semana. ¿Qué harás para apoyar a tus hijos cuando compartan una noticia que puede resultarles emocionante pero también causarles inquietud? Sin importar lo que decidan tu compañero de crianza y tú, te animamos a respetarlo, a abordar los acuerdos con integridad y a mantener la confianza que están construyendo: incluso si es difícil, inconveniente o doloroso.

Presentar a una pareja sentimental puede incluir encontrarte a un amigo en el centro comercial o que un nuevo novio/novia vaya a casa a cenar. Normalmente distinguimos cuatro niveles en los que los niños conocen a una pareja sentimental y se involucran en la vida sentimental de sus padres:

- "Ginger, Bradley, les presento a mi amigo..." Es una presentación casual, en público. Puede ser preparada, breve y en general, no se repite. Puede suscitarse durante los tres primeros meses de salir. El padre quiere que su nueva pareja sentimental conozca a los niños para que dicha persona le ponga cara a las personas más importantes en la vida de los niños.

- "Niños, me gustaría que conocieran a una persona especial con la que estoy saliendo..." Esto es la confirmación oficial de que tienes pareja, la persona con quien te han visto enviarte mensajes o te han escuchado hablar por teléfono, pero no habían tenido el placer de conocer. Puedes organizar una actividad ocasional en grupo, como asistir a una parrillada. Pero de momento, limítate a verlo en tu tiempo libre. Esta presentación se puede hacer después de cuatro o seis meses de relación.
- "Janis viene a cenar y a ver una película con nosotros..." Este nivel de convivencia se presenta cuando la pareja sentimental empieza a pasar tiempo en tu casa y está incluida en las actividades familiares; salen como grupo, aunque todavía no se queda a dormir. Es común a los seis u ocho meses de relación.
- "Grant se va a quedar aquí el fin de semana". En este punto ya se puede quedar a dormir y comienza a normalizarse una integración más completa en la vida familiar. Muchos padres reservan este nivel de involucramiento tras nueve o doce meses de relación, algunos esperan hasta que se comprometan formalmente.

CRECIMIENTO Y DESARROLLO

Como muchas cosas relacionadas con la adaptación a la separación, el tiempo transcurrido desde la separación, la edad de los niños y el grado en el que ellos sientan que su vida es estable tienen que ver con cómo responden y se adaptan a la idea de que uno de sus padres (o los dos) tengan relaciones sentimentales con otros adultos. Los niños tienen inquietudes distintas según su edad. En general, los más pequeños aceptan mejor a los adultos nuevos que los niños mayores, sobre todo que los adolescentes.

- Los niños en edad preescolar y en edad escolar temprana quieren saber cuando "amas" a alguien, si te vas a casar y si "va a ser mi nuevo mami/papi". A esta edad, los niños corren a la meta. Quieren saber, catalogar e identificar un concepto de familia que reconocen en sus amigos y su experiencia vital limitada. Les preocupa compartirte con alguien más (a veces se muestran celosos) y les produce ansiedad que los consideren especiales.

- Los niños en edad escolar a veces se debaten entre rechazar al adulto nuevo y querer ser aceptados, amados y elegidos por la nueva pareja de su padre o madre. Tal vez alternen entre buscar a la nueva persona y portarse mal. En el fondo temen perderte o ser menos importantes que para ti.

- Los niños en secundaria y los preadolescentes son muy conscientes de sí mismos y pueden mostrarse introvertidos, con la intención de mantener la normalidad de su vida y no llamar mucho la atención. Están desarrollando su propia moral rectora y pueden ser muy duros con las decisiones de sus padres. También les preocupa mucho perderte en la misma medida en la que necesitan empezar a separarse de ti. Tal vez se sienten protectores con su otro padre y estén en el dilema de vivir su propia vida y cuidarlos a ambos.

- Los chicos en la preparatoria y los adolescentes mayores ya han empezado a separarse de sus padres y como consecuencia, es raro que acepten a una nueva pareja. (¿Quién necesita más padres cuando estás intentando separarte de los dos que ya te están criando?) Si la nueva pareja es "genial", podría suscitar interés, pero poco y se pierde fácilmente si la pareja intenta ponerles límites o muestra cierta desaprobación. Suelen ser muy francos sobre el hecho de tener a un adulto, sin parentesco, en su hogar o espacio personal en las noches o a primera hora de la mañana, dicen sentirse incómodos. La sexualidad está más latente, y enfrentar la vida sexual de un padre puede ser demasiada información.

- Los hijos universitarios o adultos pueden aceptar o no las nuevas parejas en la vida de sus padres. A algunos les alegra que uno de sus padres se vuelva a enamorar. Otros no han resuelto el dolor de haber perdido a su familia original e insisten en dejar claro quién es parte de "la familia verdadera" y quién no.

TIEMPO, RITMO Y ADAPTACIÓN

Cuando un padre ya tiene una pareja sentimental durante la separación o en las primeras etapas del proceso, la adaptación puede ser más compleja y estresante para los compañeros de crianza y los niños. Todos procuran sortear la pérdida, el cambio, las lealtades y las incertidumbres. Nuestra misión no es juzgar, sino orientar para superar una circunstancia que sucede y afecta a las familias. La abordaremos desde los dos puntos de vista: el compañero de crianza involucrado en la nueva relación sentimental y el otro que procura mantenerse en pie por el bien de los niños en un momento que la familia, como todos la conocen, se desintegra.

El compañero de crianza enamorado de una nueva pareja

La situación de cada individuo es única, pero lo que puedes tener en común con otras personas que han vivido esta experiencia, por lo menos en retrospectiva, es que llevabas entre dos o cinco años separándote emocionalmente de tu cónyuge, incluso si no lo sabías. Esto no justifica la infidelidad ni la traición, pero sí ayuda a explicar tus imperfecciones y humanidad. Ahora estás enamorado, o eso crees. Estás viviendo tu proceso de separación y procurando apoyar a tus hijos durante un cambio de vida enorme, pero tienes la química cerebral de alguien drogado: con la droga del amor, las hormonas naturales que distorsionan cómo piensas, sientes y ves el mundo. La vida nunca se había sentido tan bien, en cambio, para tu familia todo está mal. Este choque de percepciones puede infligir mucho dolor, malentendidos, juicios erróneos y traspiés. Tu reacción puede ser que los demás te envidian. Probablemente no, es más probable que estén desolados.

Es muy probable que tu compañero de crianza se sienta destrozado y no esté preparado. Esto puede dificultar mucho la crianza compartida. Tal vez cada una de las transiciones le esté costando mucho. Tal vez está poniendo en duda tu juicio y se pregunte si tienes idea del efecto que esto tiene en los niños —tal vez incluso duda de si eres buen padre—, sobre todo si estás incluyendo a tu pareja en la vida de los niños.

Si ya vives con tu nueva pareja sentimental, tu familia puede sentirse "eliminada". Tus antiguos familiares se sienten obligados a ser parte de una situación que tú has creado, sin poder decidir, sin estar preparados ni entender qué sucedió. Tal vez te sientes confundido, debilitado, y atrapado entre tu "antigua familia" y tu "nueva vida". Nunca imaginaste que las cosas pudieran complicarse tanto y crear tal conflicto, sobre todo cuando la situación nace del amor.

O tal vez gestionaste tu nueva relación al margen del proceso de separación y tu prioridad ha sido la estabilidad de los niños en su familia de dos hogares. A veces encontramos que los padres no comprenden que los niños pueden no adaptarse y no aceptar las decisiones de sus padres como si nada hubiera cambiado. Es común que un padre enamorado aprenda a la mala que su compañero de crianza y sus hijos necesitan tiempo, apoyo y ser la prioridad para poder adaptarse a la separación. La química cerebral intoxicante de enamorarse distorsiona lo que sientes y limita la capacidad de respuesta —de hecho, te ciega— frente a tus seres queridos: tus hijos.

Dales espacio, tiempo y energía a los niños. Te necesitan; necesitan reconocerte como padre o madre, no como la pareja sentimental de alguien, no como alguien enamorado. Cuando todo sucede al mismo tiempo, se quedan confundidos e inseguros, se preguntan: "Si puedes cambiar de parecer tan rápido sobre tu familia, ¿me vas a hacer lo mismo?"

Haz lo posible por asegurar que el tiempo que convivas con tus hijos sea ininterrumpido y que no intervengan otras personas. Ten en cuenta que aunque tus necesidades son importantes, cuando los niños están contigo y cuentan contigo como su padre en funciones, sus necesidades son más importantes.

Haz lo posible por conservar las rutinas y los rituales que los niños conocen. Ayúdales a sentirse seguros de frente a los cambios familiares y a su transición a una familia de dos hogares.

Ayuda a tu pareja sentimental a comprender que el tiempo que inviertas en ayudar a los niños a superar el proceso de separación, beneficiará a todos a largo plazo.

Tu nueva pareja sentimental puede estar más o menos preparada para permitir que tu antigua familia se adapte, que los niños se sientan seguros y que tu compañero de crianza acepte las nuevas reglas del juego. Ser parte de una nueva relación durante el proceso de separación, que incluye niños, requiere madurez y confianza enormes de la nueva pareja sentimental.

El compañero de crianza que debe mantenerse en pie por el bien de los niños

Experimentas la impresión de una nueva realidad que nunca imaginaste. Tu expareja está emprendiendo una vida nueva con otra persona que no conoces (o no conoces bien), tal vez incluso "jugando a la casita" con tus hijos. Quieres colapsar ante tal absurdo, sin embargo, debes seguir adelante, apoyar a los niños en su relación con su padre o madre y darle sentido a algo que desearías fuera una pesadilla de la que despertarás.

Tienes la necesidad imperiosa de juzgar, explotar e insistir en que deberías ser el padre principal, si no el único, porque tu compañero de crianza está tomando decisiones nocivas para los niños. Te consideras el leal, el que brinda estabilidad, predictibilidad; tal vez seas quien ayude a los niños con las tareas, quien garantice que estén durmiendo bien. Juzgas la moral que tu compañero de crianza está enseñando a los niños. Quieres protegerlos, incluso limitar a tu compañero de crianza por comportarse con tal egoísmo, incluso, castigarlo. ¿Te suena? Si es así, ¡es completamente normal! Dicho esto, te invitamos a recordar los conceptos básicos de la crianza compartida tras la separación:

- Haz lo posible por cuidarte.
- Trabaja activamente en la separación y desarrolla tu mente de padre/madre al margen de las inquietudes y el dolor que te provocan en tu relación adulta.
- Limita el estrés y el conflicto para los niños.
- Reconoce los sentimientos de los niños a la vez que los ayudas a visualizar un futuro en el que todo marcha bien.
- Anima y ayuda a tu compañero de crianza a centrarse en los niños, a que sean su prioridad. Tendrás mucha más influencia —es más probable que tu compañero te escuche— si eres capaz de mantener una relación profesional constructiva en lo referente a los niños.

Para los niños, la catástrofe no consiste en que tu relación sentimental haya terminado, sino en el riesgo de perder a uno de sus padres. Fomentar la relación de los niños con su padre o madre al margen de tu dolor es una de las acciones más amorosas que puedas hacer durante la separación. Enorme. Tal vez no quieras. Sin embargo, sin importar lo tristes, confundidos y molestos que estén los niños, los consuela tu capacidad de transmitirles que su relación con sus dos padres es importante y que siempre lo será. Con ello se dan cuenta de que harás todo por proteger su corazón, la mitad que te pertenece, y la otra mitad que le pertenece a su padre o madre. Eso es amor.

Si tu compañero de crianza adopta una conducta errática o parece estar en crisis —vuelve a la adolescencia y olvida sus responsabilidades— tienes la oportunidad de ser la voz de la razón para los niños hasta que supere la crisis. Confiar en que la supere y vuelva a ser el padre o madre amoroso que siempre ha sido, es otro acto de amor hacia los niños. Contempla cómo conservar la estabilidad mientras tu compañero de crianza reanuda su relación de crianza compartida predecible y responsable. Tal vez necesite tiempo, los niños necesitarán apoyo. Si la crisis nunca pasa, habrás hecho lo posible para superarla de forma constructiva, realista y comprensiva. Con madurez, tu compañero sacará sus propias conclusiones.

• • •

Amy y Jeff llevaban catorce años de casados cuando empezaron a buscar la casa de sus sueños. Cuando vendieron la casita de una planta a la que se habían mudado hacía años cuando empezaron a prepararse para tener hijos, se mudaron a un departamento rentado mientras buscaban la casa ideal. Después de menos de un mes en el departamento, Jeff le confesó a Amy que creía estar "enamorado" de alguien más. Se quedó atónita mientras él salía por la puerta. En aquel entonces los niños tenían ocho y diez años y no tenían idea de qué estaba pasando. De pronto, papi estaba de vacaciones con su nueva novia, trabajando durante su tiempo de estar en casa y pidiéndole a la abuela que los cuidara. Los niños tenían miedo, estaban inquietos, les preocupaba su papá y su mamá.

Jeff era incapaz de entender el sufrimiento que había causado. Se dejó crecer el pelo, cambió de guardarropa y empezó a escuchar otro tipo de música. Su página de Facebook reflejó su nuevo estatus y publicó fotografías de su viaje reciente a Cabo con su novia. Amy estaba en el departamento temporal limpiando el desastre, trabajando de tiempo completo, apoyando a los niños emocionalmente y resolviendo cómo seguir adelante.

En el transcurso de los siguientes tres años, Amy se enfrentó constantemente a las dificultades de superar lo que sentía por la nueva pareja de Jeff, con quien ya vivía, y lo que le parecía una actitud egoísta de parte de ambos, pues su prioridad eran ellos mismos, no los niños. Sin embargo, nunca se dio por vencida, siempre le aseguraba a los niños: "Su papá los adora, los verá el viernes" o "Papi tuvo que trabajar hoy, los verá el sábado".

Con el tiempo, la situación se estabilizó. Jeff y su nueva pareja se casaron, tuvieron un hijo y emprendieron una nueva vida familiar. Sin embargo, los dos hijos mayores de Jeff seguían confundidos e inquietos. Ese hogar incluía mezclar el hogar de ella, el de Jeff y el de los niños, y esa mezcla no fluía tan bien para ellos.

Con ayuda de una especialista infantil, los tres adultos supieron que los hijos de Amy y Jeff necesitaban más predictibilidad y tiempo a solas con su padre. Escucharlo no fue fácil para nadie. Con mucho esfuerzo, los niños de Jeff y Amy tuvieron la oportunidad de tener a sus padres y madrastra en su vida, ahora que eran adolescentes. Jeff y su esposa encontraron mejores maneras de satisfacer las necesidades de los niños mayores y ayudarles a encontrar su lugar con sus medios hermanos.

• • •

Presentar nuevas parejas a los niños e incluirlas en la vida familiar puede ser un paso monumental para los niños. Sin importar si esto sucede en las primeras etapas del proceso de separación, o más adelante cuando los niños están más adaptados, las nuevas parejas sentimentales hacen que la separación sea real y definitiva para los niños: los padres no van a reconciliarse. Además de que un nuevo adulto en la vida de uno de los padres indica el fin de las esperanzas de recuperar a su familia, también puede traer consigo nuevas posibilidades y vitalidad y ampliar el concepto de familia de un niño. Sin embargo, es claro que incluso presentar a la pareja sentimental de forma oportuna y considerada, puede ser mucho más duro para tus hijos de lo que habías anticipado.

Presentar a una pareja sentimental no debe tomarse a la ligera. Dicho esto, que una persona saludable y amorosa forme parte de la vida de tus hijos puede ser un paso natural, saludable y potencialmente positivo a largo plazo.

Analizar cómo están haciéndole frente al dolor —y qué tan incómodos se sientan con tantos cambios— te ayuda a predecir si van a ser receptivos con otra persona. Veamos algunas consideraciones importantes:

- Es menos probable que los niños se sientan amenazados por una persona nueva cuando están cómodos con su relación individual con cada padre.
- Los niños se sienten seguros cuando la estructura (calendario) es predecible en sus dos hogares.
- Los niños son más receptivos frente a las nuevas experiencias y las personas nuevas cuando ya han superado las primeras etapas del duelo.
- Es menos probable que los niños reaccionen negativamente frente a un nuevo adulto en cuanto hayan asumido que sus padres no van a regresar, que son una familia de dos hogares y es irreversible.

En las mejores circunstancias, añadir una pareja romántica a la ecuación con los niños y el compañero de crianza es un factor desestabilizador. Todo crecimiento implica estrés e inestabilidad durante una temporada. Habrá reacciones, aprensión y ansiedad, así como curiosidad, interés y esperanza. Te animamos a recordar las docenas de veces que has apoyado a tus hijos a sortear distintos desafíos. Ya sabes bien cómo responden a los cambios. Usa esa información para apoyarlos a adaptarse también a este cambio.

La regresión, la agresión y el rechazo son quizá las señales más comunes de inestabilidad de los niños. Presenta a tu pareja sentimental e inclúyela gradualmente para que los niños no se sientan agobiados y sin control de lo que está sucediendo en su vida. Al mismo tiempo, como el padre o la madre, te asegurarás de que las decisiones sobre la vida familiar que respaldas les convengan a todos. Es útil trabajar en equipo para resolver los problemas que se vayan suscitando, escuchar las inquietudes y las quejas, dentro de lo razonable, y dar tiempo a que tu pareja sentimental y los niños cultiven una relación poco a poco.

En cuanto las cosas se estabilicen, algunos niños estarán listos para conocer a un nuevo adulto y permitirle que forme parte de su vida. Extrañan la actividad y el ruido asociado con la presencia de más personas en casa. Otro adulto, sus hijos y una atmósfera familiar pueden ayudar a que los niños superen el silencio posterior a la separación o incluso el vacío que algunos sienten ahora "que ya no estamos juntos".

• • •

Jenny, doce años: "No sé, ahora todo se siente muy silencioso y antes había mucho ruido. Creo que extraño que todos estemos en la misma casa, metiéndonos en el espacio de los demás. Antes lo odiaba, y ahora lo extraño. Cuando vienen Amanda y sus hijos por lo menos hay más cosas que hacer. Es mejor".

• • •

Tu compañero de crianza es clave para apoyar a los niños a que se adapten a una nueva pareja. Cuando los dos ayudan a los niños a darse cuenta de que es normal que los adultos encuentren otra pareja, los niños reciben un mensaje integrado de que el cambio es normal. Cuando un compañero de crianza apoya a los niños para que cultiven una relación con la pareja nueva de su padre o madre y recibe noticias de las actividades especiales con apertura, los niños pueden dejar de temer incomodar compartiendo cosas sobre su vida. Un padre puede tener un efecto negativo si muestra angustia, fomenta las reacciones adversas o peor, interpreta como catastrófico el efecto de una nueva pareja sentimental en la familia, lo cual pone a los niños en una situación difícil.

Puede ser valioso preparar respetuosamente a tu compañero de crianza. Aunque tu relación adulta no es de la incumbencia de tu compañero, tal vez quieras contemplar cómo prepararlo para las noticias de que tienes pareja. Cuanto más respetados y seguros se sientan en sus acuerdos como compañeros de crianza, y seguros sobre tus decisiones, es más probable que los niños cuenten con su apoyo para afrontar los cambios.

¿Qué hay de que mi compañero de crianza conozca a mi pareja? Esto varía entre padres. Algunas de las razones más comunes para conocerse incluyen:

- La nueva pareja tiene la intención de comenzar a asistir a eventos públicos de los niños y en general, te muestras interesado y cordial.
- Tu compañero de crianza quiere que su nueva pareja cuide a los niños de vez en cuando.
- La pareja sentimental se queda a dormir cuando los niños están en casa.
- Tu compañero de crianza está comprometido, casado o vive con la pareja sentimental.

Para mayor información sobre cómo integrar a un padrastro o madrastra a la familia, incluido a tu compañero de crianza, consulta "¿Cómo logro que mi expareja acepte al padrastro de nuestros hijos?", en la página 308.

CUANDO LOS ADULTOS PASAN LA NOCHE EN CASA

Este tema puede generar controversia. Cuando uno de los compañeros de crianza empieza a plantear invitar a su pareja sentimental a dormir cuando tiene a los niños en casa, pueden aflorar sentimientos protectores. Es más complicado cuando un compañero de crianza elige vivir con su pareja sentimental antes de que la separación sea definitiva, con lo que afecta la adaptación de todos y el calendario doméstico. En sentido estricto, un compañero de crianza no tiene control alguno sobre lo que ocurre en casa de su compañero, a menos que se haya estipulado en los documentos del tribunal o implique la seguridad de los niños. Tal vez te convenga consultar con tu equipo legal para conocer el efecto de estas decisiones en el proceso de separación.

Al margen de las consideraciones legales, si nos centramos en las necesidades de los niños, animamos a los padres a dar pasos respetuosos y prudentes cuando sus invitados adultos se queden a dormir en su casa. Ten en cuenta que tus hijos están habituados a que sus padres duerman juntos y no comprenden que otra persona duerma con alguno de ellos.

La reacción del niño varía según su edad, la situación puede pasar desapercibida (niños muy pequeños), resultar desconcertante e incómoda (niños mayores) o demasiado reveladora (adolescentes, como ya mencionamos). Cuando este paso se da oportunamente, teniendo una relación sólida con los niños y después de que haya transcurrido tiempo suficiente, los niños reciben mejor estas etapas saludables en las relaciones adultas. En cuanto a las consideraciones adultas, por favor ten en cuenta:

- El desarrollo moral, sí es relevante.
- Los modelos saludables del desarrollo de las relaciones.
- Seguridad emocional y sexual.

¿PAREJA SENTIMENTAL O PADRASTRO/MADRASTRA?

Cuando la pareja sentimental adopta prematuramente el papel de padre o madre —criar, cuidar a los niños (bañarlos, vestirlos, arroparlos antes de dormir), darles lecciones de vida— puede tener efectos dramáticos en la adaptación de todos. Por favor ayuda a tu pareja a entender que cuando convive con tus hijos, no sustituye a su padre o madre. Esta actitud provoca, sin querer, que el otro padre se sienta competitivo y eclipsado, y quiera proteger a los niños de una fuente de influencia poco confiable e inaceptable. Comprensiblemente, la nueva pareja se está esmerando para cultivar una relación con los niños, quizá de verdad disfrute criar y adoptar el papel de miembro de la familia y con sus actos intente asegurarle al otro padre que sus intenciones con los niños son serias. Su entusiasmo, aptitudes y compromiso serán bien recibidos y celebrados en el momento oportuno, después de planificar a conciencia y examinar a fondo los inconvenientes que se suscitan cuando se involucra en la crianza de los hijos de alguien más. Si pones en práctica los siguientes consejos, será más viable la transición serena:

- Mantienes tu papel de único padre o madre con tus hijos hasta que haya transcurrido tiempo suficiente para que los niños se sientan cómodos y tu compañero de crianza haya tenido oportunidad de familiarizarse con tu situación y con cómo crías a los niños.

- La pareja sentimental conoce a los niños los primeros meses observándote cómo los cuidas. Aprende los rituales y respuestas de los niños, lo que les resulta familiar, cómo son sus días; es información que puede ayudar a decidir cómo y cuándo es hora de ayudar y en última instancia, tener un papel paternal o maternal.
- Tu pareja sentimental y tú se informan sobre estrategias para que los niños (los de ambos) se adapten a tener un padrastro/una madrastra según su edad. Aprender a adoptar un papel paternal o maternal requiere habilidad y comprensión, así como mezclar culturas, valores y estilos familiares y de crianza de los que no necesariamente se es consciente hasta que se viven las dificultades cotidianas.

• • •

Liz sentía que tenía conflictos sin resolver. Su exmarido, Chris, y su nueva pareja, Carla, eran incapaces de hablar sobre Maddie, de seis años, sin que la conversación terminara en un conflicto sin salida. Parecía que había dos líneas de batalla, de un lado estaba Chris y del otro Liz y Carla, ¿y quién quedaba en medio? Chris y Liz se dieron cuenta de que debían reafirmar su compromiso de proteger a su hija del conflicto entre adultos.

Con la orientación de un coach de crianza compartida, Liz y Chris recordaron los aspectos elementales de la crianza compartida y reiteraron que ellos eran los únicos responsables de tomar decisiones con respecto a Maddie. Acordaron que cuando Chris y Liz tomaran las decisiones, los adultos en cada casa decidirían cómo poner en práctica los acuerdos. También acordaron cómo cada uno tendría en cuenta las ideas, los sentimientos o las recomendaciones de sus respectivas parejas cuando se abordara la vida de Maddie, pero sin darles voto. Sólo Liz y Chris tenían voto en el "equipo" de Maddie.

En un inicio no fue fácil. Carla no se sentía respetada cuando se le pidió que tuviera un papel secundario mientras Chris y Liz formaban un equipo para criar a Maddie, aunque su relación era estrictamente de compañeros de crianza. Entender los papeles nuevos y la relación entre Liz y Carla requirió de mucha confianza, algo de práctica y más de dos discusiones difíciles. Cuando invitaron a Carla a la sesión de terapia para que comprendiera lo que estaba ocurriendo, ella se sintió aliviada.

Luego de un par de meses, Chris se fue mostrando menos a la defensiva y más receptivo con las ideas de Carla, pues sabía que en última instancia él y Liz tomarían las decisiones. Liz se sintió más empoderada como madre, más respetada y menos estresada, ya no tenía que preocuparse por los sentimientos de todos. Incluso Carla tenía que reconocer que distanciarse y darle espacio a Liz para dirigir los asuntos de la crianza de Maddie eliminó buena parte del estrés de su vida cotidiana. Descubrió que su mejor papel era confiar en la relación de crianza compartida de Liz y apoyarla en cómo criaba a Maddie en la casa de ambas, no meterse entre Chris y Liz.

• • •

El conflicto a raíz de una nueva pareja puede dificultar que se logre la estabilidad en las dos casas. Los niños se sienten inseguros y dudosos mientras van y vienen entre casa de sus padres, en donde los adultos pelean y están molestos. Por favor acude con un coach de crianza compartida, terapeuta o profesional de la salud mental para que te ayude a superar esta etapa difícil lo más rápido posible y reduzcas el conflicto para que los niños tengan la estabilidad que necesitan.

La combinación de decisiones que se toman cuando uno de los padres está "enamorándose" y tiene ganas de sustituir a la familia rota con una que se sienta mejor, suele conducir al dúo con ansias de juntarse a experimentar decepciones, dificultades y en última instancia, a la separación.

Una estadística difícil que encontramos en nuestra profesión es que las nuevas relaciones de 75 por ciento de los padres no duran, con demasiada frecuencia las aquejan los malentendidos, las expectativas no cumplidas y las discrepancias en las expectativas y los sueños de tener una familia, por no mencionar los conflictos con un compañero de crianza que no se gestionan con habilidad.

Una estadística difícil que encontramos en nuestra profesión es que las nuevas relaciones de 75 por ciento de los padres no duran, con demasiada frecuencia las aquejan los malentendidos, las expectativas no cumplidas y las discrepancias en las esperanzas y los sueños de tener una familia, por no mencionar los conflictos con un compañero de crianza que no se gestionan con habilidad. Mencionamos esto a modo de medicina preventiva. Pide la ayuda que necesitas para informarte sobre el proceso de crear una segunda familia. Primero resuelve el bagaje de tu primera relación antes de disfrutar todos los pasos de cultivar una nueva relación con conciencia, y después crea un nuevo espíritu familiar que incluya a tus hijos y que sea una experiencia duradera y amorosa para todos.

Formar nuevas relaciones de pareja e incluir, con inteligencia, a un nuevo padre o una nueva madre para los niños en una familia de dos hogares puede suponer alegría, amor y un concepto más amplio de familia valioso para los niños. Volver a tener pareja es natural, normal y sano para muchos adultos que se han separado. Animamos a los compañeros de crianza a reconocer que cuanto mejor resuelvan los problemas en su relación, serán más capaces de enseñar a sus hijos que el hecho de que su padre o madre tenga otra pareja aumenta el apoyo y el cariño en su familia y es bueno para ellos.

Si tu compañero de crianza tiene una nueva pareja, haz lo posible por completar tu duelo, lo cual incluye aceptar la posibilidad de que otros adultos formen parte de la vida de tus hijos. Si eres el compañero de crianza que tiene otra pareja, respeta al otro padre o madre de tus hijos y haz lo posible por traer tranquilidad a la situación.

NUEVAS PAREJAS EN LOS EVENTOS PÚBLICOS CENTRADOS EN LOS NIÑOS

Cuando asistes al evento especial de un niño en un espacio público, lo haces para centrarte en el niño y apoyarlo. A veces un padre o una madre y su nueva pareja confunden tener una cita con asistir a un evento escolar o atlético de un niño. Esto no suele terminar bien, ni para el compañero de crianza ni para el niño. En un evento centrado en el niño no son apropiadas las muestras de afecto públicas, centrarse más el uno en el otro que en la actividad del niño ni llamar la atención sobre tu nueva relación. Ayuda a tu nueva pareja a comprender que los eventos de tus hijos no son espacios propicios para presumir su relación. Tu pareja puede contribuir si:

- Mantiene un perfil bajo y asiste para apoyar tu papel como padre.
- Se centra en el niño y en su actividad.
- Es cordial y respetuosa con tu compañero de crianza si también asiste.
- Es cordial con tus otros hijos, si asisten al evento con su padre o madre, pero sin ser demasiado solícita, afectuosa o amigable.

Éstos son lineamientos para labrar una relación respetuosa y gradual con la familia de la que tu nueva pareja está invitada a formar parte. Con el tiempo, desaparecen la tensión y la incertidumbre y su presencia es aceptada, bajo la mejor de las circunstancias, incluso bienvenida.

UNA SELECCIÓN DE IDEAS

- Tal como la conclusión de una familia primaria tiene etapas y fases de adaptación, el inicio de una relación sentimental tiene etapas y fases.
- Reconocer los cambios en la química cerebral que forman parte de enamorarse ayuda a los padres a ser cautelosos a la hora de involucrar a sus hijos en las primeras etapas de su relación. Tómate el tiempo de analizar una relación adecuadamente antes de incluir a los niños en tu vida amorosa para ahorrarle a todos el desgaste emocional.
- Entender cómo pueden responder los niños a un adulto nuevo en tu vida te ayuda a planificar y anticipar cómo apoyarlos para que se adapten mejor.
- Tu compañero de crianza tiene un papel clave en cómo viven tus hijos tu nueva situación de pareja. Cuanto más respetado se sienta y cuanto más sólida sea la relación de crianza compartida, será más sencillo que acepten y apoyen (con tus hijos) los cambios.

- Las nuevas parejas no son padres sustitutos. Ayuda a tu pareja a entender el valor de evitar criar o disciplinar a los niños o asumir un papel de madre o padre, que te permita ser el padre o la madre cuando los niños estén en tu casa.
- Durante las primeras etapas de tu relación, tu pareja sentimental debe mantener un perfil bajo en los eventos públicos centrados en los niños. Cuando acudas a estos eventos lo primero son los niños, y tu relación, después.

CAPÍTULO 11

La relación de la crianza compartida: habilidad, aceptación y madurez

La madurez es la capacidad de vivir con problemas irresueltos.

ANNE LAMOTT, novelista estadunidense

Tal vez te estés preguntando: "¿Cómo demonios consigo que mi compañero de crianza trabaje conmigo en equipo, siga estos lineamientos y se asocie conmigo de verdad?" Algunos se sentirán profundamente aliviados de contar con un compañero de crianza dispuesto a aprender con ustedes. La crianza compartida adopta muchas formas, facetas y grados de cooperación. En ocasiones, la crianza compartida cambia con el tiempo, responde a cambios de circunstancias y en general, refleja hasta qué grado se ha aceptado la separación. La crianza compartida es una relación única en el sentido de que progresa mientras los niños se compartan, sin importar lo delgada que sea la conexión y si nos interesa la relación o no. Como con toda relación, sólo tenemos control sobre nosotros mismos.

LAS RELACIONES DE LA CRIANZA COMPARTIDA EVOLUCIONAN CON EL TIEMPO

En las primeras etapas de la separación, los padres se adaptan simultáneamente a dos realidades que a menudo entran en conflicto: (1) despedirte de tu pareja y de cómo criaban juntos en casa y (2) formular una relación de crianza compartida. Ser compañeros de crianza implica separarte de los niños, algo que te parece antinatural, llegar a nuevos acuerdos sobre ellos que nunca te imaginaste y desarrollar nuevas habilidades para integrar la vida de los niños entre dos casas, todas estas tareas debes lograrlas en común acuerdo con alguien que te genera conflicto. Esta complejidad resulta en una vorágine y confusión enormes los primeros meses, lo cual se refleja en el colapso de la relación de crianza compartida. A muchos compañeros de crianza les parece demasiado.

Separarse más, y no menos, como estrategia en estos primeros meses puede aliviar la vorágine emocional y permitir a los compañeros incipientes confiar en prácticas, protocolos, horarios y reglas para limitar el conflicto y las luchas de poder.

En la ciudad de Seattle, donde vivimos, hay un lago extenso y hermoso que separa Seattle de las ciudades de Bellevue, Redmond y el resto de Eastside. La carretera interestatal 5 sube por la parte oeste del lago y cruza el corazón de Seattle; la carretera interestatal 405 sigue la parte este del lago. Recurro a esta metáfora con mis clientes recién separados que tienen muchos conflictos: "Quiero que uno de ustedes se comporte como si condujera por la I-5, mientras el otro, se va por la I-405". Esta metáfora sugiere que empiecen a habituarse a su vida adulta individual, separados, mientras un lago enorme los separa y los protege de su expareja.

"Genial, ¿y los niños?", te preguntarás. Hay dos tramos que cruzan el lago Washington, el puente de la interestatal 90 y el puente de la carretera estatal 520. Los padres emplearán los puentes como el lugar en donde coinciden para dar sus primeros pasos en la crianza compartida: las transiciones y el cuidado de los niños. Como cualquier ruta alternativa en una ciudad, la I-405 termina reconectándote a la I-5, más al norte. Del mismo modo, sugiero a los compañeros de crianza que se den un tiempo de separación saludable para acostumbrarse a trabajar en equipo y encaminarse en la misma dirección cuando críen a los niños.

Existen muchos factores que le dan forma a una relación de crianza compartida en ciernes. Éstos son algunos:

Adaptación a la separación: ¿qué tan preparado estás o estabas, en el ámbito emocional, para estos cambios? ¿Eres una persona resistente emocionalmente por naturaleza o temerosa de los cambios y los riesgos?

Grado de dolor, ira y traición de uno o los dos compañeros de crianza: ¿qué tan difícil es para ti escuchar la voz de tu compañero de crianza o verlo? ¿A qué grado desencadena una reacción de tu parte? Suave (a veces te provoca), moderada (con frecuencia te provoca y te exige mucho esfuerzo no caer en provocaciones) o severa (casi siempre te provoca y las emociones te agobian)?

El proceso de separación: ¿qué tan contencioso fue/es el proceso de separación? ¿El proceso legal provocó mucho daño? ¿O acaso los dos mediaron y colaboraron para llegar a un resultado satisfactorio?

Experiencia familiar/amistades: si entre tus familiares o amigos cercanos ha habido una separación, ésta puede influir en tus expectativas e ideas sobre qué es posible y apropiado cuando te enfrentas con un compañero de crianza. ¿Acaso las personas importantes en tu vida alientan una relación constructiva con tu compañero de crianza u hostil?

Sentimientos personales y creencias arraigadas: ¿te gusta resolver conflictos por naturaleza? ¿Se te facilita anteponer a los niños? ¿Valoras la aceptación? ¿Qué hay del perdón? ¿Acostumbras a juzgar con firmeza? ¿Te asaltan la vergüenza, el fracaso y el remordimiento?

Disposición para acudir a terapia y aprovechar dichos recursos: ¿tu compañero de crianza y tú están dispuestos a acudir a terapia juntos, a leer, dejarse asesorar, aprender algo nuevo cuando entren en conflicto o lleguen a un callejón sin salida? ¿Si no en compañía de tu compañero de crianza, quieres seguir aprendiendo en solitario cómo mejorar las cosas para los niños?

Estos mismos factores y cómo cambian con el tiempo (o no) ayudan a predecir la naturaleza evolutiva de tu relación de crianza compartida. Si bien la sola existencia de una relación de crianza compartida no es negociable mientras los dos padres formen parte de la vida de los hijos, el grado de compromiso y positivismo de dicha relación se decide por mutuo acuerdo. En otras palabras, sin importar lo mucho que valores tener una relación de crianza compartida positiva, constructiva y comprometida, sólo puedes invitar a tu compañero, no obligarlo a que se interese o coopere.

Aceptar que la cualidad de tu relación de crianza compartida depende de los acuerdos a los que llegues con tu compañero puede ser frustrante, difícil de digerir. Te alentamos a que "tengas fe". A veces, con el tiempo, un compañero de crianza se tranquiliza, cambia, acepta la situación y la supera, entonces las cosas pueden mejorar. A veces un padre cultiva una nueva relación sentimental, lo ascienden en su trabajo o vive otro cambio de circunstancias positivo, lo cual permite que un corazón roto, la confianza deteriorada o la identidad lastimada sanen y se disipe la ira, entonces las cosas pueden mejorar. Sólo puedes hacer tu parte, permitir que el tiempo y los cambios de circunstancias contribuyan a tu relación siempre cambiante.

Si todo marcha bien, con el tiempo, con aceptación, adaptación y tras haber desarrollado ciertas habilidades, dedicarás tus esfuerzos y energía en compañía de tu compañero de crianza a coordinar e integrar la vida de sus hijos entre sus dos hogares con la mayor fluidez posible. En el transcurso de los años, tus hijos pueden heredar o tener nuevos hermanos; tal vez aprendas a valorar una familia extendida o una familia de amigos. Junto con tu compañero de crianza tomarás decisiones respetuosas, cumplirás tus obligaciones financieras y celebrarás los eventos en el ciclo de la vida de los niños de forma integrada. Los niños pueden prosperar en las familias de dos hogares, aprenden mucho sobre relaciones, amor, familia y cambio. Experimentan la responsabilidad y la adaptabilidad como quizá no las hubieran vivido en una familia de un hogar.

• • •

Los papás de Marcie decidieron separarse en cuanto entró a la secundaria. Desde el inicio, las cosas estaban desequilibradas. Mamá se fue de la casa familiar para vivir en casa de un amigo. Regresaba a casa todas las mañanas para llevar a Marcie y a su hermana a la escuela, después las recogía a la salida, pero este acuerdo fracasó muy pronto. El conflicto entre sus padres llegó a tal punto que Marcie tenía tanto miedo y dolor que odiaba estar en su casa.

Por suerte para ella, empezó a cultivar una relación sólida con una de sus profesoras preferidas, la profesora Franklin, quien se convirtió en su pilar durante los días en la escuela, la apoyaba y le hacía ver lo maravillosa que era: fuerte, capaz e ingeniosa. En una época en la que su propia madre no estaba disponible emocionalmente para ella, otra mujer se implicó en su vida y la ayudó a sortear la tormenta familiar.

• • •

EL EFECTO DE LOS CAMBIOS DE CIRCUNSTANCIAS

Tanto los cambios positivos como los desafiantes en la vida de alguno de los dos compañeros de crianza crearán un periodo de desequilibrio para la familia de dos hogares. El desequilibrio suscita cambios, una sacudida al sistema y a veces derriba los patrones establecidos. En principio, estos cambios pueden parecer amenazantes, desestabilizadores, un retroceso. Ten fe. Los cambios, las sacudidas e incluso las crisis son una oportunidad de crecimiento y de mejorar las relaciones.

Cuando los compañeros de crianza trabajan en equipo para restablecer la normalidad y el equilibrio, dan a los niños de las familias de dos hogares otro ejemplo positivo de cómo responder a los cambios, ser flexibles y trabajar en equipo. Hemos sido testigos de respuestas maravillosas de los compañeros de crianza para distintas circunstancias, desde quedarse sin trabajo, empezar un tratamiento por alcoholismo, gestionar descompensaciones por alguna enfermedad mental (como trastorno bipolar), recuperarse de un trauma relacionado con un accidente automovilístico o responder a una apendicetomía de emergencia. Algunos de estos escenarios fueron lo suficientemente graves como para alterar el calendario doméstico, la toma de decisiones, etcétera. No obstante, en cuanto se resolvieron los problemas de seguridad o salud, los compañeros de crianza recuperaron la estabilidad en su familia de dos hogares conservando el apoyo, su relación de padres y el ritmo al que los niños estaban habituados. De frente a las necesidades urgentes o emergentes, los familiares suelen bajar las armas para implicarse y aceptar las respuestas saludables y constructivas ante los cambios y las crisis.

• • •

Lydia se descubrió un bulto en el seno. Le contó a su pareja, Mark, pero al principio decidió no revelarlo a sus hijos ni a su compañero de crianza. A medida que se fue detallando el diagnóstico, Lydia descubrió que requería una mastectomía y cuatro meses de quimioterapia. Sabía que debía llamar a Cam, su compañero de crianza, para contarle qué estaba pasando.

Lydia y Cam hablaron de qué contarle a los niños y cómo, decidieron que lo harían juntos. Querían que los niños supieran que su papá los apoyaría al 100 por ciento y que empezaría a ayudar en cuanto su mamá iniciara su tratamiento. Cam le preguntó a Lydia si podía hablar con Mark para decidir cómo trabajar mejor en equipo, algo que hasta entonces no había estado dispuesto a hacer. Cam quería asegurar a los niños que la hostilidad entre él y Mark estaba superada y que se apoyarían durante la cirugía, el tratamiento y la recuperación de Lydia.

A Lydia le fue bien en la cirugía y la quimioterapia. Conservó una actitud positiva pues sabía que Mark y Cam estaban con los niños cuando ella no podía.

Mark y Cam se ganaron el respeto mutuo y esto los conduciría a un futuro muy distinto.

• • •

Los cambios positivos también afectan las relaciones de crianza compartida. Cuando los compañeros de crianza comprueban en carne propia el valor de la separación y de recuperar su propia vida, se responsabilizan por su futuro y permiten que su expareja prospere; entonces pueden enfrentar los cambios con mayor resiliencia y capacidades para resolver problemas. A veces cuando le pasa algo positivo a un compañero de crianza que ha padecido por el resentimiento, el dolor y los sentimientos irresueltos, empieza a mostrarse más receptivo, interesado en avanzar en la relación de crianza compartida con más soltura. Según la capacidad de una nueva pareja para formar parte de la familia con competencia, entablar una relación sentimental satisfactoria es un bálsamo para que el pasado ocupe su lugar justo en la historia y ofrezca oportunidades para una relación más constructiva en el presente.

• • •

Gwen y Jesse pasaron los primeros dos años posteriores a la mediación en una relación de crianza compartida sumamente distante pero en disputa en virtud de su hijo de cuatro años, Brighton. Gwen había entablado una relación de pareja poco tiempo después de separarse de Jesse. Y Jesse no quería tener nada que ver con Gwen, ni con su vida ni su hogar, tampoco quería que su hijo Brighton le diera información referente a ella, salvo lo absolutamente necesario. La palabra "detestable" describe bien su relación de crianza compartida, y era un sentimiento mutuo.

Gwen había dedicado esos dos años a asistir a terapia para saber cómo responder al estilo pasivo-agresivo de crianza de Jesse. Dudaba entre amenazarlo con volver a un proceso de mediación para obligarlo a compartir la crianza de forma efectiva o bien, diseñar estrategias que le permitieran distanciarse, despersonalizar y asegurarse de estar haciendo todo lo posible por no empeorar la situación.

Entonces Jesse empezó a salir con alguien. Lo mantuvo en secreto durante meses. Gwen se enteró cuando Brighton llegó a casa después de su estancia con papá y le contó: "Papi tiene una amiga especial. Se llama Lisa y nos divertimos mucho". Como el coach de crianza compartida de Gwen había predicho, había llegado el día en que algo positivo en la vida de Jesse lo obligaría a deshacerse de su resentimiento e ira, en que querría demostrar el buen padre que era y cooperar. Había llegado ese momento. Jesse empezó a comunicarse, acceder a intercambiar tiempo de residencia y a querer ayudar con las citas médicas. Mientras tanto, a Brighton le hacía mucho bien la llegada de Lisa a la vida de su papá. Gwen se sentía aliviada de que Jesse ya había depuesto las armas y que de ahora en adelante, podían tener una mucho mejor relación de crianza compartida.

• • •

Tener fe en que llegará el día en que las cosas fluyan con tu compañero de crianza implica:

- Continuar con tu crecimiento personal.
- Conservar límites saludables.
- Ser respetuoso y hacer lo correcto.
- Desarrollar las habilidades necesarias para salir adelante y crear un futuro positivo y optimista.

Desde esa postura, estarás listo y podrás permitir que un cambio positivo o constructivo en tu compañero de crianza influya en su relación por el bien de los niños. Si los dos se conducen con esos lineamientos, es muy probable que su relación vaya viento en popa.

APTITUDES PARA LA CRIANZA COMPARTIDA

El negocio de la crianza compartida se fortalece cuando los compañeros de crianza tienen habilidades específicas para cumplir sus papeles como directores financieros y directores ejecutivos de la crianza compartida.

En el transcurso de este libro hemos enfatizado estas aptitudes de distintas maneras y en una variedad de circunstancias. Vamos a centrarnos en el conjunto de aptitudes para repasarlos antes de describir algunos de los estilos de crianza y los desafíos que forman parte de las relaciones entre los compañeros de crianza.

En vez fundar una empresa con un socio, los padres llegan al negocio de la crianza compartida en las circunstancias personales más dolorosas y estresantes posibles. Sin importar las aptitudes que poseamos normalmente, las podemos perder hasta resolver el estrés, hasta sanar a nuestro corazón y hasta trabajar la aceptación. Los compañeros de crianza descubren que desarrollan nuevas habilidades en su transición de cónyuges a compañeros de crianza. Esta lista te puede guiar:

Respeto: toda comunicación y asuntos relacionados con los niños debe emprenderse con una actitud de civilidad. Tal vez no siempre respetes a tu expareja, pero puedes respetar el papel de compañero de crianza y tratarlo con cordialidad mientras cumplen su papel de compañeros de crianza, incluso cuando no lo hacen.

Tolerar las diferencias: el compañero de crianza que puede operar con la "regla de 80/20" demuestra la aptitud necesaria de aprender a tolerar las diferencias inevitables que ocurren en una familia de dos hogares. Si tu compañero se muestra receptivo, intercambien opiniones sobre sus diferencias. Si no, ignora 80 por ciento de las diferencias y atiende sólo 20 por ciento que sí tienen consecuencias importantes en el bienestar de tus hijos. Si ninguna de las diferencias tiene efecto relevante, entonces ignóralas. Si no estás seguro de cuáles son relevantes como para enfrentar a tu compañero de crianza, háblalo con un terapeuta de confianza o con el médico de tus hijos, ellos te ayudarán a discernir si vale la pena discutir por ello.

Límites y privacidad adecuada: ahora son dos adultos que están por su cuenta. Su vida y sus hogares son independientes y merecen los mismos límites saludables que le darías a un vecino distante. Sólo porque tus hijos viven en casa de tu compañero de crianza no quiere decir que tengas privilegios especiales para importunar, tener acceso u obtener información sobre la vida hogareña de tu compañero de crianza.

Integridad y confianza: como en el caso de cualquier relación constructiva, cuanto más honesto seas y cumplas lo que digas, mayor confianza te ganarás. Llegar a acuerdos y cumplirlos, respetar los calendarios y manejar los acuerdos financieros de forma impecable contribuyen a una relación de crianza compartida positiva.

Centrarse en los niños: tu relación con tu socio en la crianza compartida se centra en los niños: su vida, actividades, crecimiento, desarrollo y bienestar general. Centrarte en el estilo de crianza de tu compañero o en su vida personal no es útil. Los comentarios sirven sólo cuando la otra persona sea receptiva y le interese lo que quieras decirle.

Comunicación hábil: toda relación se beneficia de las habilidades de escucha competentes y la comunicación responsable, esto es: "Soy responsable de lo que digo y cómo lo digo". Cuando asumes la responsabilidad por cómo te comunicas, no culpas, juzgas ni pones pretextos en caso de que tu comunicación sea torpe o hiriente. Tanto en la comunicación verbal como escrita, demuestra competencia.

Transparencia con respecto a la información de los niños: aprender a intercambiar información útil con tu compañero de crianza requiere aptitudes y práctica. Preparar a los niños para una estancia próspera con tu compañero depende de qué tan bien le transmitas información sobre los niños. Haz lo correcto y bríndale información por correo o correo de voz o para el siguiente turno con los niños.

Soluciones saludables: esto se refiere a qué tan bien gestionas los detonantes, eludes el conflicto y te distancias del dramatismo para responder constructivamente. Cuando reaccionamos ante la negatividad, es como poner más leña al fuego, por supuesto que lo alimenta. Aprender a contenerse, responder con habilidad e ignorar la negatividad es una aptitud valiosa. Asimismo, cuando reconocemos un cambio positivo en nuestro compañero de crianza, en sus intentos constructivos por criar de forma más productiva y en otras señales de que acepta el cambio familiar y se adapta, lo recibiremos en abundancia. Esta es la mejor parte de la naturaleza humana: cuando vemos un poco de luz, la mayoría la seguimos.

Optimismo para crear un futuro positivo: tu propia convicción sobre cómo crearás el futuro que quieres sentará las bases para ese futuro, un día a la vez. Al igual que las soluciones saludables, el optimismo es la habilidad del corazón y el espíritu para confiar en un mejor mañana incluso cuando hoy enfrentamos muchas dificultades. Nuestra capacidad de aprender lo que debemos aprender, desarrollar las habilidades, entender el territorio y sortear los problemas nos saca a la superficie y nos encamina a un futuro positivo.

Prácticas y protocolos que funcionan: las actitudes adecuadas, las habilidades comunicativas y la salud psicológica no sustituyen los protocolos que te indican qué hacer. Los niños se benefician cuando los compañeros de crianza se toman el tiempo de emplear prácticas que fortalecen la familia de dos hogares.

ESTILOS DE CRIANZA COMPARTIDA

Ya abordamos que el paso del tiempo y los cambios en las circunstancias pueden influir en los compañeros de crianza y en la naturaleza de su relación. Al detallar el espectro de estilos de crianza, esperamos transmitir que una persona y una relación son entidades en constante cambio y evolución, sin importar si ese cambio y evolución parecen producirse con soltura o lentamente.

Resaltamos el valor de la separación para desarrollar fuerza, confianza y habilidades individuales, todo lo cual contribuye a entablar una relación de crianza compartida saludable. Como se detalló en la lista de factores que conforman una relación de crianza compartida naciente (véase "Las relaciones de crianza compartida evolucionan con el tiempo", página 249), hay muchos elementos personales que influyen en la capacidad y la disposición para entablar una relación de crianza compartida. Abordaremos estilos comunes de crianza y algunos retos que cada estilo implica, empezando por el compromiso nulo o limitado y progresaremos a estilos que describen un alto compromiso en la crianza.

El lobo solitario: hay que darle el beneficio de la duda. Se trata de un compañero de crianza que nunca se ha desempeñado bien si se le imponen reglas. Valora mucho tomar decisiones a solas y la libre determinación. Su intención no es perjudicar a los demás ni provocar el caos, el lobo solitario quiere ser el padre que puede ser sin interferencia, particularmente la tuya. Cuando le das espacio, verás que el comportamiento actual de tu compañero de crianza no es inconsistente, la persona con la que hiciste vida en pareja y con quien tuviste hijos es la misma. Los retos incluyen:

- *Comunicación*: el lobo solitario se comunica poco y es difícil intercambiar información, lo cual resulta en que la integración en ambas casas se complique.
- *Decisiones en equipo*: puede ser difícil y suelen retrasarse ante su falta de respuesta, puede tomar decisiones unilaterales sin contemplar cómo te afectan, esto puede ser frustrante.
- *No le da seguimiento a tus peticiones sobre cómo trabajar con los niños mientras se queda con ellos*, a menos que ya haya contemplado la petición. Cuando procuras hablar con él o ella sobre temas de tarea, alimentación, ejercicio, hábitos para ver la tele, etcétera, normalmente no obtienes respuesta.

El que sigue las reglas: este compañero de crianza se desempeña mejor con la distancia. Sin embargo, la distancia no implica hostilidad.

Podrías especular sobre qué está pasando, pero es probable que tu compañero de crianza simplemente intente sanar y mantener su propio equilibrio, por lo que prefiera interactuar contigo lo menos posible. Las reglas (tu Plan de crianza y los acuerdos por escrito) contribuyen para que el contacto sea mínimo, con las negociaciones, etcétera. Los desafíos incluyen:

- *Flexibilidad limitada*, por lo que es más difícil compartir los altibajos normales de la vida y la crianza de los niños.
- *Integrar los dos mundos de los niños*; en vista de que parecen intercambiar una bola de fuego, esto puede parecer artificial.
- *Lamentar la pérdida de alguien* con quien alguna vez tenías coincidencias.

Seguir las reglas al pie de la letra también puede ser una estrategia útil para lidiar con un compañero de crianza hostil, impetuoso, manipulador o caótico. Seguir las reglas, depender de ellas y no hacer excepciones surtirá efecto para que, con el tiempo, sus esfuerzos por desestabilizar sean menos efectivos.

El luchador: este compañero de crianza responde a cualquier propuesta para criar en colaboración con hostilidad, desacuerdo y comunicación frustrada, cuyo fin es molestar, perturbar la situación o tu tranquilidad, y evitar que hagas lo que estés solicitando. Piensa en él o ella como un pez globo, todo está bien hasta que lo enfrentas y entonces saca las espinas. Por desgracia, tus hijos pueden quedar en el fuego cruzado. Tal vez propones llevar a la niña las botas de lluvia para el paseo al huerto de calabazas y tu compañera de crianza responde: "Siempre estás intentando controlarme, voy a prepararla para los paseos escolares sin tu intervención". Mientras tanto, sabes que tu hija de siete años irá a un huerto fangoso en unos zapatos de vestir. Los desafíos incluyen:

- *Renunciar —de momento— a la idea de que los dos podrán trabajar en equipo* por el bien de los niños.

- *No dejar que la hostilidad, ataques y malinterpretación de tus intenciones de parte de tu compañero de crianza te provoque*, contente y no respondas a su negatividad.
- *Aceptar que sólo puedes gestionar tu parte de la relación de crianza compartida*. Lo mejor será dar a tu compañero el espacio, libertad y autonomía que tanto pide.

Normalmente, el compañero de crianza que reacciona así sigue muy dolido, molesto e incapaz de hacer la transición hacia una relación estrictamente formal. Puedes desear que se comporte de otro modo, pero responder a su negatividad no ayudará a que las cosas se calmen. Recuerda: el tiempo, los cambios de circunstancias y aceptar una nueva vida permite que las relaciones se serenen. La mejor forma de contribuir con ese fin es centrarte en lo que toca.

El vecino respetuoso que exige distancia: esta relación de crianza compartida es saludable, tiene límites sólidos e interacción moderada. La crianza desde esta postura permite que los niños estén seguros de que aunque como cónyuges deben estar separados, también saben cómo trabajar en equipo en su beneficio. Si tu compañero de crianza deja bien claros sus límites y es buen vecino, entonces es muy factible que tu familia de dos hogares prospere. Los desafíos incluyen:

- *Aceptar sus límites*; la crianza compartida es mucho más compleja cuando un padre quiere o necesita otro tipo de interacción que el otro.
- *Adaptarse a una relación estrictamente formal*. Cuando la formalidad y los límites claros contribuyen a gestionar los conflictos y reducen la negociación, entonces los dos hogares pueden adoptar sus propios ritmos sin preocuparse por intromisiones o alteraciones. Y esto es bueno para los niños.

El impetuoso: todos tenemos amigos y algunos excónyuges que encajan en esta descripción. Este compañero de crianza quiere interactuar, implicarse en la toma de decisiones, llegar sin avisar para ver a los niños y pasar las vacaciones juntos sin haberlo planificado. Suele ser emotivo e impredecible a la hora de comunicarse y dar seguimiento a los acuerdos.

Con frecuencia se muestran desesperados cuando insistes en la predictibilidad, los límites y el respeto; piensan: "No es para tanto. Entré a tu casa para hacerme un café mientras esperaba que los niños llegaran, y reaccionas como si hubiera hurgado en tus cajones". Lo que en una pareja pudo haber parecido "tierno", en esta relación de crianza se ha vuelto sumamente molesto, quisieras que hubiera espacio y límites saludables, pero no parece entenderlo. Los desafíos incluyen:

- *La energía requerida para marcar límites* y lidiar con las intromisiones, amistosas u hostiles.
- *Tener que explicarle a los niños la diferencia entre sus estilos personales de crianza* sin exponer a tu compañero (aunque a veces quisieras).
- *Tranquilizar a los niños*, que pasaron de la alegría al enojo, después de que tuviste que ponerte estricto cuando tu compañero los implicó en alguna situación que traspasaba tus límites.

El campeón: éste es el estándar de oro de la crianza compartida. Se trata del compañero de crianza que gestiona las emociones y los problemas con madurez, su objetivo principal son los niños, siempre. Este compañero se centra en el desarrollo saludable de los niños, implementa las prácticas y los protocolos que funcionan y se comunica muy bien. Un campeón de la crianza compartida respeta los límites, confía en su compañero de crianza, quien a su vez responde con bondad; afronta las situaciones difíciles con flexibilidad y es de buen trato, ve la vida con optimismo. ¿Desafíos? Ninguno. Es un sueño hecho realidad.

El terrorista de los trámites: reservamos esta categoría para el final pues es, por mucho, el estilo de compañero de crianza más complicado, y quien requiere que casi todos los aspectos de la relación se realicen mediante el tribunal. Con "trámites", nos referimos a todos los documentos del tribunal que se generan por su negatividad. Este compañero de crianza es incapaz de superar las cosas y elige métodos negativos y enredados para forzar una relación. Los intentos incesantes para perjudicar, interferir, alterar, amenazar y engañarte te dejan poca o nula oportunidad de responder para proteger tu integridad y tu relación con los niños, o implementar los acuerdos legales.

No hay garantía de que cuando un compañero de crianza sigue las reglas (como se describió en la página 259), el otro no lo haga y aproveche para pelear a causa de las reglas. Pelear en virtud de las reglas mina el aspecto protector de poner límites y no enfrentarse, porque requiere enfrentarse (con frecuencia mediante abogados y el tribunal), más comunicación conflictiva y crianza compartida improductiva. En general, su sentido de identidad o narcisismo está sumamente herido e intenta redimirse demostrando que están en lo cierto. Un motivo secundario puede ser que cree que mereces ser castigado y no descansará hasta que sienta que se haga justicia por todos los males que ha sufrido gracias a tus decisiones. Si tu compañero de crianza insiste en relacionarse con negatividad:

- Haz lo posible por seguir y respetar las reglas.
- Consulta con tus asesores de confianza.
- Haz todo lo posible por proteger a los niños.
- Apóyalos y apóyate emocionalmente para soportar la tormenta.

¿Y SI ME PREOCUPA QUE MIS NIÑOS NO ESTÉN SEGUROS?

Si sabes que tus hijos corren peligro, actúa ya. Debes reportar el maltrato físico y el abuso sexual, las golpizas y las negligencias inmediatamente a la policía y a los servicios de protección infantil. Si te preocupa tu compañero de crianza, su pareja o invitados en su casa, investiga para garantizar la seguridad de los niños, por difícil que sea. En todo caso, no conviene reaccionar desmedidamente y crear dramas y problemas innecesarios que después será difícil aplacar. ¿Qué hacer?

Si no estás seguro de que tus hijos peligren, un primer paso necesario es consultarlo con un profesional.

- El médico de los niños es una fuente excelente de información, evaluación y recomendaciones.
- Tu asesor legal es otra fuente fundamental para decidir si tus inquietudes justifican mayor investigación e intervención.

- Un profesional de la salud mental te puede apoyar a decidir qué pasos contemplar y si tus inquietudes exigen intervención activa.

CUANDO LOS PROBLEMAS DE LOS COMPAÑEROS DE CRIANZA SE VUELVEN PROTAGÓNICOS

Es imposible cubrir en este libro todas las complicaciones a las que se enfrentan los compañeros de crianza. Es importante saber que cuando un padre afronta una discapacidad grave, como una enfermedad mental, adicción o encarcelamiento, los niños necesitan que les expliques la situación de acuerdo con su edad, que los guíes con amor para superar estos cambios. Tal vez necesites ayuda para explicarles las cosas.

Los especialistas infantiles, los coaches de crianza, los terapeutas particulares y familiares son profesionales que pueden ayudarte a encontrar explicaciones y claridad para los niños. Los niños se sienten más seguros cuando pueden comprender los problemas de los adultos desde su perspectiva infantil, siempre y cuando conserven la relación y el respeto hacia el padre que está pasando por un mal momento.

LA CLAVE PARA UN COMPAÑERO DE CRIANZA DIFÍCIL: LA ACEPTACIÓN

Otórgame la serenidad para aceptar las cosas que no puedo cambiar; el valor para cambiar las cosas que sí puedo cambiar; y la sabiduría para distinguirlas.

Plegaria de serenidad

La mayoría de las veces, lo que lleva a un padre separado al consultorio de un coach de crianza compartida es el conflicto con un compañero de crianza difícil. Sin lugar a dudas, un buen coach de crianza compartida tiene estrategias para ayudarte a ti y a tu compañero de crianza, si a los dos les interesa. Según el proverbio antiguo: "Puedes llevar el caballo al estanque a beber agua, pero no puedes obligarlo a beber". Puedes llevar a tu compañero de crianza a una sesión de mediación o terapia para compañeros de crianza, pero no puedes cambiarlos ni tampoco el coach o mediador. Esta realidad puede ser aleccionadora. De ser preciso, consulta con tu equipo legal.

El coach de crianza compartida puede explicarle a tu compañero, tus peticiones de modo tal, que vea el valor que tiene implementar cambios positivos. El coach puede brindar protocolos útiles para mitigar el conflicto que a ninguno de los dos se les había ocurrido, para así llevar la relación en una dirección positiva. Es posible que a los clientes que han pasado por el proceso de litigio, el tribunal les exija acudir a un coach de crianza compartida el primer año o dos después de la separación, para intentar reparar el daño del proceso de litigio o asegurar que su relación de crianza fluya en beneficio de los niños. Otros pueden recurrir a un coach como primer paso de la resolución de conflictos como se detalla en su Plan de crianza. El objetivo de los coaches de crianza compartida es apoyar, guiar, proponer ideas y ayudar a desarrollar aptitudes a los compañeros de crianza para que los niños prosperen en su familia de dos hogares.

Además de animarte a buscar terapia, queremos darte más consejos para que te adaptes a la cotidianidad de la crianza compartida. Son pasos que puedes seguir para lograr que la vida de tus hijos sea lo más positiva y constructiva posible, sin importar lo que haga o deje de hacer tu compañero de crianza.

Céntrate en los niños

Cuando tu compañero de crianza te está dificultando la vida, esta dificultad puede volverse tu preocupación esencial. Los métodos de tu compañero que generan conflicto empiezan a pasar a primer plano y a influir en tu tiempo residencial con los niños. Cuando el caos y la conmoción que genera tu compañero te dificulte la vida, cierra los ojos, respira profundo y procura ver la vida desde la perspectiva de tus hijos, ahora mismo:

- ¿Qué necesitan, quieren o esperan cuando están contigo?
- ¿Qué consideran importante? ¿Qué quieren saber?
- ¿Cómo puedes ayudarlos ahora, al margen de la situación con tu compañero de crianza?
- ¿Cómo puedes hacer a un lado el marco "justo/injusto" para criar a los niños ahora mismo de la mejor manera posible?

Evita etiquetar el carácter de tu compañero de crianza

Tu compañero de crianza podrá hacer muchas cosas que te frustran, molestan o entristecen. Puedes reaccionar ante su actitud desde tu mente adulta, a partir de tus opiniones sobre lo que consideras conducta indignante, o desde tu mente de padre/madre, aquella que desea algo mejor para tus hijos. Quizá tengas palabras para describir a tu compañero de crianza: narcisista, personalidad conflictiva, manipulador, inmaduro, tiene una crisis de mediana edad.

Al margen de que sea cierto o no, no ayuda en nada etiquetar las conductas o los rasgos difíciles. Las etiquetas nos impiden centrarnos en los aspectos positivos y nos animan a centrarnos en los negativos. Cuando insistimos en etiquetar, nos negamos a ver las cosas de otra manera, incluyendo los cambios saludables con el tiempo. Si una persona habitualmente responsable pasa por una racha de estrés considerable, puede parecer que tiene una personalidad conflictiva. La separación causa mucho estrés, y en la medida que las personas se adapten a los cambios y los acepten, van desarrollando muchos más recursos que contribuyen a sus relaciones de forma positiva, incluida su relación de crianza compartida.

Por ello, tus intentos de ser comprensivo y generoso pueden suscitar cambios reales en la relación con tu compañero de crianza. Cuando éste se encuentra con las puertas abiertas para criar de forma constructiva, es mucho más probable que un día cruce ese umbral. Mantenerte receptivo ayuda a tu compañero a identificar esos momentos de acción constructiva. Tus hijos percibirán tu optimismo (o pesimismo) en su otro padre. Cuando te mantienes abierto al progreso y el crecimiento, los niños también se mantienen positivos y optimistas. No se trata de ponerte unos lentes color de rosa, sino de tener una expectativa realista que dice: "La gente puede crecer y cambiar con el tiempo, y debemos ser receptivos, incluso si ponemos límites y nos cuidamos". Es una lección valiosa para los niños.

• • •

Tammy describió a su exmarido Dan con una palabra: egoísta. "Fue egoísta cuando dejó a la familia y ahora, lo único que le preocupa es vivir la vida a su manera. Mi terapeuta me dijo que probablemente era narcisista".

Cuando Dan le pedía cambios en el calendario doméstico a Tammy en virtud de sus viajes de negocios, para ella era una recreación de su matrimonio solitario, en el cual el trabajo siempre era primero y ella se sentía relegada al segundo lugar. Y con esta perspectiva consideraba que cuando pedía ver a los niños cuando regresara de sus viajes, lo hacía esperando que ella cambiara sus horarios y los de los niños en su beneficio. De igual forma, cuando pedía formar parte de las decisiones sobre las actividades de los niños. Tammy sentía que era mandón y entrometido. Si Dan era narcisista, ninguna de sus conductas como padre podía considerarse saludable, constructiva o razonable.

Con ayuda de un coach, Tammy pudo separar la experiencia que había tenido en su matrimonio con la situación presente. Logró entender la atención intensa de Dan por el trabajo, que siempre había sido una fuente de dolor para ella; algo que necesitaba hacer por él, y no una forma de rechazo hacia ella o los niños. Cuando pudo dejar de juzgarse por no ser lo suficientemente buena para distraerlo de su trabajo, logró valorar los intentos de Dan de participar y ser un padre más activo con los niños. Se dio cuenta de que los niños no padecían sus ausencias, les emocionaba verlo y regresaban contentos. Sí, tal vez ella brindaría el aterrizaje seguro, consistente y ligero cuando regresaban de sus aventuras maravillosas e impredecibles con papá, pero Tammy empezó a valorar las contribuciones de los dos padres a la vida de los niños.

• • •

Mantén la mente abierta respecto a los motivos de tu compañero de crianza
Es probable que tu relación adulta con tu compañero de crianza te haya llevado a elaborar una extensa lista de creencias sobre tu expareja como persona y como padre. Sin embargo, esas creencias pueden o no

reflejarse en cómo aborda la paternidad. Es fácil tachar a un compañe-ro de crianza que llega tarde de irrespetuoso contigo y los niños, o a un padre que no sigue el calendario doméstico al pie de la letra de menos preocupado por el bienestar de los niños.

Esto no quiere decir que tus inquietudes sobre la imprevisibilidad o la dificultad de tu compañero de crianza para cumplir los acuerdos no sean válidas ni importantes. Queremos animarte a evitar hacer suposi-ciones y sacar conclusiones apresuradamente sobre los motivos de tu compañero sin contar con más información. Existe una diferencia clara entre la intención y el efecto. Puedes estar seguro del efecto que tiene la conducta de tu compañero de crianza en ti y, tras escuchar a los niños, en ellos. Pero nunca conocerás la intención si no tienes la capacidad de escuchar y comprender a tu compañero.

Cuando distinguimos la intención del efecto, somos mucho más capaces de trabajar en equipo para encontrar soluciones.

Alguien disperso o que está en una curva de aprendizaje ardua suele sentirse agobiado. Su intención no es herirte ni faltarte al respeto, está haciendo lo posible por sortear los problemas emocionales o el estrés que enfrenta. Si su desempeño es malo, trabajar en equipo para resol-ver el problema (es decir, para mitigar el impacto negativo) es muy dis-tinto que atacarlo.

• • •

Jemal estaba furioso por la "interferencia" constante de Keisha y sus intentos por dirigir a los niños cuando estaban con él. Se ofrecía como voluntaria en la escuela cuando él estaba en funciones e inscribía a los niños para prácticas de futbol que se llevaban a cabo durante su tiempo residencial sin consultárselo. Enviaba correos largos y detallados sobre los calendarios, tareas y alimentos preferidos de los niños. Jemal insistía en que era un intento de anularlo como padre; controlarlo y competir por el papel de "mejor padre". Su reacción fue no reaccionar:

cortar la comunicación. La ignoraba e ignoraba sus correos. Quería reafirmar el que insistía era su derecho a ser padre sin ella. En respuesta al silencio cada vez mayor de Jemal, ella se comunicó más, con la intención de conectar y de que las cosas fluyeran. Lo estaba enloqueciendo.

Keisha y Jemal acudieron a un coach de crianza compartida para que les ayudara a reducir la escala de su guerra fría. Jemal supo que Keisha era incapaz de escuchar lo inoportunos que eran sus comentarios (su papel en la familia antes de la separación había sido planificarlo todo). Con la oportunidad de compartir sus experiencias sobre sus problemas de comunicación, tanto Keisha como Jemal podían comenzar una historia de vida familiar distinta. Jemal dejó de culpar a Keisha y de etiquetarla como "controladora", y empezó a participar en la resolución de los problemas. En cuanto él pudo reconocer cómo contribuía ella a la vida de los niños, ella se relajó para escuchar sus inquietudes. Él pidió que llegaran a acuerdos elementales a la hora de tomar decisiones conjuntas y marcar límites más claros mientras él se quedaba con los niños. Keisha reconoció que sería difícil hacerse a un lado. Con el apoyo del coach de crianza compartida, empezó a comprender la importancia de tratar a Jemal como su compañero de crianza capaz y autónomo.

Una vez tomados estos acuerdos y después de comprenderse mejor mutuamente, los dos padres se volvieron más receptivos. Acordaron adoptar la práctica de responder: "Sí, me queda bien" o "No, gracias", ante sus peticiones o sugerencias. Keisha aceptó limitar su comunicación de los correos durante la transición y Jemal aceptó responder a tiempo y también aportar información durante la transición. Lo más importante: acordaron hablar cuando algo les molestara y no sacar las conclusiones más negativas.

• • •

Concéntrate en lo que puedes hacer para ayudar a los niños
Algunos de los métodos de crianza de tu compañero no van a cambiar. No van a estar de acuerdo en temas específicos que de momento, o siempre,

han sido motivo de desacuerdo. La separación le da la libertad a los dos padres de encontrar sus propios valores, prácticas y enfoques para la crianza. Puede ser difícil dejar de centrarte en cambiar a tu compañero de crianza para aceptar las limitaciones y diferencias entre los dos.

En ocasiones, estas diferencias requieren explicaciones para tus hijos, que preguntan por qué en tu casa las cosas son tan diferentes que en casa de tu compañero de crianza. Explica la diferencia entre "las cosas en casa" y "las cosas en casa de mamá/papá" con objetividad. Resiste la tentación de contarle a tus hijos que su mamá o papá te decepciona. Atribuye las cosas a las diferencias, en vez de juzgar esas diferencias por ser buenas, malas, mejores o peores. Los niños no necesitan saber exactamente lo que piensas, sólo necesitan que les expliques los cambios, con amor y firmeza y que des seguimiento a esos cambios. Practica lo que predicas. En otras palabras, cría con congruencia, respetando tus creencias. Mientras tanto, trata a tu compañero de crianza con el respeto y la civilidad con los que tratarías a cualquier otra persona. Respeta mediante tus acciones y comunicación.

• • •

A Natalie se le dificultaba mucho no juzgar la decisión de Rebecca de asistir a otra iglesia después de su separación. Por desgracia, Natalie acostumbraba hacer comentarios despreciativos frente a los niños cuando se enteraba que habían asistido a otra iglesia cuando se quedaban con Rebbeca. Rebecca le había pedido a Natalie en numerosas ocasiones que dejara de opinar sobre sus decisiones frente a los niños, pero no tuvo ningún efecto, Natalie siguió haciendo comentarios negativos. A Rebecca le preocupaba el efecto que podría tener esta tensión persistente en los niños y se sintió menospreciada como compañera de crianza.

Le parecía que tenía dos opciones: contraatacar, y contarle a los niños su versión del por qué había dejado la iglesia familiar o guardar silencio. Se tranquilizó y dejó que pasara el enojo. Decidió que lo mejor era no implicar a los niños. Normalizaría la negatividad de Natalie y la explicaría como "una diferencia entre mamá y yo, ninguna está bien ni mal".

Cuando los niños volvieron a sacar el tema repitiendo la acusación de Natalie de que Rebecca estaba abandonando su fe, Rebecca respiró profundo y acudió a su poder recién descubierto para normalizar la diferencia. Les respondió cariñosamente: "Sí, es verdad. Cambié mis prácticas religiosas y ahora son distintas de las de mamá. Sé que puede ser confuso, pero me da gusto de que los dos puedan ir a la iglesia con mamá y conmigo. No quiero que se sientan obligados a decidir quién es 'mejor' o 'bueno', sólo quiero que disfruten la convivencia con las dos. A veces, la separación implica que habrá diferencias entre sus dos hogares. A veces puede ser confuso, pero vivir cosas nuevas no es malo".

Rebecca se dio cuenta de que las niñas parecían satisfechas cuando se fueron corriendo a jugar. Sabía que aunque no recibirían el mismo mensaje de parte de Natalie, al menos ella las había quitado de la parte del conflicto que le tocaba. Les había impartido una lección de tolerancia y cero juicios, incluso en una situación en la que le parecía justificado defenderse y también juzgar.

• • •

Reconoce y adapta tus propias actitudes y reacciones

Aunque tus inquietudes y frustraciones con tu compañero de crianza pueden ser comprensibles y válidas, es recomendable analizar tus propios sentimientos, conductas y reacciones pues tal vez estés contribuyendo al conflicto. Buscar las soluciones a un problema en ti mismo no desestima ni descuenta los problemas con tu compañero de crianza. Sin embargo, tomarte un momento para analizar si hay algo que pudieras hacer, o no hacer, para dirigir la relación a una vía más constructiva te empodera. Aún puedes conservar tus frustraciones y desear que tu compañero cambie, pero si puedes encontrar el modo de superar y gestionar tus emociones, responder con civilidad y no engancharte en intercambios negativos, puedes mejorar la atmósfera en casa y con los niños. Y cuando cambias de actitud y respuestas, tarde o temprano tu compañero también lo hará.

• • •

Cada que Jessica mencionaba temas de dinero, a Terrance lo acometía la ira. Volvía a sentir lo que había sentido cuando había perdido todo: su casa, los recursos financieros, tiempo con su hija, Teresa. Había tenido que conseguir un segundo trabajo para pagar las cuentas. Estaba furioso. Deseaba poder quedarse en casa y cuidar a su hija, no tener que trabajar y preocuparse constantemente. A Terrance no le ayudaba en nada saber que Jessica podía ser irresponsable con el dinero, que ella tenía la "libertad" de no trabajar y, además, le quedaba otro año en casa con Teresa, sin tener que contribuir financieramente.

Terrance se dio cuenta de que se le dificultaba hablar con Teresa de todo: la escuela, las actividades, las citas médicas, etcétera. Todo le parecía injusto, se sentía frustrado. Estaba cansado de sentirse así, de estar enojado, de que todo le pareciera mal. Terrance necesitaba ayuda para gestionar sus sentimientos y estaba seguro de que no encontraría la respuesta tomándose otra cerveza. Las cosas no estaban funcionando, y el alcohol empeoraba todo. Llamó a un amigo que estaba acudiendo con un terapeuta.

Hizo una cita. Con ayuda del terapeuta, Terrance empezó a trabajar en cómo superar el pasado para hacerle frente al presente. Aprendió a reconocer sus detonantes y a respirar profundo (así como muchas otras estrategias) cuando empezaba a sentir esa ira tan familiar acumularse en el pecho. Practicó cómo comunicarle a Jessica cuando necesitara un descanso de sus conversaciones, en vez de permitir que sus emociones cruzaran una línea, lo cual invariablemente concluía en que estallaba. Aunque aún le parecía que la situación era injusta, el estrés y el conflicto se redujeron. Reconoció que la única salida era seguir adelante de la mejor manera posible.

Jessica pareció percibir su nuevo control y confianza y empezó a mostrarse más respetuosa. Lo más importante, Terrance dejó de sentirse enojado en todo momento, y con ello se dio cuenta de que gestionar sus emociones había sido lo correcto.

• • •

En la medida de lo posible, céntrate en lo positivo

Uno de ustedes puede ser aventurero y el otro más casero, o uno de ustedes puede ser inquieto y extrovertido, mientras el otro prefiere el orden y el silencio. Con frecuencia, los padres tienen estilos de vida, temperamentos y preferencias distintas. Esas diferencias pueden suscitar conflictos a la hora de decidir qué es lo mejor para los niños. Cuando nos enfrentamos a sentimientos de indiferencia o tristeza, somos más propensos a ver estas diferencias de nuestro compañero de crianza con ojos negativos: el aventurero se vuelve imprudente; el tranquilo, sobreprotector; el estructurado, controlador; y el participativo, intrusivo.

Es preciso abordar algunas de estas diferencias directamente, sobre todo las que generen confusión indebida en los niños, afecten su capacidad para realizar sus actividades cotidianas o cualquier cosa que sospeches sea nociva para ellos. Dicho esto, en la medida de lo posible, considera los aspectos positivos de algunas características de tu compañero de crianza que sean muy distintas de las tuyas. Comparte lo positivo con los niños para mostrar que apoyas los dones de su papá o mamá. Por supuesto que los aspectos que te saquen de quicio seguirán existiendo. A veces tenemos que aprender a disfrutar (o al menos aceptar o ignorar) las manchas del leopardo, y no tomar un pincel y tinta y pintarlos a cada oportunidad.

Los leopardos no tienen rayas y nunca las tendrán, y si puedes convencerlos de que se comporten como si las tuvieran, los cambios no durarán mucho. En general, el conflicto que genera tratar de cambiar a alguien constantemente es mucho más nocivo que aprender a vivir con sus "manchas" y entablar una relación civilizada y tolerante.

Las diferencias de los padres no necesariamente son negativas para los niños. Esas diferencias les brindan un abanico de experiencias y conocimientos mucho más amplio, para que ellos mismos decidan qué quieren ser. Los dos padres pueden ser modelos e impartir lecciones, a partir de ello los niños crearán sus identidades individuales y únicas. Tarde o temprano, cuando los niños lleguen a la adolescencia, se burlarán de los dos. Aprender a reírse de uno mismo puede ser la medicina más efectiva para aprender a aceptar las diferencias entre ambos: "Sí, en mi otra vida fui un monje ermitaño, así que me gusta el silencio. ¡Qué suerte que tu papi no fue monje!"

· · ·

Graciela se sentía absolutamente frustrada con Raul. Cuando su hijo, Alberto, se quedaba con él, lo único que hacían era jugar: nada de tareas, labores ni estructura. Raul llevaba a Alberto a sus partidos de futbol nocturnos, sin considerar para nada la hora de dormir ni sus actividades del día siguiente. A Graciela le recordaba a su vida de casados, cuando ella hacía todas las labores domésticas y la crianza y Raul se limitaba a divertirse con Alberto. Le desesperaba que ahora que estaban separados, para nada se había librado de la irresponsabilidad de Raul.

Cuando Alberto llegaba a casa y le contaba lo mucho que se había divertido en casa de su papá, Graciela no se podía controlar y se quejaba abiertamente de la falta de "crianza real" de Raul. Pero se daba cuenta de que con sus palabras hería y confundía a Alberto. A él le encantaba regresar a casa con su mamá, pero ella parecía molesta por haberse divertido tanto con su papá. No sabía cómo solucionar el problema, lo único que sabía era que molestaba a su mamá. Con el tiempo, cuando Alberto volvía de casa de su papá, se portaba más reservado y no quería compartir detalles de su estancia.

Graciela quería compartir la carga que implicaba criar a Alberto con su compañero de crianza. Quería tener tiempo para ser la mamá divertida, no la supervisora que sentía tenía que ser. Pero a medida que Alberto se iba distanciando de ella, se dio cuenta de que había opacado su entusiasmo y su confianza para compartir con ella sus emociones o preocupaciones. Quería que su hijo supiera que su entusiasmo lo era todo para ella, así que se dispuso a tomar cartas en el asunto.

Graciela empezó a compartir con Alberto que siempre supo que su papá era muy divertido y activo. Le contó lo orgullosa que se había sentido de verlo jugar futbol cuando eran una pareja joven. Reconoció que le daba gusto que Raul lo incluyera en sus aventuras. Alberto volvió a sonreír. Graciela agregó que sería bueno que los dos hicieran un poco de tarea en casa de su papá, porque a fin de cuentas, esperaban que un día fuera a la universidad.

Graciela decidió involucrar a Alberto para que asumiera la responsabilidad de sus propias labores, todo según su edad: lavar su ropa, llevar su tarea a casa de papá, dormir bien. Le recordó: "Cariño, tienes que decirle a papá que necesitas dormir más".

Se esforzó por hacer uno que otro cumplido: "Papá es un gran futbolista, seguro estás aprendiendo mucho con él" y "Tienes un sentido del humor parecido al de papá". Alberto se veía encantado y volvió a compartirle más sobre su vida con su papá, y a decir de Raul, hizo lo mismo en su casa.

El tema de la tarea aún no se resolvía, pero con paciencia y tiempo, Alberto aprendería a organizarse y disfrutar su estancia con su papá, mientras prosperaba gracias a la estructura amorosa que su mamá creó.

• • •

Si la situación con tu compañero de crianza es intolerable, sabes que las estrategias que hemos compartido tienen poco efecto en la decepción, desconsideración y hostilidad constantes. No importa si tu compañero de crianza responde a tus habilidades, estarás mejor preparado para apoyar a tus hijos. Llegará el punto en el que busque orientación para gestionar su relación de compañero de crianza. Para mayor información consulta "Qué contarle a los niños sobre una madre/un padre conflictivo", en la página 304.

UNA SELECCIÓN DE IDEAS

- La relación de crianza compartida se desarrolla con el tiempo. Después de la separación, con la cantidad de estrés y pérdida que implica, es común que los compañeros de crianza descubran que su relación tendrá muchas fases a medida que el estrés disminuye, las cosas se estabilizan y empiezan a descubrir nuevos estilos de vida.
- A veces, los cambios en las circunstancias de alguno de los padres afecta la estabilidad del sistema familiar en los dos hogares.
- La inestabilidad brinda la oportunidad de adoptar una nueva estabilidad, y esto puede ser positivo o negativo. Trabajar en estos cambios con un coach de crianza compartida tiene resultados notorios.
- La crianza compartida exitosa requiere competencias y habilidades específicas. Muchas son habilidades para relacionarse. Otras son específicas de los compañeros de crianza, en particular, hace falta compartir un conjunto de prácticas y protocolos que faciliten gestionar una familia de dos hogares.
- Los estilos de crianza son únicos e individuales. Aceptar las características de tu compañero de crianza que no va a cambiar y encontrar el lado positivo cambiará la dinámica para ti y reducirá el estrés de los niños.
- Haz lo posible por mejorar tu relación de crianza compartida cuando tu compañero no esté cooperando.
- No nos cansamos de enfatizar la importancia de la madurez personal, la paciencia para superar la pérdida de la relación marital y la adhesión a los protocolos de crianza compartida que funcionen en la nueva familia de dos hogares de tus hijos. Respirar en vez de juzgar exige paciencia, recurrir a un enfoque profesional (sereno, práctico y orientado en obtener resultados), así como encontrar modos de hablar con tu compañero de crianza y tus hijos. Sigue practicando y busca el apoyo que necesites.

CAPÍTULO 12

Cómo criar a niños estables y resilientes en una familia con dos hogares

Los finales implican comienzos. Haz dejado atrás tu antigua normalidad y has creado un nuevo sentido de familia para tus hijos. Has transformado relaciones y papeles del pasado y has adoptado otros que satisfagan sus necesidades en sus dos hogares. Tus niños te acompañan en el viaje y han aprendido mucho. Ellos también han experimentado la pérdida, el dolor y la adaptación. ¿Cómo ayudarlos para que prosperen en su nueva normalidad?

RESTITUYE LA DIVERSIÓN FAMILIAR

Los niños han vivido muchos cambios, la mayoría, para nada divertidos. Quizá te sentiste, o te sigues sintiendo, abrumado al procurar que las reglas familiares y los calendarios se cumplan, llevar comida a la mesa y que todos duerman bien. Adaptarse a ser un padre o madre soltero (incluso si tienes un compañero de crianza) cuando estás en funciones y llevar una casa en solitario puede quitarle la diversión al día a día. Respetamos inmensamente lo que estás haciendo. Pero ten en cuenta que los niños necesitan un poco de diversión en mayor medida que ropa limpia doblada; o tal vez necesiten ayudarte a doblar la ropa y divertirse al mismo tiempo.

La diversión nos revitaliza y nos recuerda que pese a las dificultades, la vida en familia sigue teniendo momentos de alegría y crea recuerdos de por vida.

Los niños suelen darse cuenta de la ausencia de risas, relajación y unidad en su familia de dos hogares.

· · ·

Natalie, doce años: "Parece que todos siempre están muy ocupados y estresados. Me gustaría que nos riéramos como antes, divertirnos a veces. Así es triste".

· · ·

La diversión no requiere de un gran evento y no tiene que suponer gastos. De hecho, las tonterías o los intercambios de cariño diarios son los que más nos levantan el ánimo y el espíritu. Se dice que "la risa es la distancia más corta entre dos individuos". A veces una familia de dos hogares que apenas recuperó la estabilidad necesita aprender a reír de nuevo.

Aprovecha los momentos de convivencia, como las comidas, la hora de dormir o los trayectos en coche, para intensificar la conexión. Momentos como la cena o la relajación antes de irse a la cama son ideales para compartir y convivir. A una familia le gusta compartir los mejores y peores momentos de su día en la mesa. Otra con niños pequeños diseñó un himno familiar que cantan en momentos difíciles o festivos:

· · ·

"¿Quiénes somos? ¡Los Donovan! ¿Qué hacemos? ¡Nunca nos rendimos!"

· · ·

Éstas son algunas estrategias para recuperar la diversión familiar:

- *Recurre a la curiosidad innata de los niños*: guarda un frasco o caja con preguntas propias de la edad de los niños (también pueden ser bobas) y túrnense para preguntarlas. Es una forma sencilla y divertida de conocerse mejor.
- *Encuentra quince minutos y una novela infantil*, léela en voz alta antes de que tu hija se vaya a dormir.
- *Resalta que tú y los niños han sorteado las dificultades*: "Somos un equipo de tres, y lo estamos logrando".

- *Contempla crear eventos especiales a los que aspirar todos los años para fomentar la convivencia.* Por ejemplo, que los niños sean anfitriones de una búsqueda de huevos de Pascua o las "Olimpiadas de la calle 42", que consistan en juegos y premios sencillos. Invita a los niños a proponer ideas, empodéralos mientras construyen su nuevo sentido de hogar, familia y comunidad. Lo importante es que todos son importantes.

TEN LA CONVICCIÓN DE QUE TUS HIJOS HARÁN COSAS MARAVILLOSAS

Los padres influyen en la opinión que tienen los niños de sí mismos, de lo que son capaces. Contribuye activa e intencionalmente a que construyan una imagen propia fuerte y capaz. Cumplir las metas requiere esfuerzo constante, así como fracaso.

Los niños necesitan orientación de sus padres para desarrollar aptitudes que les permitan lidiar con el fracaso, los errores y los callejones sin salida por su cuenta. Los fracasos deben verse como oportunidades para aprender, innovar, practicar, mejorar, no darse por vencidos ni ceder ante nadie.

Deja que tus hijos se esfuercen con algo difícil, les da la oportunidad de saborear el placer intrínseco de un trabajo difícil y bien hecho. Admirar su persistencia, riesgos creativos y actitud optimista es mucho más útil que centrarte en el resultado o la meta.

El éxito tiene muchas caras: desempeño académico, seguridad social, capacidad para cumplir las reglas de la casa, aptitudes atléticas, gestionar las emociones difíciles. Para emplear la sabiduría de Thomas Jefferson: "No hay nada más desigual que tratar a todos de la misma forma". Cada niño es único. No hay dos niños iguales. Esto no quiere decir que cada uno de tus hijos requiera tratamiento excesivamente especial o que no debas exigirle que cumpla ciertos estándares de acuerdo con su edad, y en ocasiones, que los supere. Esto quiere decir que es importante que le ayudes a alcanzar su potencial, a esforzarse por cumplir sus objetivos y a celebrar el progreso.

Puedes ayudar a los niños a mitigar su ansiedad, inseguridad e impaciencia si te concentras en las conductas que sustentan el éxito y no en los resultados o el desempeño. Valora los pasos que llevan al éxito, como advertir que tu hija se está concentrando cada vez mejor en su tarea: para un niño pueden ser diez minutos en matemáticas, para otro, media hora de lectura en voz baja. Los atletas jóvenes necesitan que te sientas orgulloso de que vista el uniforme, que sea buen compañero, buen miembro de su equipo y se esmere, esto es muy distinto que centrarse en los minutos que jugó o los goles que anotó. Cuando te centras en lo que quieres de tu hijo (¡no hace falta celebrar con cañones!), gradualmente responderán con mayor capacidad de crecer en la dirección que quieres. Recuerda, atrapas más moscas con miel que con vinagre. Habrá veces en las que debas poner uno que otro límite rígido, pero en general, tu atención positiva es como miel para un niño en crecimiento. Felicítalos cuando se esmeran, cuando tienen buena actitud y el valor para probar cosas nuevas. Esto ayuda a los niños a que desarrollen las habilidades necesarias para la autonomía y la motivación personal.

EL AMOR: EL EQUILIBRIO ENTRE LOS CUIDADOS Y LA DISCIPLINA

La crianza en solitario implica que estás llenando dos pares de zapatos. Ya no puedes dividirte, ya no puedes recurrir a la técnica del policía bueno y el policía malo. En tu casa, tienes que ser los dos. Los niños necesitan mucha conexión, cuidados, diversión y amor, pero también necesitan reglas, expectativas, estructura y consecuencias. La crianza en solitario puede implicar que debas desarrollar nuevas aptitudes que te resulten difíciles. Tal vez necesitas aprender a estar más presente, a ser más cálido, afectivo, o más sereno, estructurado y capaz de imponer reglas.

La culpa puede socavar el equilibrio entre los cuidados y la disciplina. La culpa es una emoción insidiosa que con frecuencia socava el desempeño de un padre o una madre sólidos. Si te sientes culpable es probable que perdones la mala conducta o que reine el mal humor, que excuses el mal desempeño o permitas conductas regresivas que contrarrestan la adaptación saludable. Los niños son niños, no todo lo que hagan en un día tiene que ver con la separación. No necesitan que los compadezcas o te culpes (o a tu compañero de crianza), necesitan que los críes.

El estrés y la fatiga tienen un papel fundamental a la hora de socavar la crianza sólida. Recuerda que el cuidado personal es parte de la crianza saludable, esto quiere decir, ponerte la mascarilla de oxígeno primero. Debes cuidarte para contar con la energía y los recursos para cuidar a los niños. Con el nivel de estrés elevado en la familia de dos hogares que apenas se adapta a sus circunstancias, un padre o una madre pueden estallar y gritar, reaccionar mal y recurrir a estrategias de crianza de las que después se arrepientan. Si esto sucede, discúlpate con tu hijo, repara el vínculo y después retoma tu plan original: cuidar, enseñar y disciplinar, para que el niño pueda crecer y aprender.

Cuando disciplinamos bien, enseñamos y los niños aprenden. A veces los padres equiparan la disciplina con el castigo. La disciplina requiere prever expectativas y consecuencias ante la mala conducta propias a la edad de los niños. Si con nuestras consecuencias o castigos los niños no aprenden, nos estamos equivocando. Cuando los niños se portan mal (aunque sea cruzarse la calle corriendo) y les pegan, es un golpe emocional: les da miedo, se ponen a la defensiva y dejan de pensar, por lo que es imposible que aprendan. Asustar, avergonzar, humillar o excluir a los niños dificulta muchísimo que aprendan. Con todos los cambios, tu papel de padre o madre en solitario, y la reacción negativa de los niños, tal vez se te acabe la paciencia y no sepas qué hacer. Mientras estabilizas tu hogar, recurrir a un coach de crianza puede ser un salvavidas.

Los cuidados y la disciplina son dos ingredientes clave de la crianza sólida. La conexión y la cercanía que se cultivan a través de la diversión y los cuidados, motivan a los niños a cumplir las reglas y a sentirse incómodos cuando no cumplen las expectativas, siempre dentro de lo razonable. Los límites claros ayudan a los niños a sentirse seguros. Nuestra capacidad para reaccionar con consecuencias predecibles debido a su mala conducta, les enfatiza que nos importan, que estamos poniendo atención y que actuaremos cuando sea necesario para proteger lo que valoramos para ellos. Los niños en familias de dos hogares necesitan una dosis saludable de ambos ingredientes en cada hogar.

INVOLUCRA A LOS NIÑOS, PERO NO DEJES DE PROTEGER SU INFANCIA

La crianza en solitario en una familia de dos hogares exige mucho trabajo. Sin importar si tu hija y tú forman un equipo de dos, o tus hijos y tú forman un equipo de seis, el trabajo en equipo garantiza el éxito cuando la vida transcurre en dos casas. No ţiene nada de malo (al contrario) enseñarle a los niños el valor de cooperar y ser parte del equipo. Sin embargo, es crucial reconocer el equilibrio entre implicar y agobiarlos. Cuando les asignes labores domésticas, ten en cuenta lo siguiente:

- ¿Mi hijo tiene la capacidad de realizar esta labor o necesito enseñarle y apoyarlo mucho hasta que la complete?
- ¿La responsabilidad es adecuada para su edad?
- ¿Estoy teniendo en cuenta las necesidades en el desarrollo de mi hija y todas las otras exigencias de la escuela y sus actividades importantes?
- ¿Tengo la capacidad de apoyar, reforzar y garantizar un espíritu de trabajo en equipo?

Labores como lavar la ropa, la limpieza del hogar, prepararse para las comidas y limpiar después, así como cuidar a los hermanos pequeños construyen habilidades importantes y respaldan las competencias según la edad de los niños. Cuando los padres trabajan en equipo para inculcar estas habilidades domésticas, los niños en la familias de dos hogares suelen opacar a sus compañeros en las familias de un hogar en cuanto a la competencia doméstica. Ten en cuenta que los niños también deben dominar otras labores: conservar amistades, participar en la escuela, practicar deportes y divertirse en sus momentos de descanso. De ser posible, asegúrate de que las responsabilidades de los niños no los distraigan de participar en estas actividades tan importantes para su desarrollo. Para lineamientos generales sobre labores domésticas apropiadas para su edad, consulta "Los niños y las labores domésticas", página 306.

PROTEGE A TUS HIJOS DE LOS PROBLEMAS ADULTOS

Los niños podrán ser listos, tener inteligencia emocional y casi ser capaces de realizar cosas de adultos, pero en el fondo siguen siendo niños en desarrollo. Otorga a los niños la libertad de no involucrarse en problemas adultos, protégelos, que no escuchen conversaciones en las que se aborden problemas adultos o preocupaciones emocionales. Si tu hija mayor te pide que le cuentes —o aún más tentador, da en el clavo de la situación—, ten cuidado y protégela.

Los adolescentes particularmente pueden cometer errores involuntarios al querer "ayudar" a uno de sus padres en formas que, de hecho, pueden estropear su desarrollo saludable y ocasionar más estrés y confusión de la que imaginan ahora o en el futuro. Como a veces los adolescentes pueden parecer y actuar como adultos pequeños, con ineptitud, los padres los invitan a formar parte de sus asuntos adultos, pero esto puede poner en riesgo su desarrollo emocional o su seguridad psicológica. Esto incluye que los adolescentes:

- Brinden apoyo emocional a un padre solitario, ansioso o necesitado como resultado de la separación, y adoptar el papel de cónyuge en el plano emocional.
- Se conviertan en confidentes de uno de sus padres en temas adultos que involucran a su mamá o papá, una pareja sentimental, finanzas o inquietudes sobre otro niño en la familia.
- Crean que necesitan adoptar responsabilidades adultas, como criar a sus hermanos, gestionar las finanzas o desempeñar demasiadas labores domésticas o labores muy complejas, con frecuencia ante la incapacidad de uno de sus padres.

Los niños y los adolescentes que absorben responsabilidades adultas en su familia en dificultades terminan sintiendo que satisfacer las necesidades de la familia o de uno de sus padres es más importante que satisfacer las propias. Estos niños salen expulsados de su proceso de desarrollo saludable para cumplir responsabilidades o exigencias emocionales muy por encima de sus capacidades. Como consecuencia, al entrar a la adultez, experimentan inseguridades, incertidumbres y confusión en sus relaciones. En vez de lidiar con problemas normales y adecuados para su edad, estos niños suelen sentir que tienen "un papel especial" que por ahora nadie puede entender, y después se sienten utilizados.

Un niño que se debate entre cumplir sus sueños o cuidar a un padre puede desarrollar miedos, resentimiento o culpa por lo que debería ser un deseo natural y saludable de perseguir sus propios intereses e independencia. Desde luego, la capacidad de empatizar, responsabilizarse y tomar decisiones independientes son características maravillosas que queremos inculcar a nuestros niños, en su vida. Como padres saludables, debemos omitir a nuestros hijos de nuestro mundo adulto, a pesar de sus buenas intenciones por ayudar.

LAS SIETE C: AYUDA A LOS NIÑOS A SER RESILIENTES
(El material de este capítulo se reproduce con autorización de la Academia de Pediatría de los Estados Unidos. Tomaremos cada una de las siete C y detallaremos cómo se puede poner en práctica en la experiencia de la crianza compartida en una familia de dos hogares.)

Kenneth Ginsburg, pediatra especialista en medicina adolescente en el Hospital Infantil de Filadelfia se asoció con la Academia de Pediatría de los Estados Unidos para escribir *Building Resilience in Children and Teens: Giving Kids Roots and Wings* (2010). Este libro premiado es una fuente invaluable que asiste a los padres y los cuidadores para criar a niños, adolescentes y jóvenes adultos resilientes.

El doctor Ginsburg identifica siete C en la resiliencia; para él "la resiliencia no es una entidad sencilla, individual". Los padres pueden consultar estos lineamientos para asistir a los niños a reconocer y emplear sus habilidades y recursos internos.

COMPETENCIA

La competencia describe la sensación de saber que puedes lidiar con una situación con eficacia. Podemos inculcar competencia cuando:

- Ayudamos a los niños a que se concentren en fortalezas individuales.
- Atribuimos los errores a incidentes puntuales.
- Empoderamos a los niños para que tomen sus decisiones.
- Cuidamos que nuestras ganas de protegerlos no envíen un mensaje equivocado de que él o ella no es competente como para resolver las cosas.
- Reconocemos las competencias de los hermanos de manera individual y sin comparar.

Como padre en funciones, dedicas tu energía a que las cosas en casa marchen sobre ruedas, llevar comida a la mesa y llevar a los niños a sus actividades. Dedicar unos minutos de tu atención a acompañar a los niños mientras hacen la tarea o guiarlos mientras aprenden algo nuevo o se hacen cargo de una labor doméstica nueva, hace más que mostrarles tu cariño o atención. Los ayuda a desarrollar su competencia y les inculca el sentido de responsabilidad individual. Cuando reconoces el valor de la iniciativa, constancia y autonomía de los niños, se sienten orgullosos. Cuando creas oportunidades adecuadas para su edad para que contribuyan en casa (que aprendan a hacer una labor doméstica nueva, etcétera) y reconoces su participación, inculcas confianza y sabrán que son un miembro valioso del equipo.

En la medida en que los niños aprenden a responsabilizarse de sus pertenencias, cuando van y vienen entre sus dos hogares, y se responsabilizan de resolver los problemas en cada uno (en vez de quejarse con uno de ustedes de las reglas del otro), los niños se sienten empoderados y aprenden a considerarse capaces y responsables. Supervisar a los niños para que aprendan a recordar sus pertenencias y empacarlas, practicar para que se preparen para tener conversaciones difíciles, exige mucho más tiempo que resolver estas cosas tú mismo. Descubrirás el equilibrio perfecto entre la eficiencia y continuar la importante labor de inculcar competencia, acompañándolos con cariño en sus errores, reintentos, pruebas y esfuerzos. Todo es parte de criar a niños resilientes y con muchos recursos.

CONFIANZA

Que un niño crea en sus propias capacidades se deriva de la competencia. Fortalece su confianza:

- Concéntrate en lo mejor de cada uno de tus hijos para que ellos también puedan apreciarlo.
- Expresa con claridad las mejores cualidades, como justicia, integridad, constancia y bondad.
- Reconoce cuando hayan hecho algo bien.
- Elogia con honestidad sus logros puntualizando cada uno, no de una manera difusa que carezca de autenticidad.
- No obligues al niño a hacer más de lo que puede darse a basto.

Con la práctica mejoramos, no llegamos a la perfección. El desarrollo de los niños nunca termina. Cuanto más los guiemos para ser competentes, serán más capaces de adquirir confianza en ellos mismos. Los niños no son adultos pequeños, sin importar su tamaño o edad. Su infancia, sus modos, necesidades e inmadurez continúan en sus dos hogares, tal como sucedería en uno de ellos. Para que adquieran confianza, es vital que nuestras expectativas se adapten a su edad. Una cantidad razonable de estrés fortalece su desempeño y sus aptitudes. Si los agobiamos con estrés y miedos, su desarrollo disminuye y les impide pensar y resolver los problemas.

Resalta lo mejor de tu hijo, permítele que se equivoque y prepáralo para mejorar, para tener confianza en sí mismo. En especial en los primeros meses de vida familiar en dos hogares, los niños necesitan apoyo adicional para prepararse para las transiciones. Cuando olviden pertenencias, ofrece ideas para que no vuelva a ocurrir, siempre con una actitud positiva. Si los presionas mucho y muy pronto, sentirán que fracasan y exagerarán la pérdida de la comodidad de vivir en una casa. Recuerda que estos cambios se les impusieron y necesitan tiempo para adoptar las aptitudes necesarias para sortear con confianza su vida en dos hogares.

CONEXIÓN

El vínculo cercano con la familia y la comunidad brinda seguridad que a su vez genera valores sólidos y previene que se tomen caminos alternos destructivos, opuestos al amor y la atención. Puedes ayudar a que los niños conecten con los demás si:

- Creas un ambiente de seguridad emocional y física dentro de tu hogar.
- Permites que tus hijos expresen toda clase de emociones, para que tengan la confianza de acudir a ti en momentos difíciles.
- Abordas el conflicto en la familia con apertura para resolver los problemas.
- Creas una zona comunitaria dentro de casa para que la familia conviva (no necesariamente viendo la tele).
- Fomentas las relaciones saludables que reforzarán mensajes positivos.

Fomentar una relación sólida, saludable e íntegra con cada padre es la base de la crianza compartida positiva. Cuando los cónyuges se separan satisfactoriamente y son capaces de ver el valor que sus hijos tienen; se puede dar una relación cercana con su papá o mamá, y pueden desaparecer la tensión, la ira y el estrés que generaban los vínculos familiares. Por difícil que sea imaginarlo, esto incluye aceptar a las nuevas parejas sentimentales que formen parte de la vida de tu compañero de crianza. Ser receptivo y aceptar a otros adultos cariñosos en la familia de los niños crea una atmósfera de seguridad física y emocional para ellos en sus dos hogares. Esta aceptación no implica condonar tácitamente conductas hirientes entre los cónyuges, es un acto de crianza, por el bien de los niños, de su seguridad emocional y de su noción de conexión.

Enseñar a los niños que las cosas no empeoran si se habla de ellas, les transmite seguridad. Sabrán que pueden acudir a ti con sus problemas más importantes y los que les generen más temor. Cuando los dos padres acuerdan no guardar secretos —que el niño puede acudir con cualquiera de los dos para compartir sus retos y dilemas, y juntos lo apoyan y solucionan los problemas—, el niño gozará de las mismas ventajas que sus compañeros en familias de un hogar. Los compañeros de crianza que siguen ayudando a los niños a resolver sus problemas los hacen sentirse apoyados en sus dos hogares.

Entender los sentimientos de los niños, escucharlos y alentarlos a hablar con libertad sobre sus experiencias vitales, evitando los comentarios duros o de rechazo es parte de un flujo de comunicación esencial para reforzar sus vínculos. Esto no quiere decir que aceptemos todo lo que digan, sino escuchar, guiar, dirigir y ayudarlos a aclarar sus valores. Les enseñamos los límites apropiados, aptitudes para comunicarse, inteligencia emocional, empatía y respeto por los demás.

CARÁCTER

Los niños necesitan cultivar valores morales sólidos para distinguir el bien del mal y para demostrar una actitud empática con los demás. Para fortalecer el carácter de los niños empieza por:

- Demostrar que su conducta afecta a los demás.
- Ayudarlos a reconocerse como individuos empáticos.
- Demostrar la importancia de la comunidad.
- Alentarlos a desarrollar su espiritualidad.
- Evitar comentarios racistas o de odio, así como los estereotipos.

Como padres, son las figuras más influyentes en la moral rectora de los niños. Enséñenles valores, lo que importa en la vida: a contribuir como miembro sólido de una comunidad, a responsabilizarse por ellos mismos y los demás, a cuidar sus relaciones. Los dos tienen algo muy importante que ofrecer. Recuerda que tu hijo no necesita que culpes, critiques o degrades a su mamá o papá. Los niños tienen una capacidad innata para descubrir las características buenas y malas en cada cual. Ayúdalos a centrarse en lo bueno de cada uno y mejorar en los aspectos en los que has errado.

La conexión y el carácter constituyen las relaciones humanas, la democracia, la libertad de ser uno mismo, el respeto, la compasión, la honestidad y la integridad son necesarios para llevar una vida saludable e integral. ¿Quién mejor que tú para ayudar a los niños a integrar estos conceptos? ¿Quién mejor para enseñarles que el aprendizaje y la superación personal son procesos para toda la vida?

CONTRIBUCIÓN

Los niños necesitan darse cuenta de que el mundo es un lugar mejor porque ellos viven en él. Comprender la importancia de la contribución personal es una fuente de sentido y motivación. Enseña a tus hijos cómo contribuir:

- Dile a los niños que muchas personas en el mundo no tienen lo necesario para vivir.
- Resalta la importancia de ayudar a los demás mediante la generosidad.
- Crea oportunidades para que cada niño contribuya a su manera.

El cambio a una familia de dos hogares suele tener repercusiones en las circunstancias financieras de la familia. Con este cambio en los gastos ilimitados, a los niños se les presenta la oportunidad de aprender lecciones sobre el valor del dinero, presupuestar y hacer uso sensato de los recursos. Los niños pueden aprender a cuidar mejor sus cosas, pues ya no las podrán reponer con la misma facilidad que antes. Los hermanos podrían compartir los juguetes y la ropa que podrían tener en una familia de un hogar. Un niño puede aprender lecciones valiosas sobre cómo ser generoso con los demás incluso cuando tienen menos.

La generosidad no cuesta nada. Ofrecerse como voluntario, dar la mano y apoyar a alguien que lo necesita es "la renta que pagamos por el privilegio de vivir en esta tierra", como lo expresó la congresista estadunidense Shirley Chisholm. Realizar una actividad servicial con los niños puede ser tan sencillo como dedicar dos horas los domingos por la mañana a recoger basura en el parque de la colonia u ofrecerse como voluntarios en el banco de alimentos para clasificar comida o servir comidas. Es importante que los niños sepan que, sin importar las circunstancias de cada quien, todos contribuimos a que nuestras familias, escuelas, colonias y el mundo sean un lugar mejor. Las dos C de conexión y contribución van de la mano.

DAR LA CARA

Aprender a dar la cara al estrés ayudará a tus hijos a estar mejor preparados para afrontar los retos de la vida. Algunas lecciones positivas para hacerlo:

- Transmitirles estrategias positivas para afrontar los problemas de manera consistente.
- Pedirles que cambien su actitud negativa no será efectivo.
- Entiende que, para los niños, muchos comportamientos arriesgados son intentos por aliviar el estrés y el dolor.
- No condenes a tus hijos por sus conductas negativas, no los hagas sentir vergüenza.

La separación es una fuente de muchísimo estrés, turbación emocional, incertidumbre y pérdida para toda la familia. Como adulto, eres el guía para superar la turbulencia, los niños acudirán a ti cuando se sientan amenazados y desmoralizados. Cuando diseñas estrategias saludables para afrontar los problemas y lidiar con el estrés y les enseñas a ser optimistas, los niños aprenden a confiar en que todo saldrá bien.

El amor, la seguridad y los vínculos familiares protegen a los niños de un mundo en el que todo parece ser demasiado difícil. Recuerda a los niños que mañana será otro día, superarán sus sentimientos, aprenderán nuevas habilidades, solucionarán los problemas, todo se superará, y lo harán juntos. Ésa es familia, eso es un equipo, eso significa ser "los Pérez".

Si a ti y a tu compañero de crianza les preocupan las conductas arriesgadas de los niños o sienten que están perdiendo el control para mantenerlos seguros, contacten a una oficina de servicios familiares para informarse sobre opciones de orientación para niños y adolescentes. Puede ser un buen momento para sumar esfuerzos y apoyar a su hijo. Tal vez necesiten terapia familiar para que el niño pueda abordar los miedos y malestar que motivan sus conductas destructivas.

CONTROL

Es más probable que los niños se den cuenta de que pueden controlar las consecuencias de sus decisiones y se percaten de que también tienen la habilidad de recuperarse. Cuando tu hijo es consciente de que puede hacer la diferencia, aumentan su competencia y confianza en sí mismo. Empodera a tu hijo:

- Ayúdale a entender que no todos los acontecimientos de la vida son azarosos, que la mayoría son resultado de las acciones y elecciones individuales de los demás.
- Que sepa que la disciplina se centra en enseñar, no en castigar ni controlar. Ayúdate de la disciplina para hacerle ver que sus acciones tienen consecuencias.

Los niños necesitan saber que cuentan con un adulto que cree en ellos y los ama incondicionalmente. Los niños cumplirán o no nuestras expectativas. Crea un mundo mucho más integral y predecible para ellos:

- Que en sus dos casas encuentren consistencia.
- Aborda los temas relevantes para los niños.
- Coopera y resuelve los problemas para garantizar que sus actividades académicas y extracurriculares marchen sin contratiempos.
- Céntrate en las necesidades de los niños, no en las tuyas.

Las cuatro C de la crianza compartida —competencia, confianza, conexión, carácter, contribución, dar la cara, control— son integrales para los niños.

Cuando los compañeros de crianza son predecibles, exhiben autocontrol frente al otro y crían en equipo, los niños pueden adaptarse a sus nueva vida y dedicarse a crecer. Recuerda: en el concepto de familia de un niño, lo que la separación fractura, la crianza compartida reconstruye.

Tu amor, atención y aprobación son una medicina efectiva para los niños. Cuanto más pronto puedas recuperar la estabilidad en su vida, centrarte en el presente, fomentar la relación amorosa con su papá o mamá, y ayudarlos con la transición entre sus dos hogares con la mayor soltura posible, mejor. Después, habiendo superado el cambio de la separación, podrán seguir desarrollando las habilidades que los preparen para una adultez saludable, aprender a tolerar la frustración y con ello, cultivar la tenacidad y la capacidad, así como desarrollar la inteligencia emocional que fortalece sus relaciones de trabajo y juego.

DALE A LOS NIÑOS EL REGALO DE UN PADRE O UNA MADRE FELIZ

¿Absolutamente felices? No, satisface tus necesidades y cuídate. Como bien sabes, los niños son excelentes observadores. Acudirán a ti para saber si todo está bien, y si se sienten convencidos y seguros, regresarán a sus aventuras, intereses y sueños. Encuentra el tiempo para entablar nuevas amistades o cultivar las antiguas. Diviértete, disfruta de tus logros y cuando las cosas no vayan tan bien, practica la compasión. Ten paciencia y fe mientras aprendes nuevas habilidades y asumes nuevos papeles. Cuando encuentras tiempo para ti, para recuperar la alegría y la confianza en tu vida, propicias el progreso de tus hijos y su familia de dos hogares.

UNA SELECCIÓN DE IDEAS

- Los niños prosperan con un equilibro de amor y disciplina, diversión y estructura, así como cuando los padres se toman el tiempo de encontrar su equilibrio tras la transición a una familia de dos hogares.
- Reír, conectar y crear un sentido de comunidad son fundamentales para los niños en una etapa en la que se habitúan a su nueva normalidad.
- El estrés, la fatiga, la culpa y otras emociones difíciles afectan la calidad de su crianza. El cuidado personal es clave.
- El trabajo en equipo es esencial en una familia de dos hogares. Enseña a los niños a contribuir en las tareas de la casa, apoya sus esfuerzos y logros. Al mismo tiempo, protege su crecimiento normal dando lugar a sus actividades y momentos de relajación.
- Protege a los niños de los problemas y temas de adultos. Los padres cuidan a los niños en el aspecto emocional, físico y espiritual, no al revés. Cuando ese equilibrio se invierte y los niños se sienten obligados a adoptar un papel más adulto con uno de sus padres, peligran su desarrollo y psicología saludables.
- Contempla cómo fomentar las siete C de la resiliencia para tus hijos y las cuatro C de la crianza compartida con tu compañero.
- Ponte la máscara de oxígeno primero y después ayuda a tus hijos a ponerse la suya: los niños dejan de preocuparse cuando saben que su mamá o papá está volviendo a ser feliz y a tener una vida íntegra.

Agradecimientos

Es imposible agradecer a todos los individuos que tuvieron participación para que este libro "viera la luz". Nos gustaría comenzar con las lecciones sobre la vida y el amor que aprendimos de nuestras respectivas familias, parejas y hermanos. Cada una fue esencial para formarnos como individuos y enseñarnos a valorar la complejidad de las relaciones familiares y la importancia de la familia. En nuestro trayecto, nos hemos encontrado con "estrellas polares", así como con quienes nos obsequiaron desafíos clave. Honramos a cada uno de ustedes y todo lo que experimentamos juntos.

Del mismo modo, queremos agradecer a nuestros solidarios colegas por su visión y apoyo, por ser nuestros mentores, por sus contribuciones invaluables, mientras hacíamos lo posible porque el concepto de "familia" ocupara el centro del derecho familiar. Con el riesgo de dejar fuera a muchos colegas valiosos e importantes, nos gustaría mencionar a algunos de nuestros amigos y colegas más cercanos:

Felicia Malsby Soleil, cuya amistad y apoyo profesional nos han acompañado desde que arrancamos el proyecto de derecho colaborativo en Washington.

Anne Lucas, por su capacidad ilimitada para apoyar el ejercicio colaborativo y su disposición para ayudar a todo aquel que busca su asesoría, y por escribir un artículo para este libro.

Rachel Felbeck, Don Desonier y Holly Holbein, todos ellos pioneros en el derecho colaborativo en Seattle, quienes generosamente compartieron su entusiasmo, lecciones y orientación.

Justin Sedell, con cuya genialidad tuvimos la suerte de contar. Gracias a sus revisiones escrupulosas, su apoyo generoso y su colaboración con un artículo.

Mark Weiss, cuya práctica reflexiva, sabia y empática es un modelo a seguir, y quien no deja de buscar formas de dotar el derecho familiar de excelencia y colaboración.

Mark Greenfield, Nancy Cameron, Diane Diel, Denise Jacob y Gail Leondar-Wright, quienes aportaron su preciado tiempo y energía para leer, comentar y mejorar el libro, y quienes nos brindaron apoyo moral para llegar a la meta. Han sido una especie de "fideicomiso mental".

Asimismo, gracias a Maureen Conroyd, por su experiencia como especialista y coach de crianza compartida y por colaborar con un artículo.

Katherine M. Bell y Alexandra S. Halsey, gracias a cuya edición y compromiso con su profesión la lectura es más profunda y disfrutable. ¡Gracias!

Queremos agradecer a Dori Jones Yang, por su asesoría editorial: fue como una mano de la que te apoyas cuando aprendes a caminar.

Gracias a Tillotson "Tilly" Goble, por sus aptitudes en la producción de video, las cuales aportan otra dimensión al libro. También a Doug Mackey, cuyos conocimientos de audio permiten que quienes prefieran escuchar, disfruten este material.

Asimismo, gracias a Kathryn Campbell, por su increíble talento como diseñadora. Ella es responsable de la hermosa presentación interna y externa de la primera edición de este libro. Y a Tony Ong, por el diseño de la nueva edición.

Por último, pero no por ello menos importante, queremos agradecer a todos los compañeros de crianza y a sus hijos que nos han confiado el honor de guiarlos y asistirlos en el proceso de separación/divorcio y más allá.

Apéndice

RECURSOS ADICIONALES

Libros

Para niños

A Smart Girl's Guide to Her Parents' Divorce: How to Land on Your Feet When Your World Turns Upside Down, de Nancy Holyoke (9-12)
The Boys and Girls Book About Divorce, de Richard A. Gardner (9+)
Dinosaurs Divorce: A Guide for Changing Families, de Marc Brown y Laurene Krasny Brown (4-8)
The Family Book, de Todd Parr (4-6)
How It Feels When Parents Divorce, de Jill Krementz (8+)
Let's Talk About Divorce, de Fred Rogers (4-8)
Two Homes, de Claire Masurel y Kady MacDonald Denton (3-6)

Resolución de conflictos

A Guide to Divorce Mediation: How to Reach a Fair, Legal Settlement at a Fraction of the Cost, de Gary J. Friedman
Divorce without Court: A Guide to Mediation and Collaborative Divorce, de Katherine E. Stoner
Fighting Fair: Family Mediation Will Work for You, de Robert Coulson
Sí, de acuerdo. Cómo negociar sin ceder, de Roger Fisher y William Ury
The Good Divorce: Keeping Your Family Together When Your Marriage Comes Apart, de Constance Ahrons

La crianza durante el divorcio

Being a Great Divorced Father: Real-Life Advice from a Dad Who's Been There, de Paul Mandelstein
The CoParenting Toolkit, de Isolina Ricci
Divorce and Your Child: Practical Suggestions for Parents, de Sonja Goldstein y Albert Solnit
Growing Up Divorced, de Linda Bird Francke
Helping Your Kids Cope with Divorce the Sandcastles Way, de M. Gary Neuman y Patricia Romanowksi
Mom's House, Dad's House: Making Two Homes for Your Child, de Isolina Ricci
The Quick Guide to Co-Parenting After Divorce: Three Steps to Your Children's Healthy Adjustment, de Lisa Gabardi
The Truth About Children and Divorce: Dealing with Emotions so You and Your Children Can Thrive, de Robert E. Emery
When Children Grieve: For Adults to Help Children Deal with Death, Divorce, Pet Loss, Moving, and Other Losses, de John W. James y Russell Friedman

Aptitudes generales para la crianza

1, 2, 3 por arte de magia, de Thomas W. Phelan
Parenting from the Inside Out: How a Deeper Self-Understanding Can Help You Raise Children Who Thrive, de Daniel J. Siegel y Mary Hartzell
Parenting with Love and Logic, de Foster Cline y Jim Fay
Raising an Emotionally Intelligent Child: The Heart of Parenting, de John Gottman, Joan Declaire y Daniel Goleman

Recursos en línea

Coach de divorcio o crianza compartida, especialista infantil o mediador
Academy of Professional Family Mediators: ProfessionalFamilyMediators.org
International Academy of Collaborative Professionals: CollaborativePractice.com

Recursos generales para el divorcio
Child Welfare Information Gateway: ChildWelfare.gov
Divorce Links: DivorceLinks.com
International Academy of Collaborative Professionals:CollaborativePracti
    ce.com
The Stepfamily Foundation: Stepfamily.org

Salud mental
American Academy of Child and Adolescent Psychiatry: AACAP.org
American Association for Marriage and Family Therapy: AAMFT.org

Información legal
American Bar Association: ABAnet.org/LegalServices/FindLegalHelp
Finding a Lawyer: FindLaw.com
International Academy of Collaborative Professionals:
CollaborativePractice.com
Law Help: LawHelp.org
The LGBT Bar Association: LGBTBar.org
Reference Desk: refdesk.com/factlaw.html

Recursos para la pensión alimenticia
US Office of Child Support Enforcement: acf.hhs.gov/programs/cse

Calendarios para la crianza compartida
2 Houses: 2Houses.com
Cozi: Cozi.com
Google Calendar (calendario compartido y gratuito)
Our Family Wizard: OurFamilyWizard.com
Parenting Bridge: ParentingBridge.com
ShareKids: ShareKids.com

LISTA PARA LA COMUNICACIÓN DURANTE LA TRANSICIÓN

No importa si la comunicación durante la transición se realiza por correo o buzón de voz, la intención es ayudar a tu compañero de crianza a ser el mejor padre/la mejor madre para tus hijos. Decide qué información es útil sin controlar el hogar del otro padre/ madre. Sé constructivo, no controlador. Si no tienes nada que comunicar sobre los aspectos descritos a continuación, basta con un mensaje así "La escuela bien, los amigos, bien".

Escuela
- Seguimiento a las tareas/actualización de proyectos especiales.
- Información acerca del trayecto escuela-casa.
- Actualizaciones sobre el cuidado antes/después de la escuela.
- Eventos especiales, conciertos, premios.
- Actualizaciones sobre las actividades extracurriculares.
- Necesidades especiales, tutorías, etcétera.
- Otros.

Amistades/relaciones con sus compañeros
- Cualquier cosa referente a las relaciones con sus compañeros: inquietudes, cosas que vigilar.
- Actualizaciones sobre invitaciones, pijamadas, etcétera.
- Redes sociales, uso de teléfono, mensajes de texto, citas.
- Otros.

Salud física
- Actualizaciones sobre citas médicas, reagendar, etcétera.
- Otros asuntos relacionados con la atención médica: ejercicios, terapias, etcétera.
- Inquietudes sobre enfermedades: medicamentos (con o sin receta médica), fiebres, sarpullidos.
- Malestares físicos (dolores de estómago, de cabeza, etcétera).
- Cambios en patrones alimenticios.
- Otros.

Bienestar emocional
- Inquietudes relacionadas con su salud mental/ansiedad.
- Problemas de sueño.
- Problemas de conducta.
- Otros.

Disciplina
- Organización y estructura.
- Programas de conducta y progreso.
- Otros.

Cambios en el hogar
- Cambios de rutinas.
- Otros.

LISTA PARA LAS REUNIONES PROFESIONALES DE LOS COMPAÑEROS DE CRIANZA

La crianza compartida efectiva exige coordinación y planeación. Recomendamos a los compañeros de crianza que adopten la rutina de reunirse en persona o por videollamada (más o menos) en agosto, enero y marzo, para tener reuniones profesionales trianuales, con el propósito de que la planificación sea efectiva y limiten los intercambios de correos y mensajes de textos que, en ocasiones, provocan conflicto y malentendidos.

Calendario escolar/calendario de verano
- Planificar las vacaciones, los puentes, las festividades, los campamentos, etcétera.
- Fechas de reuniones de padres y maestros.
- Cuidado antes/después de la escuela.
- Actividades extracurriculares (incluidos deportes, artes, grupos, etcétera).
- Hora de dormir (garantizar el descanso adecuado).
- Otros.

Desempeño académico

- Tutorías, evaluaciones/exámenes o consultas con especialistas educativos.
- Tareas.
- Proyectos especiales que requieran supervisión de los padres.
- Materias optativas (discutir las elecciones y supervisar equipo, como instrumentos musicales, etcétera).
- Otros.

Desarrollo social

- Hablar sobre las relaciones con sus compañeros e intercambiar información necesaria.
- Anticipar pasos en el desarrollo como las citas.
- Conductas en cualquiera de las dos casas que resulten preocupantes.
- Celebrar lo maravilloso que está madurando su hijo/hija.
- Otros.

Desarrollo físico

- Planificar citas médicas y dentales.
- Enfermedades: gestión/inquietudes.
- Progreso en el cuidado personal: alimentación, ejercicio, higiene, etcétera.
- Otros.

Desarrollo emocional

- Progreso en la autoestima y la confianza.
- Cualquier inquietud sobre su salud mental/ansiedad.
- Inquietudes sobre su conducta (¿arrebatos de ira?).
- Otros.

Cambios en el hogar

- Cambios de rutinas.
- Anticipar una mudanza.
- Inclusión de nuevos miembros de la familia (nueva mascota, compañero de departamento, pareja).
- Noticias sobre la familia extendida que afecten a los niños.
- Otros.

SEÑALES DE TENSIÓN EN LOS NIÑOS

Algunos niños necesitan apoyo adicional y las reacciones de algunos otros requieren intervención. A los niños les toma tiempo adaptarse a los cambios, entender sus emociones y estabilizarse. Sin embargo, lo normal es notar las mejoras y la estabilidad con el tiempo. Nuestra labor como padres es hacer todo lo posible por reducir el conflicto innecesario que los distrae (en particular con el otro papá/mamá) y reforzar la rutina y estabilidad cotidianas. Si las cosas empeoran en vez de mejorar a pesar de la consistencia y de la estabilidad, consulta con el médico de tu hijo. Si un niño muestra algunas de estas señales serias de tensión, quizá requiera la intervención o el apoyo regular de una terapeuta certificada o un médico profesional.

- Insomnio significativo y persistente.
- Malestares persistentes y frecuentes (dolor de cabeza, de estómago, etcétera).
- Dificultad para concentrarse que afectan su desempeño en la escuela y su vida cotidiana.
- Problemas de conducta o académicos importantes en la escuela.
- Arrebatos frecuentes de ira o violencia.
- Ensimismamiento, distanciamiento de seres queridos o amigos, o ambos (en el caso de los adolescentes, el distanciamiento de sus padres es normal, pero atención con el distanciamiento tanto de la familia como de los amigos o con el cambio de amigos de toda la vida y la inclusión de nuevas amistades menos apropiados socialmente).
- Se niegan a cuidarse o no tienen seguridad (no creer en su capacidad de lograr cosas o tener éxito) o creen que ya nada importa.
- Hace mucho no disfruta actividades que antes disfrutaba.
- Consumo de drogas o alcohol, conducta imprudente, vida sexual irresponsable.
- Lesiones autoinfligidas como cortarse, o trastornos alimenticios.
- Habla de temores, pensamientos o planes suicidas.

QUÉ CONTARLE A LOS NIÑOS SOBRE
UNA MADRE/UN PADRE CONFLICTIVO:
ENSÉÑALES CUATRO APTITUDES IMPORTANTES

Por Bill Eddy, autor y presidente del High Conflict Institute

En vez de hablar con los niños del compañero de crianza conflictivo (por favor, nunca emplees ese término frente a los niños), habla de "cuatro aptitudes importantes para la vida". Éstas son:

- Mentalidad flexible.
- Gestión de las emociones.
- Conductas moderadas.
- Corroborar que pongamos en práctica estas aptitudes con regularidad.

Diles a los niños que estas cuatro aptitudes importantes los ayudarán con sus amigos, a encontrar un buen trabajo algún día y tal vez, a ser líderes de su comunidad, si eso quieren. Estas cuatro aptitudes ayudan en cualquier relación, sin importar si la persona en cuestión les caiga bien o no. Puedes explicar esto a un niño de cualquier edad, desde los cuatro años, si lo haces en términos sencillos.

Después, en la vida cotidiana puedes preguntarles si se han percatado de que otros utilicen estas aptitudes cuando resuelven problemas o si tú mismo las utilizaste para resolver un problema. Por ejemplo: "¿Te diste cuenta que el señor en la tienda estaba frustrado pero que conservó la calma y escuchó al empleado explicarle en dónde encontrar lo que buscaba? ¿Dirías que estaba gestionando sus emociones?". "¿Te diste cuenta de que el hombre en la tele le gritaba al empleado de la tienda? ¿Dirías que estaba gestionando sus emociones? ¿Consiguió lo que quiso? No, para nada. ¿Cómo propones que hubiera gestionado sus emociones para solucionar su problema?"

Un ejemplo personal que podrías compartir: "Hoy me sentí muy frustrada en el tráfico. Pero decidí pensar en cosas que tenía ganas de hacer esta semana: como tu fiesta de cumpleaños, ver a mi hermana y una película que quiero ir a ver. Recurrí a mi mentalidad flexible y gestioné mis emociones. No fue fácil. No dejaba de tener pensamientos negativos sobre los conductores frente a mí, pero mejor me enfocaba en mis pensamientos positivos.

¿Hoy tuviste momentos de frustración en los que hayas recurrido a tu mentalidad flexible?"

Ayuda a los niños a lidiar con los amigos
En cuanto hayas empezado a tener estas conversaciones casuales con tus hijos, puedes enseñarles estas aptitudes cuando tengan un conflicto con un amigo. Por ejemplo. "Mamá/papá, ¡hay un niño/una niña en la escuela que dice que me odia! Me dan ganas de pegarle en la nariz. ¡Antes éramos mejores amigos!"

Responde más o menos así: "Ay, qué lástima. Recuerdo cuando me pasó eso. Entiendo que te hayas enojado, pero me alegra que no le hayas pegado en la nariz. ¿Has pensado qué podrías hacer? A lo mejor podrías hablar con él/ella, cuando los dos se hayan tranquilizado. Intenta recurrir a tu mentalidad flexible para pensar qué pudo haber salido mal y cómo resolverlo".

También puedes hacerlo cuando los hermanos se peleen, sobre todo destaca cuando hayan solucionado sus problemas. Por ejemplo: "Qué gusto que los dos resolvieran el problema solos. Qué buenos son para resolver problemas, sobre todo cuando utilizan su mentalidad flexible como ahora". Pon atención cuando hagan las cosas bien. (Obtendrás más de ello.)

Ayuda a los niños a lidiar con su papá/mamá
Ahora, como ya has adoptado un enfoque educativo para inculcar estas cuatro aptitudes, puedes empezar a utilizarlas cuando sucedan cosas con tu compañero de crianza. Supongamos que él/ella se molestó sin razón aparente con tu hijo y el niño se quejó contigo. En vez de decir que tu compañero de crianza es un idiota, podrías decir: "Recuerda, para algunas personas es más difícil gestionar sus emociones. Cuando estés listo, recurre a tu mentalidad flexible y piensa cómo lidiarías con situaciones similares en el futuro. Mientras tanto, podemos gestionar nuestras emociones, aunque otros no puedan".

Cuando hablas del otro padre/madre con estas "aptitudes de enseñanza", evitas hablar mal de él/ella, mientras le impartes a tu hijo aptitudes para la resiliencia. De este modo, no se te puede culpar por decir nada puntual en contra de tu compañero de crianza. Más bien, lo abordaste como una enseñanza general y aprovechaste para poner a tu hijo a pensar qué haría en el futuro en "situaciones similares".

Cuando tu hijo aprende las cuatro aptitudes para la vida, puede aprender enseñanzas que seguirá aprovechando en la adultez, incluso durante los momentos más difíciles de la infancia, entre ellos la separación y el divorcio.

Bill Eddy es autor del libro *Don't Alienate the Kids! Raising Resilient Children While Avoiding High Conflict Divorce* (2010), en donde explica detalladamente este enfoque. Estas aptitudes son parte del método New Ways for Families que él mismo diseñó, las cuales se emplean en varias cortes familiares. Es presidente del High Conflict Institute, el cual brinda instructores y recursos para sortear las situaciones conflictivas. Para mayor información, libros y otros recursos, visita HighConflictInstitute.com

LOS NIÑOS Y LAS LABORES DOMÉSTICAS: SUGERENCIAS PARA ASIGNAR LABORES QUE ENRIQUECEN SUS CAPACIDADES Y SU CONFIANZA

Niños de dos a tres años: labores sencillas de uno o dos pasos
- Guardar los juguetes en su lugar.
- Poner la ropa sucia en el cesto.
- Limpiar lo que se haya derramado.

Niños de cuatro a seis años: labores sencillas con mucho apoyo
- Tender la cama.
- Regar las plantas.
- Traer la correspondencia.
- Sacar los cubiertos del lavaplatos y meterlos al cajón de los cubiertos.
- Vaciar los basureros.
- Preparar un tazón de cereal.

Niños de siete a ocho años: labores sencillas con poco apoyo o labores más complicadas con más apoyo
- Barrer el piso.
- Sacudir superficies.
- Limpiar la mesa.
- Separar la ropa para lavar.

- Ayudar a preparar el lunch para la escuela (meter los refrigerios, preparar un sándwich sencillo).

Niños de nueve a diez años: labores más complicadas con apoyo, de ser necesario, para dominarlas o por seguridad
- Cargar/descargar el lavaplatos.
- Aspirar.
- Prepararse un desayuno sencillo de principio a fin (pan tostado, cereal).
- Ayudar a preparar la comida (lavar y pelar verduras).
- Alimentar y pasear a las mascotas.

Niños de once años en adelante: labores complicadas, adecuadas para su edad, sin supervisión de principio a fin*
- Lavar las ventanas.
- Lavar el baño.
- Lavar la ropa.
- Cambiar las sábanas.
- Cuidar a un hermano menor con un adulto en casa o solo si es mayor (revisa los requisitos de tu estado utiliza tu sentido común para decidir si tu hijo tiene la madurez y las aptitudes necesarias).
- Podar el pasto del jardín.

---

* Ten en cuenta que es cuestión de experiencia y edad. Asegúrate de que los errores no agobien o amenacen la integridad emocional o física del niño.

¿CÓMO LOGRO QUE MI EXPAREJA ACEPTE AL PADRASTRO/ LA MADRASTRA DE NUESTROS HIJOS?

Comprensiblemente el terreno emocional de la familia cambiante puede estar lleno de temores, inquietudes, sentimientos irresueltos y ansiedad para todos los adultos. Como el compañero de crianza que ha seguido adelante, con frecuencia te encuentras en la posición de procurar calmar las aguas, ayudar a que los niños sigan adelante: cultivar una relación con tu nueva pareja mientras el papá/la mamá de los niños sigue triste, se resiste, te juzga o incluso está molesto. Mientras tanto, tu nueva pareja tiene sus propias inquietudes sobre tus lealtades, sobre si tu ex estará "en control" o si la nueva pareja tendrá voz y voto en lo que pasa con los niños en la casa que ahora comparte contigo. Tu pareja se preguntará cuáles son los riesgos de formar parte de tu familia complicada. Terminas abordando dos relaciones importantes —con tu compañero de crianza y tu pareja— en una situación en la que parece, nadie gana. Lo único que quieres es que todos se lleven bien, seguir adelante con tu vida y criar a los niños. No tan rápido, no es tan fácil.

Esta dinámica es como un banco con tres patas. Una pata es la capacidad de tu ex de aceptar a tu pareja. Lo ideal es que hayas elegido a alguien capaz y amoroso, y esperas que tu ex se dé cuenta de que los niños tienen suerte de contar con otro adulto preocupado por ellos y cariñoso en su vida. Esperas que tu ex lo sepa también, que tu pareja nunca lo sustituirá en su papel de padre o madre, sino enriquecerá la experiencia de los niños, quienes ahora tendrán la guía y el cariño de un padrastro/madrastra.

La segunda pata es la capacidad de tu pareja de incorporarse, con gracia y respeto, a un sistema existente de dos padres con sus hijos. Si tienes suerte, tendrá la madurez y la confianza para integrarse poco a poco a la vida de los niños —no se apresurará ni querrá dejar claro que él/ella manda—, al principio, dejará que los padres tomen las decisiones, confiará en ti y te apoyará mientras recuperas la estabilidad de tu relación de crianza compartida de modo que pueda incluirse y mantendrá una actitud cordial y respetuosa con tu ex.

Tu lealtad principal respecto a los niños es tu compañero de crianza,
los dos son el equipo ejecutivo a cargo de la vida de los niños.

La tercera pata eres tú. Cómo implementes las decisiones y el cuidado de los niños en tu casa es decisión tuya y de tu pareja. Diferenciar entre el antiguo "papel de cónyuge" y el nuevo "papel de compañero de crianza" implica aprender a imponer y respetar límites, nuevos protocolos y a respetar tu relación profesional por el bien de los niños. Asegurar a tu pareja que tiene un lugar en tu vida mientras trabajas en equipo con tu ex, ahora como compañeros de crianza, requiere liderazgo, claridad y consuelo.

La crianza compartida y ser padrastro o madrastra son papeles únicos que requieren muchas habilidades. Lee, aprende, acude a un coach y supera los obstáculos. Los segundos matrimonios con niños se enfrentan a estadísticas duras: entre 60 y 75 por ciento terminan en divorcio. Los conflictos y los problemas irresueltos en las relaciones previas pueden plagar a la nueva pareja al punto de agotarlos. Tú, tu compañero de crianza y tu pareja pueden aspirar a algo mejor. Es lo mejor para los niños.

CÓMO ELEGIR A UN ABOGADO FAMILIAR

Por Anne R. Lucas, terapeuta

La mayoría de las personas que comienzan el proceso de divorcio buscan a un abogado que represente sus necesidades e intereses exitosamente. Piden referencias entre sus amigos y colegas, a partir de sus propias experiencias, y con el tiempo, contratan a un abogado a partir de criterios que representen "el éxito".

¿Cómo defines el éxito? "No terminar en la bancarrota", "Que mi pareja y mis hijos puedan prosperar y salir adelante", "Que él o ella tenga la suerte de ver a los niños cada quince días", "Que superemos este divorcio de la mejor manera posible y que los niños se sientan seguros en su familia de dos hogares".

Los padres estudian minuciosamente a los candidatos a cuidar a sus hijos, los programas académicos de una escuela y a los entrenadores, para asegurarse de que los adultos en la vida de sus hijos compartan sus sistemas de valores y objetivos (o que sean similares). Quieren estar seguros de que a estos adultos les preocupa la seguridad, la salud emocional y el bienestar de los niños en la misma medida que a los padres. Esta misma vigilancia, cuidado y análisis debería emplearse cuando entrevistas a un abogado para la separación/divorcio. Tu divorcio es uno de los sucesos más importantes en la vida de los niños.

En un divorcio, tu abogado no sólo te representa a ti. Él o ella también representa las necesidades e intereses de tus hijos y tiene un efecto enorme en el estado de tu familia tras el divorcio.

Es crucial que el abogado que elijas comprenda qué implica un divorcio centrado en la familia, puntualmente, lo que implica para ti y tu familia. No seas tímido, pregunta. Dale instrucciones. Asegúrate de que la persona que te guíe durante el divorcio esté de tu lado, tenga en cuenta las necesidades de tu compañero de crianza y reconozca que el futuro de tus hijos depende de un divorcio seguro y sensato.

Como psicoterapeuta y coach de divorcio, aconsejo a los padres que comiencen este proceso planteándose estas preguntas cruciales. Las respuestas sientan las bases para la crianza compartida. Cuando diseñas una narrativa en conjunto —la "historia de la vida familiar" de tus hijos— creas algo que posteriormente compartes con tus abogados para explicarles cómo quieres que la separación o el divorcio afecte a los niños y a su concepto de familia después de este proceso. Identifica los valores y los objetivos que comparten para los niños, que sean tus "objetivos primordiales". Enlista tus temores y las diferencias a la hora de criar para que los abogados te ayuden a anticiparlas y resolverlas en el futuro. Especifica qué conflictos han tenido en el pasado y acepta buscar soluciones creativas para evitar estos conflictos en el futuro.

Cuando te reúnas con tu posible abogado, cuéntale que quieres un divorcio que se centre en la familia y explícale cómo lo imaginas. Lleva tus objetivos primordiales, tu lista de retos y conoce tus aspectos problemáticos. Explícale cómo quieres proteger a los niños del estrés y el conflicto del divorcio, pregunta cómo lo sortearía. ¿Qué haría para apoyarte con tu compañero de crianza, minimizar el conflicto y prepararte para tener un futuro exitoso para los niños?

Explora el sistema de creencias de tu abogado respecto a las familias que ya han pasado por el divorcio y cómo trabaja con ellas para encaminarlas para que cumplan sus objetivos, sobre todo en el primer año posterior al divorcio. ¿El o la abogada demuestra entender sus desafíos como padres, y en general, los retos de los padres que viven un divorcio? Si tú y tu pareja inician el proceso plagados de conflictos, ¿el abogado propone límites firmes, protocolos útiles y establece una dirección clara para comenzar? ¿Él o ella contempla el futuro apoyándolos para resolver los conflictos con el tiempo, tal vez recomendando a un coach de divorcio? ¿Él o ella tiene la visión de incluir terapia familiar o sesiones con un coach de crianza compartida en su Plan para la crianza para ayudar a todos a adaptarse al cambio? ¿El o la abogada tiene claro que fomentará un proceso colaborativo diseñando un Plan para la crianza que incluya a los dos padres y sus respectivos abogados, o a los padres y a su mediador, en vez de diseñar un plan creado sólo por uno de los padres?

Un Plan para la crianza es un anteproyecto para el futuro. Debería representar lo mejor de la capacidad de ambos padres para satisfacer las necesidades de los niños. Y tu abogado debe seguir tu dirección, con disposición, creatividad y legalidad, y brindarte orientación y consejo cuando sea necesario.

Anne R. Lucas es terapeuta, mediadora y coach de divorcio que se especializa en las distintas etapas en la vida de las parejas: premarital, marital, divorcio y matrimonios posteriores. Es directora clínica y propietaria de la Clínica Evergreen, una clínica de salud conductual multidisciplinaria compuesta por doce miembros, en Kirkland, Washington. Anne es miembro activa del derecho colaborativo, un proceso internacional para resolver disputas, en donde ejerce como coach de divorcio y forma a abogados, especialistas financieros y profesionales de la salud mental en el arte del derecho colaborativo en Estados Unidos y Canadá. También es profesora adjunta en la Universidad Saybrook en Kirkland, Washington, en donde trabaja con estudiantes de maestría. Actualmente Anne está en el consejo de Collaborative Professionals of Washington y fue presidenta de King County Collaborative Law.

CAMBIA TU PLAN PARA LA CRIANZA: QUÉ TENER EN CUENTA CUANDO LAS COSAS NO MARCHAN BIEN

Por Justin M. Sedell, doctor en jurisprudencia

Un plan para la crianza (a veces denominado decreto de custodia o calendario residencial) es una orden del tribunal que establece las reglas sobre en dónde vivirán tus hijos, cuánto tiempo pasarán residiendo o visitando al otro padre y cómo los padres se dividirán días importantes como festividades, ocasiones especiales y vacaciones escolares. En algunos estados puede ser muy detallado e incluir reglas sobre cómo los padres deben tomar decisiones para los hijos. Es un documento legal sumamente importante. Si alguien lo trasgrede, las consecuencias pueden ser serias. En algunos estados las sanciones por incumplir el plan para la crianza incluyen multas pagaderas al padre/la madre, compensar el tiempo residencial o incluso la cárcel.

Se supone que un plan para la crianza es un documento final. Esto quiere decir que es vigente hasta que los niños cumplan dieciocho años y en la mayoría de los casos, no debe cambiarse a menos que los dos padres lo acuerden por escrito. Si las dos partes deciden cambiarlo, entonces pueden consultar a sus abogados para preparar, firmar y tramitar en el tribunal las modificaciones al plan para la crianza que reflejen sus acuerdos.

No obstante, en algunas circunstancias, la ley le permite a un padre acudir al tribunal para solicitar cambios en el plan para la crianza, incluso si el otro padre no está de acuerdo. Como se supone que el plan para la crianza debe tener vigencia hasta que los niños cumplan dieciocho años, el padre que solicita los cambios debe comprobar al tribunal que tiene razones legítimas para hacerlo. Cualquiera de los dos padres puede hacer esta solicitud. Puede pedir al tribunal que cambie la orden anterior para incrementar o limitar el tiempo residencial de uno de los padres o bien, cambiar otros aspectos del plan anterior, como los derechos para tomar decisiones.

Cada estado tiene leyes y requisitos distintos que se contemplan antes de aprobar cualquier cambio disputado al plan para la crianza. Por ejemplo, algunos estados exigen que el padre que solicita los cambios demuestre que se ha suscitado "un cambio de circunstancias sustanciales" desde que se trazó el plan para la crianza anterior. Según los cambios que se soliciten, el tribunal podría limitar el cambio de circunstancias a aquellas que afecten al niño o al otro padre, o a ambos, en vez de las circunstancias propias del padre que hace la petición. También podría limitarlas a circunstancias que no se anticiparon al momento de tramitar el plan previo.

En algunos estados, un padre/una madre puede pedir que se modifique el plan para la crianza, con éxito, si él o ella demuestra que ninguna de las dos partes ha cumplido la orden previa desde hace mucho tiempo y que los niños ya se acostumbraron al nuevo calendario, a tal grado que regresar al anterior sería perjudicial para ellos. Esto se suscita cuando uno de los dos no ha ejercido todo o una parte de su tiempo residencial por un periodo prolongado.

Éstas son algunas razones por las que se podría considerar modificar el plan para la crianza:

- El horario de trabajo de uno de los padres ha cambiado drásticamente, y le exige mudarse o bien, le resulta difícil o imposible cumplir con el calendario doméstico actual. (Algunos estados tienen leyes específicas en caso de que uno de los padres se mude con los niños. Si te quieres mudar, incluso si es a una distancia corta, debes discutirlo con tu abogado con anticipación para estar informado del proceso legal que debes seguir.)
- Uno de los padres tiene alguna adicción.
- La salud mental de uno de los padres está afectando a los niños.
- Los niños han faltado o llegado tarde a la escuela, o ambos, bajo el cuidado de uno de los padres (mientras el otro padre siempre se asegura de que los niños lleguen a tiempo durante su estancia con ellos) y esto está afectando el desempeño de los niños en la escuela.
- Uno de los padres tiene una relación sentimental con alguien que supone una amenaza real y creíble para los niños (como un agresor sexual empadronado como tal o alguien con un historial de violencia criminal reciente) y está exponiendo a los niños a dicho individuo.
- Desde que se implementó el plan para la crianza se han suscitado numerosos conflictos porque requiere un nivel de cooperación y compromiso que ha resultado imposible. Por ejemplo:

• • •

Hace cinco años, Julia y Doug se divorciaron. Julia es agente de policía y tiene un horario laboral complicado que cambia constantemente. Doug, en cambio, tiene un trabajo de oficina de 9 a 5. Según su plan para la crianza, Julia y Doug deben ponerse de acuerdo para diseñar un calendario doméstico que le permita a Julia quedarse con los niños por lo menos catorce días y noches al mes. Esto ha sido un desastre porque Julia y Doug no se llevan bien. Pelean constantemente y se les dificulta enormemente decidir qué días se quedan los niños con Julia. Doug o Julia pueden solicitar al tribunal modificar el plan para la crianza para permitirle a Julia diseñar un calendario cada mes para que ella y Doug ya no tengan que coordinarse.

. . .

La lista de posibles razones para modificar el plan son interminables, pero en general, la idea es que se hayan producido cambios importantes e inesperados desde que se aprobó el plan anterior, a la parte que solicita el cambio le corresponde demostrar estos cambios por la vía legal.

Ten en cuenta que el tribunal se toma muy en serio todos los casos que impliquen a los niños. Muchos estados no permiten que el padre o la madre solicitante pida la modificación a menos que pueda comprobar, desde el principio del caso, que existe un fundamento legal. Si no lo consigue, a juzgar por el funcionario judicial, entonces el tribunal puede denegar la petición y descartar el caso. Incluso podría imponer una multa financiera contra el padre o la madre solicitante si el funcionario judicial decide que no hubo fundamento legal para el caso, si cree que el caso no se presentó ante el tribunal de buena fe ni por motivos legales. Por otra parte, si el tribunal decide que existe información suficiente para permitir que el caso siga su curso, entonces podría resultar en un proceso legal extenso que incluso requiera un juicio.

Si te interesa cambiar tu plan para la crianza, entonces debes consultar con tu abogado para informarte sobre las opciones y las posibilidades de hacerlo con éxito. Cuando te reúnas con tu abogado, asegúrate de llevar una copia de tu plan para la crianza y cualquier otra evidencia que conserves. Podrían ser calendarios que demuestren el calendario doméstico que has implementado, correos electrónicos, mensajes de texto que hayas intercambiado con el padre/la madre, documentos escolares, historias médicas, etcétera.

Tu abogado puede ayudarte a evaluar la situación, decidir si te conviene solicitar la modificación, evaluar si hay suficiente evidencia para sustentar tu petición y orientarte para considerar los costos y los beneficios de solicitar los cambios. También puede ayudarte a entender cómo aplica la ley en tu estado a tus circunstancias particulares, qué posibilidades tienes de conseguirlo y si puede haber otras alternativas para resolver la situación fuera del sistema legal.

Por ejemplo, muchos padres consiguen resolver sus inquietudes concernientes al plan para la crianza con un coach o mediador. Algunos estados incluso requieren que antes de que tramites un caso judicial en el tribunal, busques alguna resolución alternativa (como la mediación). Tu abogado te informará sobre estos requisitos y opciones.

Recuerda que normalmente los padres son los más adecuados para tomar decisiones sobre el futuro de sus hijos.

En general se prefiere recurrir al juicio de los padres para resolver cualquier asunto relacionado con los niños antes de ceder esa autoridad a un desconocido que ni siquiera conoce a los niños. Dicho esto, en ocasiones los padres no pueden ponerse de acuerdo o la integridad de un niño o uno de sus padres está en riesgo. En dichas ocasiones, el objetivo del tribunal es apoyarte a tomar las mejores decisiones para los niños.

Aunque se supone que el plan para la crianza es un documento final, a veces se suscitan cosas inesperadas que requieren cambios, incluso si uno de los padres no está de acuerdo. Si crees que es necesario modificar el plan para la crianza y que cumples los requisitos antes mencionados, entonces consúltalo con tu abogado para conocer tus derechos, responsabilidades y alternativas para proceder.

Justin M. Sedell, es abogado director en Lasher Holzapfel Sperry & Ebberson, PLLC, in Seattle, Washington. El ejercicio de Justin se centra en la disolución de los matrimonios que impliquen bienes complejos o sustanciales, disputas complejas sobre la custodia infantil, el derecho colaborativo y el litigio conflictivo. Justin es un abogado experimentado en los juicios y ha participado en juicios en la competencia del derecho familiar en todo el estado de Washington. Sus colegas lo han calificado en numerosas ocasiones de "Estrella en Ascenso" en la revista *Washington Law & Politics*, una distinción que se otorga únicamente a los 2.5% mejores abogados jóvenes. Además de su ejercicio legal, es profesor adjunto en las facultades de derecho de la Universidad de Seattle y la Universidad de Washington.

PERJUDICAR LA RELACIÓN DE TU HIJO CON SU PADRE/MADRE SIN QUERER

Por Maureen A. Conroyd, trabajadora social clínica

"Aislamiento parental" es un término que se emplea para describir un patrón generalizado de afirmaciones críticas, actitudes negativas y conductas hostiles de un padre dirigido al otro, de modo tal que inculca en el niño sentimientos de odio, hostilidad, miedo o rechazo injustificado, o todos, hacia ese padre. Otro proceso de aislamiento, aunque más sutil, ocurre cuando un padre apoya a un niño en su molestia con el otro padre. En vez de apoyar al niño para que trabaje el problema con el otro padre, se entromete para apoyar y reforzar las actitudes y conductas de rechazo del niño. Una forma de aislamiento aún más sutil, aunque extremadamente confusa, sucede cuando el padre asegura, con palabras: "Por supuesto que quiero que tengas una buena relación con tu mamá/papá", pero en el plano emocional comunica el dolor, la pérdida, la evidente ansiedad y el temor a la separación, o todos. El niño interpreta su conducta: "Él/ella me abandonó, no me abandones tú también". Un padre/una madre corre el riesgo de satisfacer sus necesidades emocionales de venganza, control o dependencia emocional en detrimento de la relación del niño con su padre/madre si:

- Critica y muestra actitudes negativas de forma generalizada y regular, entre ellas asco y odio, y una conducta abiertamente hostil y de rechazo hacia el otro padre.
- Apoya al niño en su malestar exagerando indebidamente una molestia normal que aprovecha para justificar y empoderar al niño para demostrar sus sentimientos de rechazo, ira, tristeza, etcétera.
- Afirma lo correcto pero transmite una necesidad completamente opuesta, un mensaje ansioso que el niño interpreta como "te necesito, no me dejes" o "tu mamá/papá no es una buena persona/padre".

Los casos más extremos de disfunción familiar que implican el aislamiento de uno de los padres se resuelven mediante la vía legal.

Cuando los padres pelean por el cariño de los niños o procuran propiciar lealtades corren el riesgo de perjudicar el amor del niño y confundirlo con apego o fidelidad. A veces los niños quedan en medio del conflicto. Si hay más de un niño en la familia, cada niño responderá de manera distinta según su edad, temperamento y necesidades de desarrollo. Algunos niños, ante todo los mayores, pueden demostrar su confusión y dolor poniéndose del lado de uno de sus padres, esperando que sus hermanos hagan lo mismo. Si los hermanos no lo hacen, se pueden suscitar conflictos en sus relaciones cotidianas. Los hermanos podrían intentar equilibrar el conflicto poniéndose del lado de uno de sus padres y perder la relación estrecha con sus hermanos. Los niños padecen.

El padre que se siente amenazado puede responder ante esta amenaza real o percibida con un contraataque contra el otro padre o defenderse. Se acusa a un padre de ser injusto y deshonesto y al otro por una serie de malas decisiones respecto a la crianza de los niños. Surgen patrones de comunicación o conductas destructivas, las cuales contribuyen al deterioro de la familia.

A veces, incluso los compañeros de crianza excelentes pueden adoptar hábitos, sin querer, que contribuyen a que los niños crean que deben "aliarse" con uno de ellos para ganarse su favor, conservar su amor, cuidar a mamá/papá o mantener la situación en casa en paz.

La mayoría de los padres se mostraría horrorizada ante la idea de adoptar cualquier tipo de conducta que pudiera perjudicar a sus hijos.

Queda claro que no es su intención. Los padres que quieren a sus hijos quieren lo mejor para ellos y pueden no ser conscientes del efecto que tiene su comportamiento. Pero problemas irresueltos como resentimiento, culpa o juicio pueden surgir, de forma sutil o no tan sutil, en las interacciones cotidianas con los niños y éstas minan la confianza y la cercanía con su papá/mamá.

A veces, la conducta hostil o manipuladora evita que el niño conviva temporalmente con su papá/mamá. Este mensaje puede sugerir que el papá/

mamá no merece el mismo respeto o relación con el niño del que goza el otro. "¿Para qué tanto escándalo? ¡Llegamos tarde! Supéralo." Tu hijo siente que el mensaje subyacente para su papá/mamá es: "No mereces mi respeto, te odio, no importas".

A veces un padre critica al otro cerca del niño. "Es un idiota; no se le puede confiar nada; está loco, es patético, es un inútil". Desde la perspectiva del niño, se parece a cada uno de sus padres, de forma única y especial, tal vez físicamente, en sus costumbres, su forma de hablar, por cómo funciona su cerebro, su capacidad atlética o académica. Sin importar cómo se identifique con cada padre, saber que tiene dos padres que lo aman es estimulante. Escuchar críticas sobre su papá/mamá le avergüenza o peor, siente que debe distanciarse de ese aspecto que se parece a él/ella.

A veces un padre critica al niño por alguna mala conducta, pero esa crítica está cargada con la ira, culpa y resentimiento que siente hacia su excónyuge. "¿Por qué siempre tienes que llegar tarde? Eres igualito a tu padre, él tampoco hace nada bien" o "Nunca terminas nadas, eres un irresponsable, como tu madre". Aquí al niño se le pide que cargue con el peso de la decepción, la traición y la pérdida de uno de sus padres ante su relación conyugal. El niño se siente atrapado y un fracaso por su amor y vínculo con cada uno de sus padres.

Las declaraciones negativas tienen un efecto devastador en todos los miembros de una familia y plantan una semilla de desconfianza y disgusto. Los conflictos y errores de juicio ocasionales son comprensibles. La situación se torna problemática cuando estas acciones se repiten una y otra y otra vez.

Los niños no necesitan saber o recordar las faltas de sus padres. Los niños descubren las fortalezas y debilidades de sus padres por su cuenta. Escuchar que a un padre se le culpa o denuesta con frecuencia es nocivo para la identidad y autoestima de un niño pues comparte muchos rasgos con cada uno de sus padres. A veces los niños expresan que "Me lastima y me enoja".

Los sentimientos irresueltos de dolor, tristeza, ansiedad y depresión hacen que el niño se sienta responsable del bienestar emocional de su papá/mamá. A veces comparten sus ideas y sentimientos, pero es más común que no. Los niños sufren por dentro. Cuando un padre recurre a un niño para recibir apoyo emocional, de forma directa o indirecta, el niño se apartará de su propio proceso de desarrollo para cuidar y apoyar a su papá/mamá. El niño podría no querer distanciarse del padre necesitado, albergar resentimiento hacia el otro padre o desarrollar ansiedad por separación, con lo cual se le dificultará separarse de un padre para convivir y disfrutar con el otro. Cuando uno de los padres comparte constantemente su tristeza y mensajes de lo mucho que "extraña" al niño, el niño deja de sentirse amado, más bien se siente abrumado por la enormidad de la pérdida de su papá/mamá y se sentirá culpable por disfrutar al otro plenamente.

Cuando uno de los padres culpa repetidamente al otro por el cambio de circunstancias, ya sean económicas, físicas o sociales, los niños se sienten indefensos. Los niños se adaptan al entorno de sus dos casas y normalmente se adaptan bien, siguiendo el ejemplo de cada uno de sus padres. Los niños se sienten confundidos y tal vez avergonzados de tener beneficios en uno de sus hogares si sienten que esto causa aflicción a uno de sus padres. En vez de apoyar y disfrutar la "buena suerte" del niño con el otro padre, el padre/la madre se deprime, adopta conductas negativas, acusatorias y resentidas. Los niños deben sortear esta atmósfera emocional, muchas veces solos.

$\cdots$

Cuando Sally entró corriendo a casa vistiendo un conjunto para yoga que le había comprado su papá, su mamá perdió los estribos y gritó: "Tu padre no entiende lo que implica criar a una niña de dieciséis años. ¿Cómo se le ocurre? ¡Ni yo puedo vestirme así!". Sally se sintió avergonzada y después, enojada y confundida, no sabía qué hacer con su ropa nueva.

$\cdots$

La integridad emocional de un niño puede peligrar cuando escucha una descarga constante de quejas y culpas. Cuando uno de sus padres le expresa sus inquietudes constantemente, el niño se siente responsable. "No estarías en esta situación si no fuera porque tu madre quiso divorciarse, ¡es por su culpa que tenemos que vivir en esta pocilga de departamento!" Lo que alguna vez fue un problema entre dos adultos ahora se discute como si el niño fuera responsable de las decisiones de uno de sus padres: tu padre o tu madre es el problema. En algunos casos, el niño se siente obligado a aceptar las opiniones de uno de sus padres como si fueran propias para aliviar la tensión o consolar al padre consternado, sumándose al conflicto.

Un niño siente que sus padres lo ponen en medio y vive en un estado de lealtades divididas que no tiene solución. Cuando los padres se culpan mutuamente, ya sea por el cambio de circunstancias, el divorcio, su infelicidad individual o por haber "destruido a la familia", el niño debe resolver cómo salir del abismo creado por la culpa.

Ten en cuenta que un niño ama a uno de sus padres con la mitad de su corazón y al otro con la otra mitad.

Cuando los padres insisten en implicar al niño en su intercambio de culpas, en sentido literal, al niño le duele el corazón porque sus dos mitades siguen enfrascadas en una guerra. Las lealtades divididas obligan al niño a sortear entre sus dos padres, sus dos hogares y las dos partes de su corazón. Los niños escapan de la escuela, las actividades, sus amigos, algunos buenos, otros malos.

En ocasiones, los padres orillan a los niños a tomar decisiones que implican rechazar a un padre frente al otro, como organizar una reunión familiar, fiesta de cumpleaños u otro evento especial dentro del tiempo residencial del otro padre, sin acuerdo previo. El niño se siente dividido, y el otro padre queda como "el mal padre" si se niega. El niño podría sentirse utilizado y manipulado mientras los adultos se demuestran su odio a través suyo.

Los niños pueden sentir "lealtades divididas" cuando disfrutan la convivencia con un padrastro/una madrastra cuando su papá/mamá expresa odio, desconfianza y negatividad constante hacia la nueva pareja de su excónyuge. Cuando un niño escucha: "No confío en ella. Fue amante de tu padre y arruinó nuestra familia. Te pido que me llames cuando estés en casa de tu padre, para saber que estás bien", se siente ansioso y desconfía, se pregunta si debería odiar a su padrastro/madrastra. "¿Y si mamá tiene razón? ¿Qué pasa si me cae bien? ¡No quiero que me cuenten de infidelidades! ¡Quiero que me dejen en paz y que dejen de pelear!"

Los cambios en el calendario doméstico son inevitables. Cuando solicitar cambios se convierte en otra forma de incitar los conflictos, crear conmociones innecesarias o entrometerse en la vida familiar del otro padre, o todo esto, el niño sufre. Las peticiones/exigencias constantes para cambiar el calendario y pelear por "el derecho a negarse primero" suele reflejar la conducta manipuladora y controladora de uno o los dos padres, quienes siguen resolviendo su conflicto conyugal. Los niños necesitan un calendario regular y consistente en el que se adapten a las transiciones en su familia de dos hogares con cada padre. Los niños se esfuerzan por adaptarse y superar los retos. Cuando los padres ignoran la necesidad de los niños de adoptar un ritmo, los niños empiezan a sentirse inquietos, que estorban, como el origen del problema: "De no ser por mí, no tendrían motivo para pelear".

La confusión y la tensión inician con el divorcio, cuando los padres se sienten amenazados por la incertidumbre y la pérdida que provoca la separación/el divorcio. Lo descrito anteriormente son algunas formas comunes en las que un padre perjudica la relación de su hijo con su otro padre. Por desgracia, los niños necesitan que las relaciones con sus dos padres y su vida cotidiana sean estables más que nunca, mientras sus padres desmantelan su familia de un hogar y se esmeran por encontrar estabilidad en dos hogares.

Ya sea intencional o no estas actitudes y conductas parentales negativas afectan a los niños. Si bien es difícil, el mejor remedio es que cada padre sea consciente de los hábitos incompetentes que ha adoptado a raíz del conflicto prolongado con su excónyuge. Escucha los comentarios: de tus hijos, de tu expareja, de otros adultos que te quieren. Acepta la oportunidad de cambiar de perspectiva, gestiona los sentimientos irresueltos, mejora tu relación de crianza compartida y asegúrate de brindar a los niños un ambiente familiar saludable en sus dos hogares. Recomendamos lo siguiente:

- Reconoce que la negatividad constante es nociva para los niños y los adultos.
- Deja de incluir a tu hijo en tus problemas adultos pasados (o presentes) irresueltos. Culpar y juzgar al padre/la madre de tu hijo lo hace sentir indefenso: él no provocó el problema, no puede resolverlo. Busca el apoyo adulto adecuado y resuelve esos aspectos de tu vida que no están funcionando.
- Escucha (sin ponerte a la defensiva) a tus seres queridos cuando te dicen que tal vez estás enganchado en patrones nocivos, negativos o controladores con tu ex. Cuando culpas a tu ex sin hacerte responsable de tu papel en su relación, ignoras un aspecto importante en detrimento de los niños.

- Elige un entorno neutro para hablar sobre mejorar tu relación de crianza compartida con tu compañero, por el bien de los niños.
- Incluye a un profesionista de la salud mental (coach, mediador, terapeuta familiar) para facilitar el diálogo constructivo, cambiar de estrategia y definir objetivos.
- Recurre al proceso de resolución de conflictos detallado en tu plan para la crianza de la mejor manera posible.
- Involucra a los niños sólo con la ayuda de un facilitador certificado para que no resulten perjudicados por tus esfuerzos. Pedir a los niños que opinen sobre temas adultos, calendarios domésticos o vivir con un padrastro/una madrastra, culpar a un padre frente al otro o quejarse de la actitud de un padre siempre origina lealtades divididas si no se hace con capacidad.
- Condúcete con valor. Aprender a ser un padre y un compañero de crianza competente es una labor de por vida.
- Recuerda, los niños no necesitan padres perfectos, necesitan padres competentes.

Maureen A. Conroyd es maestra en trabajo social y trabajadora social clínica certificada. Cuenta con el certificado más importante de la industria que avala su trabajo. Tiene formación en salud mental para los profesionistas colaborativos y es mediadora con certificación nacional. Es miembro activo de la Academia Internacional de Profesionistas Colaborativos. Tiene amplia experiencia trabajando con adultos, niños y familias en su consulta privada.

Índice analítico

Esta obra se imprimió y encuadernó
en el mes de octubre de 2018,
en los talleres de Impregráfica Digital, S.A. de C.V.,
Av. Coyoacán 100–D, Col. Del Valle Norte,
C.P. 03103, Benito Juárez, Ciudad de México.